被看衰的人生劇本，就要笑著改寫

BORN A CRIME

從南非小鎮魯蛇到美國喜劇巨星的逆襲人生

崔佛．諾亞 Trevor Noah 著

胡培菱 譯

獻給我的母親，我的第一個粉絲。

謝謝妳培育我成為一個男子漢。

Contents

第一部

第二部

第三部

違背道德法，一九二七年

禁止歐洲人與原住民之間不合法的性關係，
以及其他相關行為。

* * *

至高的國王陛下以及南非聯邦的參議院與眾議院制定以下法條：

一、任何與原住民女性發生性關係的歐洲籍男性，以及任何與歐洲籍女性發生性關係的原住民男性……即屬犯罪，並有可能被處以五年以下的有期徒刑。

二、任何允許歐洲籍男性與她發生性關係的原住民女性，以及任何允許原住民男性與她發生性關係的歐洲籍女性即屬犯罪，並有可能被處以四年以下的有期徒刑……

Part — 1

第一部

種族隔離制度厲害的地方，就是它說服了那群占絕對多數的人彼此敵對。隔離並仇恨，這就是它的意思。你把一群人分割成更小的群體，使他們彼此仇恨，讓你得以操控他們全部。

在那個時候，南非黑人與白人的比例幾乎是五比一，然而我們卻被依據不同的使用語言分割成不同的族群：祖魯、科薩、茨瓦納、索托、文達、恩德貝萊、聰加、沛迪及很多其他。早在種族隔離制度存在以前，這些部落分支就已經互起衝突及互相征戰，白人統治者利用了那份嫌惡，繼續分化與征服這些少數族群。所有的非白人都被系統化的分成各種族群與子族群，接著這些族群被給予不同程度的權利與特權，讓他們繼續敵對彼此。

在南非的兩大主要族群──祖魯族和科薩族之間，對立最為嚴重。祖魯人以戰士精神聞名，他們永不認輸，埋頭應戰。當殖民軍隊進攻時，祖魯人僅拿著長矛與盾牌就衝去對抗那些拿槍的敵人，上千名祖魯人慘遭殲滅，但是他們從沒停止打仗。相反的，科薩人以深思熟慮自傲，我媽是科薩人，尼爾森．曼德拉也是科薩人。科薩人也與白人打了很長的一戰，但是當他們體認到與一個武器精良的敵人打仗根本沒有贏面之後，很多科薩酋長就採取了一個更聰明的方法。

「無論我們喜不喜歡，這些白人是在這裡待定了。」他們說：「那我們來看看他們有什麼長處是對我們有用的。與其抗拒英文，我們倒不如來學英文。這樣我們就能了解白人在說什麼，並迫使他們來跟我們談判。」

祖魯人跟白人打仗，科薩人跟白人下棋。有很長的一段時間，這兩種方法都不怎麼成功，然而雙方卻不斷為了一個並非他們任何一方所造成的問題而怪罪彼此，怨恨不斷加深。幾十年來，因為有共同敵人，他們多多少少收斂了那份嫌惡。但最後種族隔離政策結束了，曼德拉恢復自由之身，黑色南非從此陷入與自己人的征戰。

1 快跑

有時候在好萊塢的大片裡，會看到那些瘋狂追逐的戲碼——某人從行駛中的車輛跳下來或是被丟出來，這人會撞到地上，轉幾圈。然後他們會停下來，站起身，拍拍身上的灰塵，好像沒什麼大不了。

每次我看到這種戲碼心裡就想：**狗屁。從行駛中的車輛上被丟出來比這痛太多了。**

我媽把我從一輛行進中的車子上丟出來的那年，我九歲，這件事發生在一個星期天。我知道那天是星期天，是因為我們正要從教堂回家，在我的童年裡，星期天就是教堂，我們上教堂從不缺席。我媽以前是——現在也還是——一位信仰虔誠的女性，非常忠誠的基督徒。就像世界上大多數原住民一樣，南非黑人也改信了殖民者的宗教，我所謂的「改信」，其實是強迫接受，白人對於原住民非常嚴厲。「你們必須向耶穌禱告，」他們說：「耶穌可以拯救你們。」

對此原住民回答：「我們的確需要被拯救來脫離**你的**魔爪——但這好像不是重點。那我們就姑且來試試看耶穌吧。」

我們全家人都很虔誠，雖然我媽是全心加入耶穌的陣營，但我外婆則是平衡了基督信仰與她從小信到大的傳統科薩信仰，還是跟先祖、先靈溝通。有很長一段時間，我不了解為什麼那麼多南非黑人要放棄本土信仰改信基督。但是我越去上教堂，在那些教堂長凳上坐了越久，我就越了解基督教是怎麼一回事：如果你是美國原住民，你向野狼禱告，你就是野蠻人；如果你是非洲人，你向你的祖先禱告，你就是原始人；但是當白人向一個可以把水變成酒的傢伙禱告，那麼，這只是剛好正常而已。

在我的童年裡，一個星期有四個晚上都要上教堂，或是另外一種形式的教堂：星期二晚上是禱者聚會，星期三晚上是聖經班，星期四晚上是青年禮拜，星期五和六我們在家休息（終於可以做壞事！）。接著星期天我們再上教堂，精確來說，是上三個教堂。我們去上三個教堂的原因是，我媽說每個教堂都賦予她不一樣的東西。第一個教堂給她對上帝的歡欣讚美；第二個教堂給她聖經的深層解析，這我媽很愛；第三個教堂讓她得到熱情與淨化，在這裡你可以真正感受到存在心中的聖靈。非常湊巧的是，當我們在這些教堂間來來去去，我注意到每個教堂都有它獨特的種族分布：歡欣的教堂是混種族教堂，分析式的教堂是白人教堂，至於熱情、淨化人心的那個教堂，是黑人教堂。

混種族教堂叫做瑞瑪聖經教堂，瑞瑪是那種超級大、超級現代化的郊區巨無霸大教堂。我們的牧師雷・馬考利，他以前曾是健美先生，有燦爛的笑容及啦啦隊隊長的性格。雷牧師曾經參加過一九七四年的環球健美先生比賽，得了第三名，那年的第一名是阿諾・史瓦辛格。每個禮拜，雷都會在台上很努力讓耶穌變得很酷，那裡有觀賽式的圍繞座位，還有搖滾樂團彈奏最新的流行福音歌曲，大家都會跟著唱，你不知道歌詞也沒關係，因為歌詞全都會打在大螢幕上給你看。基本上它就是教堂卡拉ＯＫ，我每次在混種族教堂都玩得很嗨。

白人教堂是位於尚頓的羅斯班聯合教堂，那是約翰尼斯堡一個非常白又富裕的區域。我很愛去白人教堂，因為我其實不用參加主日崇拜，那個我媽去就好，我是去青年教堂那邊參加主日學。在主日學，我們會讀些很讚的故事。諾亞方舟當然是我的最愛之一——因為這故事有我的個人色彩。但是我也喜歡摩西分紅海、大衛擒殺哥利亞，還有耶穌在教堂裡鞭打兌錢者這些故事。

我在一個很少接觸流行文化的家庭中長大，「大人小孩雙拍檔」在我媽家是不被允許的。一首男孩整夜思念女孩的歌？不，不，不，這絕對不行。我會在學校聽到其他小孩唱〈路的盡頭〉這首歌，然後一點都搞不懂那是怎麼回事。大人小孩雙拍檔我只有**聽說**過，但完全不知道他們是誰。我唯一知道的音樂來自教堂——讚美耶穌的那些高亢、振奮人心的歌曲。電影也一樣，我媽不希望電影裡的色情和暴力汙染我的心靈，所以聖經就是我的動作片。參孫就是我的超級英雄，他就是我心中的超級男子漢，用驢腮骨打爆一千人？聽起來就絕對是個狠角色！最後你讀到保羅寫信給以弗所人那邊，情節是有點弱掉，但是舊約和福音？我可以引用出那些故事裡的任何情節，還加上章節給你。每個禮拜在白人教堂都有聖經遊戲和小考，我每次都第一名。

還有黑人教堂。不管你在哪裡總是可以看得到某種黑人教堂禮拜，我們全都去過。在黑人貧民區的教堂，通常是在戶外、培靈會式帳篷搭建的那種。我們通常是去我外婆常去的教堂，一個老派的衛理教徒集會，五百個穿著藍白上衣的非洲老奶奶，抱著她們的聖經，充滿耐心的曝曬在非洲炙陽下。上黑人教堂很操，我不騙你。沒有冷氣，沒有打在大螢幕上的歌詞，而且通常要搞很久，至少三到四個小時。這讓我很困惑，因為白人教堂大概只花一個小時——進去、出來，謝謝光臨，但是在黑人教堂，我就要在那裡坐一輩子那麼久，直想著為什麼時間過那麼慢。**時間有可能停止嗎？如果可能，為什麼它會在黑人教堂停止，在白人教堂就不會呢？**我最後的結論是，黑人需要更多時間跟耶穌相處，因為我們受的苦比較多。

「我來這裡填滿一個星期的福報。」我媽以前總是這麼說。她認為我們在教堂裡待得越久，就會累積越多的福報，就像星巴克集點卡一樣。

黑人教堂只有一個亮點，就是如果我能撐到第三或第四個小時，我就會看到牧師在信徒身上驅趕惡靈。被惡靈附身的人會開始像瘋子一樣在走道跑上跑下，用舌音尖叫。司事會抓住他們，就像舞廳裡的圍事一樣，把他們壓給牧師。接著牧師會抓住他們的頭，用力的前後搖晃，大喊：「我以耶穌之名驅趕此惡靈！」有些牧師比較暴力，但是他們的共通點是

——他們會搖到惡靈離開，該信徒已經全身鬆軟倒在台上才會罷手。信徒一定要倒下，因為如果他們沒有倒，這就表示惡靈很強大，牧師就得用更大的力氣來對付它。你就算是美式足球隊的後衛也沒差，牧師絕對會讓你倒下。老天爺，這齣戲可真是好看極了。

教堂卡拉OK、狠角色動作片、還有狂暴的靈療師——天啊，我太愛教堂了。我不愛的是我們為了去教堂所花費的功夫，那可真是長途跋涉。我們住在伊登公園，離約翰尼斯堡很遠的一個小郊區。我們得花一個小時才能到白人教堂，再花四十五分鐘才能到混種族教堂，再開四十分鐘的車去索維托上黑人教堂。如果這聽起來還不夠辛苦，有幾個星期天我們還會再回到白人教堂參加特別的晚間崇拜。等晚上終於回到家，我就會整個累塌在床上。

這個特別的星期天，就是我從移動中的車輛被丟出來的那個星期天，一開始跟別的星期天沒什麼兩樣。我媽叫醒我，煮粥給我當早餐，我去洗澡，她幫我九個月大的小弟安德魯換衣服。接著我們就去開車，但是當我們終於全都繫好安全帶準備出發時，車卻發不動。我媽開的是一輛老舊、殘破、亮橘色、低價購入的福斯金龜車，那輛車之所以很便宜，是因為它一天到晚故障。到現在我都還很痛恨二手車，我一生中所有出過的差錯幾乎都跟二手車有關。二手車害我上學遲到被罰留校察看，二手車害我們得在公路旁攔便車，二手車也是我媽嫁人的原因。如果不是因為那輛故障的福斯汽車，我們就不會去找那個後來變成我媽老公、變成我繼父、家暴我們多年、最後還朝我媽後腦勺射了一顆子彈的修車師傅——我寧可永遠都買有保固的新車。

雖然我很愛上教堂，但是從混種族教堂到白人教堂到黑人教堂再回白人教堂，這長達九個小時的往返還是讓我想都不敢想。開車去就已經很糟了，搭大眾交通工具更會花上多一倍的時間、多一倍的痛苦。當福斯怎麼發都發不動的時候，我心裡不斷禱告：**拜託妳說我們今天就待在家裡吧。拜託妳說我們今天就待在家裡吧。**接著我瞄到我媽臉上堅定的表情、緊繃的下巴，我就知道這將會是很漫長的一天了。

「來吧，」她說：「我們去搭小巴。」

我媽固執的程度跟她虔誠的程度一樣。她一旦下定決心，就沒有轉圜的餘地。當我媽遇到會讓一般人改變計畫的阻礙，比方說車子故障，她反而會更固執的進行原計畫。

「這是惡魔，」她說那輛故障的車：「惡魔不想讓我們上教堂。所以我們一定要坐小巴去。」

每次我對上我媽信仰上的頑固時，我都會盡可能尊敬的用相反觀點來反駁。

「說不定，」我說：「是上帝覺得我們今天不該去上教堂，所以才讓我們的車發不動，這樣我們一家人就能待在家裡休息一天，因為上帝也會休息啊。」

「啊，崔佛，那是惡魔才會說的話。」

「不，因為一切都在耶穌控制之下，所以如果耶穌掌控一切，而我們向耶穌禱告的話，祂理當會讓車子發動，但是祂沒有，所以——」

「才不是，崔佛！有時候耶穌會在生命中設下阻礙，看你是否能克服。就像約伯一樣。這可能是個測試。」

「啊！沒錯，老媽。但這可能是來測試我們是否願意接受既定的安排，待在家裡，讚美耶穌的智慧。」

「不。那是惡魔的話。『現在去換衣服！』」

「但是，老媽！」

「崔佛！Sun'qhela!」

Sun'qhela是一個有多重涵義的詞。它可以指「別阻擋我」、「別小看我」以及「你看我敢不敢」，它既是命令也是威脅。這是科薩父母常對他們小孩講的話。每次我聽到這個字，就知道討論已經結束，如果我膽敢再講一個字，我就等著被海扁一頓。

那時，我就讀一所私立天主教學校叫瑪麗維爾學院。我每年都是瑪麗維爾運動會的冠軍，而我媽也每年都抱走媽媽組冠軍杯。為什麼？因為她總是追著要我打屁股，而我總是跑得飛快以免被打。沒有人像我和我媽一樣會跑，她不是那種「你過來讓我打」那種媽媽，她會不預警就開打。她也會丟東西，不管她身旁有什麼，她隨手就會丟過來。如果那東西會破，我就必須把它接住，放下來。因為如果它破了，這筆帳也會算我頭上，那我就會被揍得更慘。如果她把花瓶扔過來，我得要接住，放下，然後快閃。在那一瞬間，我必須要考慮，這值錢嗎？對。這會破嗎？會。接住，放下，快跑。

我跟我媽之間的關係，就像湯姆貓跟傑利鼠[1]一樣。她是個嚴格的紀律訓練者，而我則調皮搗蛋得要命。如果她叫我去買東西，我一定不會買完馬上回家，因為我會用買牛奶和麵包剩下的零錢，在超市玩電動遊戲機。我超愛打電動，我是打**快打旋風**的高手。我可以一整天一直打，一把硬幣投進去就忘記時間，等到我意識到的時候，已經有個女人在我身後拿著皮帶等我。接下來就是一場追逐賽。我會奪門而出穿越伊登公園灰撲撲的街道，翻越牆壁，匍匐穿越別人的後院。這在我們鄰里間已經變得稀鬆平常，每個人都知道：那個崔佛小子會像沒命般跑過去，而他媽一定緊追在後。她可以穿高跟鞋短跑衝刺，但是如果她真的要來追我，她還有一個在高速快跑中把鞋踢掉的絕招。她會使出這個腳踝、腳後跟齊飛的奇怪招式，而且一步都不差。這時候我就知道，**慘了，她現在是來真的了。**

我還小的時候，她都抓得到我，但我長大後越跑越快，當她速度比不過我時，她就會

1 從一九四〇年就開始推出的美國卡通，英文片名為 Tom and Jerry，敘述一隻名為湯姆的貓與一隻叫傑利的老鼠之間彼此周旋追逐的逗趣故事。

智取。如果我要逃跑，她就會大叫：「站住！小偷！」她真的會這樣對待自己的孩子。在南非，沒人想管他人的閒事——但如果跟搶劫有關，那每個人都會想來參一咖。所以她喊「小偷！」就是知道整個社區都會跑出來對付我，接著路人甲就會試圖抓住制服我，我得要低頭蹲俯閃避他們，同時還要大叫：「我不是小偷！我是她兒子！」

那個星期天早上我最不想做的事，就是鑽進擁擠的小巴，但是當我一聽到我媽說 sun'qhela，我就知道大勢已定。她把安德魯抱起來，我們爬出福斯，走去搭車。

尼爾森．曼德拉從獄中被釋放時，我五歲，快六歲，我記得在電視上看到新聞，然後大家都很高興。我不知道我們為什麼要高興，只知道我們就是高興。我知道有個叫種族隔離制度的東西，它結束了，而這是一件了不起的大事，但是我並不懂當中的錯綜複雜。

我記得的，而且永遠不會忘記的，是隨之而來的血腥暴力。有人會稱這個民主打敗種族隔離制度的勝利為不流血革命。它被這麼叫是因為白人的血流得不多，但黑人的血其實滿街都是。

種族隔離政權垮台時，我們知道現在換黑人當家了。問題是，是哪個黑人？因卡達自由黨與非洲國民大會黨在奪權當中引發了大量的血腥暴力。這兩個族群之間的政治互動非常複雜，但是最簡明易暸的說法其實是，這就是祖魯族及科薩族之間的傀儡戰爭。因卡達黨絕大多數是祖魯人，非常好戰，非常國家主義。非洲國民大會黨則是包含很多不同部族的廣大結盟，但它那時的領導者主要都是科薩人。這兩大族群非但沒有為了和平而團結，反而勢不兩立，因此犯下令人難以置信的野蠻罪行。大型暴動爆發，上千人被殲滅，火項鍊是家常便飯。火項鍊這種酷刑就是用一個橡膠輪胎圍住被害者的軀體，綁住他的雙手，然後在他身上澆上汽油，點火把他活活燒死。非洲國民大會黨會這樣對付因卡達黨，因卡達黨也會如此對付非洲國民大會黨，我有天就曾在上學路上看到一具如此慘死的燒焦屍體。晚上我跟我媽會打開我們的黑白電視看新聞，十幾二十人被殺，五十人被殺，一百人被殺。

伊登公園離東蘭德、同可薩與凱勒洪那些蔓延的黑人區不遠，這些區域就是因卡達黨與非洲國民大會黨之前衝突最嚴重的地區。一個月裡至少會有一次我們開車回家時，看到我們社區著火，好幾百名暴民在街上走動。我媽會慢慢把車鑽過人群，繞開用燃燒的輪胎圍起的封鎖線。輪胎比任何東西都還會燒——它以一種你無法想像的怒火狂燒。當我們開車經過那些燃燒的路障時，感覺就好像在烤爐裡一樣，我常跟我媽說：「我想撒旦在地獄裡燒的一定是輪胎。」

不論何時只要發生暴動，所有的鄰居都會很聰明的躲在緊閉的門後，但我媽不來這套。她會照樣出門，當我們慢慢通過路障時，她會瞪這些暴民一眼。**讓我過，我跟這些狗屁一點關係都沒有**。她在危險跟前絕不退縮，這總是讓我感到很驚奇。我家門前是否為一級戰區一點都不重要，總之她有事要做，有地方要去。就是這樣的固執讓她堅持即使車子故障也要去上教堂，即使出伊登公園的主要幹道上有五百民暴民用著火的輪胎圍起封鎖線，我媽還是會說：「去換衣服，我得去工作，你得去上學。」

「但你不會害怕嗎？」我會這樣說：「你就只有一個人，他們有很多人。」

「親愛的，我並不孤獨，」她會這樣說：「全天堂的天使都在我身後挺我。」

「如果我們能**看到**祂們就好了，」我說：「因為我不認為那些暴民知道祂們在那裡。」

她就會叫我別擔心，她總是會說出那句她篤信的話：「如果上帝與我同在，誰能傷害我？」她從不害怕，即使在她應該害怕的時候。

那個沒有車的星期天，我們巡迴了三個教堂一圈，最後如往常一樣回到白人教堂。當我們走出羅斯班聯合教堂時，天色已晚，只有我們在路上。一整天搭著沒完沒了的小巴，從混種族教堂到黑人教堂到白人教堂，我已經累壞了，那時至少已經九點。在那些日子裡，因為所有的暴行跟暴動，你不會想要那麼晚還在外頭。我們站在傑利克大道與牛津路的街角，就在約翰尼斯堡富裕白人郊區的中心，看不到任何小巴，路上空空蕩蕩。

我超想轉頭跟我媽說：「你看吧？這就是為什麼上帝希望我們待在家裡。」但是我看一眼她臉上的表情，我就知道我最好閉嘴，有些時候我能跟我媽嗆聲——但不是現在。

我們在那等小巴來，等了又等。在種族隔離制度下，政府沒有為黑人提供大眾運輸工具，但是白人仍需要我們過去擦他們的地板、清他們的廁所。正所謂需求為發明之母，黑人於是就自己創造出自己的運輸系統，一個由私人企業所掌管的非正式公車路線網絡，這完全是非法營運。因為小巴市場完全不受監管，它基本上就是有組織的犯罪。不同的公司經營不同的路線，他們也會相爭哪裡歸誰管。賄賂和走後門是家常便飯，有很多的暴力事件，也有大筆的保護費支付來防止暴力。你絕不能做的事就是跟敵對的公司搶路線，搶路線的司機是會被幹掉的。因為不受監管，小巴也很不可靠。它們要來，就來；不來，就是不來。

站在羅斯班聯合教堂外，我真的已經站到睡著了，卻一輛小巴也看不到。最後我媽說：「我們來攔便車吧。」我們走了又走，過了大概一輩子那麼久之後，一輛車開過來停了下來，司機願意載我們一程，我們就上車了。但我們往前開不到十呎就突然有輛小巴從右邊衝出來，超到我們前方，把我們給攔下。

一個祖魯族的司機拿著iwisa下車，那是一枝巨大的傳統祖魯人武器——基本上就是幹架用的棍棒，用來敲碎對手頭骨的。另一個傢伙，他的哥兒們，從乘客座那邊下來。他們走到我們這輛車的駕駛座旁邊，一把抓住載我們的那位先生，把他揪出來，就開始用棍棒揍他的臉：「你為什麼搶我們的客人？你為什麼載人？」

看起來他們是打算殺了這傢伙，這種事我時有所聞。這時我媽說話了：「喂，給我聽著，他只是幫我個忙而已。放過他吧，我們坐你們的車就是，反正我們本來就打算搭小巴。」所以我們就下車，上了小巴。

我們是小巴上唯一的乘客。南非的小巴司機除了是殘暴的黑幫之外，大家都知道他們開車時也很愛跟乘客抱怨，大放厥詞。這司機是個特別容易不爽的司機，我們一邊開，他就一邊開始訓斥我媽亂搭不是她先生的男人便車。但我媽是不會任由陌生人教訓她的，所以她就叫他不用多管閒事，但當他聽到她講科薩語時，他就整個爆炸了。大家對祖魯女人和科薩女人的刻板印象，就如同對他們男人的刻板印象一樣根深蒂固。祖魯女人很乖巧順從，而科薩女人愛亂搞會偷吃。現在可好了我媽就在這裡，他的部族敵人，一個帶著兩個小孩的科薩女人——更別說其中一個還是混血兒，不但是個淫婦，還是個會跟白人上床的淫婦。「喔，妳是**科薩人**，」他說：「這樣我就懂了，難怪會隨便上陌生男子的車，噁心。」

我媽不斷斥責他，他不斷侮辱我媽，從前座對她破口大罵，在後照鏡裡比手指，變得越來越凶悍，直到最後他撂下一句狠話：「這就是妳們科薩女人的問題，妳們都是妓女——今晚妳該學到一點教訓。」

他開始飆車，開很快，完全不停，只有在十字路口才慢下來看看有沒有車，然後就繼續狂飆。在那個亂世，死亡離每個人都不遠，當時我媽有可能被強暴，我們可能會被殺，這些都是可能發生的選項。但那時我沒有完全意識到我們所處的危機，我實在太累了——一心只想睡，而且我媽表現得非常老神在在。她沒有驚慌，所以我也不知道應該要驚慌。

「很抱歉我們讓你生氣了，bhuti。你可以在這裡讓我們下車——」

「不行。」

「真的，沒關係。我們可以走路——」

「門都沒有。」

他在牛津路上奔馳，車道空蕩蕩的，沒有別的車。我正好坐得很靠近小巴的安全門，我媽坐在我旁邊，抱著小嬰兒安德魯。她看著窗外奔馳而過的馬路，靠過來我身邊輕聲說：

「崔佛，他在下個路口慢下來的時候，我會把門打開，然後我們就要跳出去。」

她說的一個字我都沒聽到，因為那時我已經完全睡死了。當我們來到下一個紅綠燈時，司機把油門稍微放輕了點檢查左右來車。我媽靠過來，把安全門拉開，抓住我，就用盡全力把我丟出去。接著她抱住安德魯，像一個球一樣彎曲包覆住他，就接著在我身後跳了下來。

一切像一場夢一樣直到痛楚打醒我。**碰！**我重重跌在柏油路上，我媽跌坐在我旁邊，我們翻了又翻滾了又滾。我現在全醒了，我從半夢半醒之間突然變成**這是什麼鬼啊？**最後我終於停下來，我站起來，不知所措。我四處張望，看到我媽已經站起來了，她轉頭看著我大叫。

「快跑！」

所以我就跑，她也跑，沒有人像我跟我媽一樣那麼會跑。

這很難解釋，但我就是知道該怎麼做。這是動物的直覺，這是在一個暴力永遠在醞釀隨時等待爆發的世界裡長大，就會學到的直覺。在黑人區，當警察帶著鎮暴裝備還有裝甲車、直升機突然出現的時候，我就知道：**找地方躲，快跑快躲**，這我五歲大就知道了。如果我過的是不一樣的生活，從一輛疾駛中的小巴被丟出來可能會讓我很困惑。我可能會像個白痴站在那邊說：「發生什麼事了，老媽？為什麼我的腳這麼痛？」但是我沒有半句廢話，老媽叫我「快跑！」我就跑。就像一隻瞪羚從獅子旁奔逃一樣，我快跑。

那兩個男人把小巴停下來，下車來追我們，但是他們一點勝算也沒有。我們像一陣煙一樣，我想他們應該覺得很不可置信吧。我還記得回過頭看到他們一頭霧水、只好放棄的表情。**這是怎麼回事？誰料得到一個帶著兩個小孩的女人能跑這麼快？**他們不知道他們遇上了瑪麗維爾學院運動會的冠軍保持人。我們一直跑，直到我們跑到一個二十四小時的加油站，跟警察報警才停下來，那時候那兩個人早就走了。

我仍然沒有頭緒為什麼會發生這些事，我純粹是靠著腎上腺素在跑。我們一停下來，我就感覺到劇烈的疼痛，往下一看才看到我手臂上的皮膚全都擦傷脫皮了，全身是傷，血流不止。我媽也是，我小弟倒是沒事，真難以置信。我媽用自己的身體包住他，所以他毫髮無傷的脫困。

「那是怎麼回事？我們為什麼要跑?!」

「你什麼意思，『我們為什麼要跑？』那兩個男的差點就要把我們給殺了。」

「妳又沒跟我說！妳就直接把我扔出車外！」

「我明明有說。你為什麼沒跳車？」

「跳車？我那時候已經睡著了耶！」

「所以我難道應該把你留在那邊讓他們把你殺了？」

「至少他們殺我以前會先把我叫醒。」

我們就這樣你來我往，我實在對於被丟出車外太困惑也太生氣，以致於我沒有理解到，我媽其實救了我一命。

等到我們喘過氣來，在等警察來載我們回家時，她說：「至少我們現在安全了，感謝上帝。」

我那時才九歲，自以為比她聰明，這次我不再保持沉默。

「才不是呢，老媽！這才不是要感謝上帝！當車子發不動上帝叫我們待在家裡的時候，妳早就該聽祂的，很顯然今晚是惡魔要騙我們出來。」

「不是，崔佛！這不是惡魔的作風，這是上帝的旨意，如果祂要我們在這裡，一定有祂的道理……」

沒完沒了，我們又回到同樣的話題，爭論上帝的旨意。最後我說：「聽著，老媽，我知道妳愛耶穌，但是或許下禮拜妳可以叫祂來家裡找我們。因為今天晚上真的一點都不好玩。」

她咧開嘴開始大笑，我也笑了出來。我們就站在那裡，在半夜路旁加油站的燈光中，一個小男孩和他媽，手腳沾滿了血跡與塵土，在痛楚中縱聲大笑。

＊＊＊

種族隔離制度是超完美的種族歧視主義，它是花好幾個世紀所建立起來的。早在一六五二年就開始，那年荷蘭東印度公司停靠在好望角，在那設立了一個貿易殖民地喀普斯達，也就是後來的開普敦，做為往來歐洲及印度船隻的中繼站。為了施行白色統治，荷蘭殖民者與土著興戰，最終發展出一套制約及奴役他們的律法。英國人接收開普敦殖民地後，原始荷蘭定居者的後裔開拔到內陸，形成他們自己的語言、文化及習俗，最後自己成為一個叫做南非白人的族群——非洲的白人部落。

英國人名義上廢除了奴隸制度，實際上仍繼續施行。他們會這麼做，是因為一八〇〇年代中期，在那個曾經被看不起、前往遠東路上毫無價值的中繼站上，有一些幸運的資本家，誤打誤撞挖到了世界上最豐富的黃金與鑽石礦產，還有那些無限量可以盡情壓榨，去為你深入地底挖礦的人力。

大英帝國沒落之後，南非白人再度崛起，聲稱南非為其應得的遺產。面對逐漸覺醒作亂的黑人多數，政府發現他們需要更新、更嚴格的方法才能掌握大權。他們成立一個正式委員會，到世界各地去研究制度性種族主義。他們去了澳洲、荷蘭、美國，他們看到什麼制度有用、什麼沒有用。然後他們回來發表了一篇報告，政府就利用這份心得打造出人類歷史上最先進的種族迫害制度。

種族隔離制度是一個警察國家，一個監督系統，用法令全面控管黑人。那些法令的全文超過三千頁，重大約十磅，但是其整體的精髓應該任何美國人都可以極容易理解。在美國，你把原住民趕去保留地，然後奴役黑人，後來又實施種族隔離。想像這三件事情在同一時間發生在同一群人身上，這，就是南非的種族隔離制度。

2 天生的罪名

我在南非種族隔離制度之下長大，這很尷尬，因為我家是個跨種族家庭，而我就是家裡混種的那一個。我媽派翠西雅・諾邦絲・諾亞是黑人，我爸羅伯特是白人，更精確來說，是瑞士德語區人，總之瑞士德語區人清一色是白人。在種族隔離期間，你所能犯下最嚴重的罪行之一，就是跟不同種族的人有性關係。不用說，我父母就是犯了那個罪。

對任何一個建立在制度性種族主義上的社會而言，種族雜交不只挑戰制度的不公，它也透露出制度難以永續與毫無邏輯。種族雜交證明了不同種族可以交合——而且在很多情況下，也**想要**交合。由於一個混血兒具體化了對系統邏輯的違逆，種族雜交變成了比叛國還要嚴重的罪。

但是人就是人，做愛就是做愛，這個禁令永遠阻止不了任何人。在第一艘荷蘭商船抵達桌灣海灘九個月之後，南非就已經有混血兒了。就像在美國一樣，這裡的殖民者在原住民女人身上享樂，殖民者向來都是如此。但跟美國不同的是，在美國你只要有一滴黑人血統就是黑人，而在南非混血兒則被歸類成一個不同的族群，不是黑人也不是白人，我們管這類人叫「有色人」。有色人、黑人、白人還有印度人都必須要向政府登記人種。根據這些分類，政府連根拔起上百萬人，強迫移居。印度人區跟有色人區隔離，有色人區跟黑人區隔離——這三區都跟白人區隔離，並且彼此之間留有空地相隔作為緩衝區。法律首先嚴禁歐洲人和原住民之間性交，後來又修法改成禁止白人跟任何非白人有性關係。

政府無所不用其極來落實這些法令，違法的懲罰是五年徒刑，有整個警察大隊的工作就是四處往窗戶裡偷看——這當然是最優秀的執法警員才拿得到的好差事。如果有一對跨種族男女被抓到，老天爺開恩啊，警察會把門踢開，把兩人抓出來，臭打一頓，繩之以法，至少他們對黑人是這麼做的。對白人，他們比較像是：「聽著，我就說你喝醉了，但是別再犯了，好嗎？走吧。」這是一個白人男性跟一個黑人女性的狀況。如果一個黑人男性被抓到跟一個白人女性上床，他沒被判強暴罪就算他走狗運。

如果你問我媽，她有沒有考慮過在種族隔離制度之下生混血兒的枝枝節節，她會跟你說沒有。她想要做某件事，並找到做這件事的方法，然後她就做了。你真的要有她那種程度的無所畏懼，才敢去做她幹下的好事。如果你還停下來考慮枝枝節節，那你就永遠不可能做得出來。然而，生下我的確是超瘋狂，超莽撞的。要有一百萬件事那麼剛好天時地利人和，才能讓我們得以這樣鑽進法律的漏洞中，而且得以平安藏匿這麼久。

在種族隔離制度之下，如果你是黑人男性，你就去農場或工廠或礦坑裡工作；如果你是黑人女性，你就去工廠或當女僕；這就是你僅有的選項。我老媽不想在工廠工作，她不會煮飯，也絕對無法接受一個白人女士一整天指使她做東做西。所以，就像她的天性一樣，她硬是找到了一個沒有人給她的選項：她去上了個祕書課程，一個打字課。在那個年代，黑人女性學打字就像盲人學開車一樣：那是可歌可泣的嘗試，但是沒有人會找你來從事這項任務。依法，白領工作以及技術性勞工的工作都是保留給白人的，黑人沒有坐辦公桌的份。然而我媽就是離經叛道，而且很幸運的，她的叛逆選對了時機。

在一九八〇年代早期，南非政府開始進行一些小幅改革，來試圖平息國際間批評種族隔離制度過於殘暴及侵害人權的聲浪。這些改革包含了象徵性僱用黑人員工來從事低階白領階級工作，比如說打字員。透過職業介紹所，我媽成為埃西亞公司的祕書，那是一個位於約翰尼斯堡郊區布哈方騰的跨國藥廠。

我媽開始工作的時候，她還跟我外婆住在索維托，政府好幾個世紀前就把我老家遷移至此。但是我媽在家不是很開心，她二十二歲的時候就逃家去住在約翰尼斯堡市中心。這有一個問題：黑人住在那裡是不合法的。

種族隔離制度最終的目標是讓南非成為一個白人國度，剝奪所有黑人的國籍，把他們全都遷移到內陸的「黑人家園」，或稱班圖斯坦，那裡美其名是半自治黑人領地，但實際上是南非政府所設置的傀儡轄地。然而，這個所謂的白人國度卻無法脫離那些為其製造財富的黑人勞工，所以黑人得以住在白人區近郊的區域，也就是政府規劃來安置黑人勞工的貧民區，如索維托。但即使住在這些黑人區裡，你也一定得要擁有勞工身分才能合法居留。如果因為任何原因你的身分文件被撤銷了，那你就會被遣送回內陸的黑人家園。

離開黑人區，進城裡工作或做任何事，你都需要攜帶身分證及通行證，否則就有可能遭到逮捕。城裡也有宵禁——特定時間過後，黑人都必須要回到黑人區的家中，否則也會被逮捕。但這些我媽都不管，她下定決心不要再回家，所以她就滯留在城裡，在公廁裡藏匿過夜，直到她從其他留在城裡的黑人女性那裡學到了這座城市的潛在遊戲規則——她們都是妓女。

城裡的很多妓女都是科薩人，她們會說我媽的母語，所以教她如何在城裡生存。她們教她在城裡遊走最好穿著女僕的服飾才不會被拷問，她們也介紹她認識願意分租城裡公寓的白人男性。這些男人很多都是外國人，對法律不屑一顧的德國人和葡萄牙人，很樂意簽一紙合約讓娼妓有地方居住及工作，用此來換取隨時有小菜可享用的樂子。我媽對這種安排沒有興趣，但是多虧了她的工作，她有錢可以付房租。她透過妓女朋友認識了一個德國人，他同意讓我媽承租在他名下。她搬進去，買了很多件女僕罩衫。她被活抓、逮捕了很多次，因為她在上班回家路上沒帶身分證，或因為她宵禁後還滯留白人區。違反通行法的刑責是三十天監禁或是五十蘭特，那幾乎是她半個月的薪水。她會攢下這筆錢，付清罰金，然後繼續我行我素。

我媽的祕密公寓位於一個叫希爾布的社區，她住在兩百零三號，再往走廊走幾戶住了一個高大、棕髮、棕眼的瑞士德語外籍人士叫羅伯特，他住在兩百零六號。因為南非早先為貿易殖民地，境內一直有廣大的外籍人士族群，人們雜沓而至，一大堆德國人，很多荷蘭人。那個時候的希爾布是南非的格林威治村，充滿活力、國際化、自由開放。那裡有畫廊及地下劇場，讓藝術家與表演家在種族混雜的群眾面前嗆聲批評政府，也有大多為外國人所經營的餐廳及夜店，服務各種種族的客人，比如對現狀不滿的黑人、或認為現狀極其荒謬的白人。這些人也會舉辦祕密集會，通常是在某人公寓，或是改裝成舞廳的閒置地下室。種族融合的本身是某種政治表態，但是這些集會其實一點都不政治，他們聚在一起只是玩樂、開趴。

我媽積極投入那樣的氛圍，她總是在外面去夜店、派對、跳舞、認識朋友。她是希爾布塔的常客，那是當時非洲最高的建築物，頂樓有一間有旋轉舞池的夜店。雖然那是個人心激盪的年代，但仍然相當危險，有時候餐廳跟俱樂部會被勒令關門，有時候不會。有時候表演者及客人會被逮捕，有時候不會，全靠運氣。我媽永遠不知道要相信誰，或誰會向警方糾舉她，連鄰居都有可能會互相密報。住我媽那棟公寓裡那些白人的女友們有足夠的理由檢舉一名住在白人區的黑人女性——她一定是個妓女。而且你一定要記得也有黑人為政府工作，所以對她的白人鄰居來說，我媽也有可能是佯裝成女僕又佯裝成妓女的間諜，被派到希爾布去告發違法的白人。警察國家就是這樣運作——大家都以為彼此是警察。

我媽獨自住在城裡，不被別人相信也無法信任別人，她開始花越來越多時間跟這個唯一讓她有安全感的人相處——就是那個住在走廊下頭兩百零六號的高大瑞士人。他四十六歲，她二十四歲；他安靜內向，她狂野奔放。她會造訪他的公寓聊天，他們會去地下集會，去有旋轉舞池的夜店跳舞，他們很合得來。

我知道我父母之間有一份真誠的情誼與愛，我親眼目睹過，但是我說不上來他們的關係有多少是男女感情成分，有多少只是朋友之情。有些事小孩是不能過問的。我只知道有一天她提出了一個提議。

「我想要有個孩子。」她告訴他。

「我不想有小孩。」他說。

「我不是叫你養小孩，我是叫你幫我生我的小孩，我只需要你的精子。」

「我是天主教徒，」他說：「我們不能這麼做。」

「你知道，」她說：「我可以跟你上床然後遠走天邊，你永遠都不會知道你有沒有孩子。但是我不想那樣，我想要得到你的祝福，這樣我才能活得心安理得。我想要我自己的小孩，我想要你的小孩，你可以隨時來看他，但是你不需負擔任何責任。你不需要跟他講話，你不需要付撫養費，就只是幫我懷個孩子而已。」

就我媽而言，因為我爸並不想跟她建立家庭，也不被法律允許與她擁有家庭，這反而是吸引她的一點。她想要小孩，但不想要一個會介入並操控她人生的男人。就我爸的部分，我知道他拒絕了很長一段時間，但最後他終於答應了，至於他為什麼會答應我永遠都不會有答案。

他答應後九個月，在一九八四年二月二十日，我媽住進希爾布醫院進行排定好的剖腹手術。她與家人形同陌路，又是跟一個不能一起公開露面的男人所生的小孩，所以我媽單槍匹馬。醫生們把她帶進產房，切開她的肚皮，從裡面拉出一個違反了所有法律、法則、規定，半白半黑的小孩——我的出生就是一種罪。

醫生們把我拉出來的當下有點尷尬，他們說：「嗯，這小孩膚色很淡。」他們掃了產房一圈卻找不到該負責任的男人。

「爸爸是誰？」他們問。

「他爸爸來自史瓦濟蘭。」我媽回答，說的是南非西邊那個狹小不靠海的王國。

他們大概知道她說謊，但是也接受這個答案，因為他們需要一個解釋。在種族隔離制度之下，政府在你的出生證明上就貼滿了各種標籤：種族、部落、國籍，每件事都要加以歸類。我媽謊稱我是在康瓦內出生的，那是一個南非境內史瓦濟人居住的半自治黑人家園。所以我的出生證明上沒有寫我是科薩人，雖然我技術上是；也沒說我是瑞士人，因為政府不會允許；上面只說我是在國外出生的。

我爸也沒列在我的出生證明上，所以就官方紀錄而言，他從來都不是我的父親，而我媽也信守諾言從沒有要求我爸負責。她在希爾布附近的朱伯特公園社區租了一個新公寓，她離開醫院後就帶著我去那裡。一個禮拜後她去找他，沒帶小孩。令她驚訝的是，他居然問她我在哪裡。

「你說你不想介入。」她答。他的確是不想，但是我一出生，他就體認到他沒辦法明知道有個兒子住在附近卻不聞不問。所以我們三個人在這特殊情況下所能允許的範圍中形成了某種家庭：我跟我媽一起住，條件允許的時候我們就溜出去看我爸。

大部分的小孩是證明了他們父母的愛，只有我是證明了他們所犯下的罪。我唯一能跟我爸相處的地方是室內，一旦我們離開家裡，他就必須要走在我們對面。我媽和我以前一天到晚去朱伯特公園。那裡是約翰尼斯堡的中央公園——有美麗的花園、動物園，還有個有真人大小棋子的巨大棋盤可以玩。我媽告訴我，有一次我還小的時候，我爸試圖跟我們一起去。我們到了公園，他卻走得離我們遠遠的，我就追著他跑，大叫：「爹地！爹地！爹地！」開始引來人們側目，他嚇壞了趕緊跑走，結果我以為這是個遊戲，還一直緊追著他。

我也不能跟我媽走在一起，一個淺膚色的小孩跟著一個黑人女性會引來太多的問題。當我還是新生兒時，她還能把我包起來四處走，但是這很快就行不通了。我是個巨嬰，也是很大隻的小孩。我一歲你會以為我兩歲，我兩歲你會以為我四歲，要把我藏起來門兒都沒有。

如同她能設法搞到公寓還有女僕制服一樣，我媽找到了制度中的裂縫。混血（父母一白一黑）是非法的，但是有色（父母都是有色人）不是。所以我媽帶著我以有色人的身分行走江湖。她在一個有色人區找到一間托兒所，她上班時就把我丟在那裡。在我們那棟公寓裡，有個有色女人叫琨茵。我們想要去公園的時候，我媽就會邀請她跟我們同行。琨茵會走在我旁邊，好像她是我媽一樣，我媽則是隔幾步之遙走在後面，假裝她是那有色女人的女僕。我有好幾十張跟這個看起來像我，但不是我媽的女人走在一起的照片，站在後面那個似乎煞風景的黑女人，那個才是我媽。沒有有色女人可以跟我們同行的時候，老媽會冒險自己跟我一起走。她會牽我的手或是抱著我，但是如果警察來了，她就必須假裝我不是她的小孩，像持有一包大麻一樣立刻把我丟開。

我出生的時候，我媽已經三年沒跟她家人見面，但是她希望我認識他們，也希望他們認識我，所以這個不孝女終於返家了。我們大部分時間住在城裡，但是我有好幾個禮拜會跟我外婆住在索維托，通常是假日的時候。我內心對那個地方充滿回憶，就好像我們也住在那裡似的。

索維托是設計來被打爆的——看得出種族隔離制度下的建築師思想有多麼先進，這個黑人區其實已經發展成一個大城市，有將近一百萬人口，但進出就只有兩條路，因為這樣軍警才得以封鎖我們來壓制任何暴動。如果這些猴子真的發瘋，試圖逃離其牢籠，空軍可以飛過來把每個人炸得屁滾尿流。在我成長期間，我從不知道原來我外婆是住在彈靶的中心。

在城裡，雖然行動並不容易，但是我們還是可以走動。城裡有足夠的人潮熙來攘往，黑人、白人、有色人，往返上班，所以我們能隱形於人群中。但是只有黑人能住在索維托，在那裡要藏一個像我一樣的人困難多了，而且政府也更密切監督此地。在白人區，你很少看到警察，即使有，也是穿著有領襯衫筆挺長褲的友善警員。在索維托，警察是攻占部隊。他們不穿有領襯衫，他們穿鎮暴裝備。他們軍事化，執行任務是以人稱飛天部隊的隊伍做單位，因為他們可以突如其來，乘坐武裝人員車輛——我們稱之為河馬，那是有著巨大輪胎、車身還有洞口可以從內開槍的坦克。你別跟河馬亂來，你一看到，就跑，這就是現實生活。黑人區永遠都在暴動，總是有人在某處遊行或抗議，需要被鎮壓。我在外婆家玩，常可以聽到槍聲、尖叫聲，還有朝群眾射發催淚瓦斯的聲音。

我對於河馬及飛天部隊的記憶來自五歲或六歲的時候，那時種族隔離制度終於分崩離析。在那之前我從沒見過警察，因為我們從不冒讓警察看到我的風險。我們在索維托時，外婆拒絕讓我出門。如果是她在照顧我，那就是：「不行，不行，不行，他不能離開屋子。」在牆後、後院，我可以玩，但是不能在街上玩。其他的男孩和女孩都在街上玩，我的表哥表姐們、鄰居小孩們，他們都是打開門衝出去野放直到傍晚才回來。所以我會央求我外婆讓我出門。

「拜託，拜託，我可以跟表哥表姐們玩嗎？」

「不行！他們會來抓你！」

有很長一段時間，我一直以為她是指別的小孩會來把我偷走，但其實她說的是警察。小孩真的會被抓走，而且有很多小孩已經被抓走了。膚色不對的小孩出現在膚色不對的區，政府可以介入，奪走你父母的監護權，把你送進孤兒院。為了控管黑人區，政府依賴它的線民網絡，匿名告密者會告發可疑行為。也有「黑傑克」——就是幫警察工作的黑人，我外婆的鄰居就是黑傑克，所以每當她偷渡我進出家門時，都得小心確定他沒有看到。

所以我被關在家裡。除了幾次去公園的例外，我對童年的記憶影像幾乎都是在室內：我跟我媽在她的小公寓裡，我在外婆家自己玩。我沒有任何朋友，除了我表哥表姐外，我不認識任何其他小孩。但我並不孤單——我很會自娛，我會看書、玩我的玩具、編織想像中的世界。我住在自己的世界裡，我現在還是住在自己的世界裡。直到今日，你可以放我自己一個人好幾個小時，我會很泰然自若的自娛，我反而要提醒自己記得多去與別人相處。

當然，我並不是種族隔離制度下唯一一個有黑白雙親的小孩。現在我在全世界走動，一天到晚都遇到南非混血兒。我們人生故事的開頭都一樣，我們大約同樣年紀，他們的父母認識於希爾布或開普敦的地下派對，他們曾住在非法公寓裡。唯一不同的是，他們幾乎所有的人都離開了。他們的白人父親或母親把他們從萊索托或博茨瓦納偷渡出南非，他們離鄉背井，在英國或德國或瑞士長大，因為在種族隔離制度之下要維持跨種族家庭根本是不可能的任務。

曼德拉選上總統後，我們開始得以自由生活，所以那些流亡者開始回流。我大概在十七歲的時候遇見我第一個同類，他告訴我他的故事，我的反應是：「等等，你說什麼？你是說我們可以遠走高飛？我們有這個選擇嗎？」想像你從飛機上被丟下來，你撞到地面，全身骨頭都跌斷了，你去看醫生，然後痊癒，繼續過日子，最後終於把整件事拋在腦後——結果有一天有個人突然跟你提到有個東西叫降落傘，這就是我的感覺。我無法理解為什麼我們當初會留下來，我馬上回家問我媽。

「為什麼？為什麼我們當初不一走了之？為什麼我們沒有去瑞士？」

「因為我不是瑞士人，」她說，一如往常一樣固執：「這是我的國家，我為什麼要離開？」

* * *

南非是舊跟新、遠古跟現代的混合，南非基督教就是個最好的例子。我們接收了殖民者的宗教，但是大部分的人仍同時遵從遠古祖先的信仰，以防萬一。

在南非，三一信仰與巫術、對仇敵下符施咒的信仰和平並存。

我來自一個人們會去看 sangomas——也就是法師、民俗療者，或講難聽點就是巫醫——勝過於去看西醫的地方。我來自一個在法庭上會有人因為施巫術而被逮捕及審判的地方。我說的不是十八世紀時的事，僅僅在五年前而已。

我記得有位男子被控告用閃電擊倒他人致死。這在黑人家園很常見，那裡沒有高樓大廈，參天巨木也不多，在你跟天空之間了無一物，所以總是有人會被雷打到。每當有人被雷打死，大家就會說那是因為他的敵人利用大自然的力量置他於死。所以如果你剛好跟死者有恩怨，有人就會控告你謀殺，警察就會來敲門。

「諾亞先生，你被控告謀殺。你用巫術，以閃電擊斃大衛．柯布卡。」

「你有什麼證據？」

「證據就是大衛．柯布卡被閃電擊斃，而當時根本沒有下雨。」

你就只得上法庭被審判。法庭由法官來審理，那裡有訴訟紀事表、有檢察官。你的辯護律師必須證明缺乏殺人動機，分析犯罪現場的鑑識資料，提出一個有力的辯護。你律師的論點絕對不能是：「沒有巫術這回事。」不，不，不，這樣你就輸定了。

3 崔佛，禱告

我在一個女人當家的世界中長大。我父親很慈愛也很盡責，但是我只能在種族隔離制度所容許的時間跟地點內跟他見面。我舅舅費里，我媽最小的弟弟，跟我外婆同住，但是他大部分的時間都花在附近酒館跟人打架。

我生命中唯一一個半正規的男性角色是我外公，我媽的父親，他是個你必須正視的狠角色。他跟我外婆已經離婚，所以沒有與我們同住，但是他就住在附近。他的名字是唐柏・諾亞，這名字有夠離譜，因為他一點都不是個會自我節制的人[2]，他脾氣暴躁又講話大聲。他在地方上的小名是「Tat Shisha」，翻譯起來約莫是「辣到冒煙的老不修」，這完全才是他的寫照。他很愛女士們，女士們也很愛他。他三不五時會在下午穿上他最好的衣服，在索維托逛大街，行過之處都讓人開懷大笑，也迷死所有他遇見的女士們。他有開朗迷人的笑容，還會露出閃亮潔白的牙齒——那是假牙。在家時，他會把假牙拿掉，我會看著他這麼做，

2　英文原名是 Temperance，這個字是節制的意思，所以作者才會說這個名字與他外公的個性背道而馳。

感覺好像他把自己的臉給吃進去一樣。

我們到很後來才知道他有躁鬱症，在那之前，我們只是覺得他脾氣古怪。有一次他借我媽的車去店裡買牛奶跟麵包，結果人間蒸發，那天晚上到很晚才回家，早就過了我們需要牛奶跟麵包的時間。居然是因為他經過公車站時看到一個年輕女孩，他堅持美女不應該等公車，所以就主動提議要載她回家——三小時車程。我媽對他怒不可遏，因為他浪費了我們一整缸汽油，那足以讓我們開車上下班、上下學兩個禮拜。

他火一上來的時候，你是阻止不了他的，但是他的情緒波動實在變幻莫測。他年輕時曾是個拳擊手，有一天他說我對他不敬，所以想要跟我打一場拳。他當時已經八十好幾，我才十二歲。他把拳頭伸出來，繞著我跑：「來吧，崔佛！快來啊！把你的拳頭伸出來！打我啊！我讓你瞧瞧我還是一條好漢！來吧！」我不能打他，因為我不能打長輩，而且我從來沒打過架，我才不要第一場架就跟一個八十歲的老人打。我跑去找我媽，她才終於讓他善罷干休。而他發完這頓拳擊怒火的隔天，卻是一整天都坐在他的椅子上，一動也不動，一句話也不說。

唐柏跟他的第二任家庭住在梅朵蘭，我們很少去拜訪他們，因為我媽總是很怕被下毒。這的確是有可能發生的事，第一任太太的家庭是繼承者，所以他們總是有可能會被第二任的家庭毒害。這就像窮人版的《權力遊戲》[3]。我們一走進他們家，我媽就會警告我。

「崔佛，不要吃任何東西。」
「但是我肚子很餓。」
「不行。他們可能會下毒。」
「好吧，那為什麼我不要跟基督禱告就好，這樣基督就會把食物裡的毒拿走？」
「崔佛！Sun'qhela！」
所以我偶爾才會見到我外公，他不在的時候，這個家就是女性的天下。
除了我媽之外，還有我阿姨希邦翠；她和她第一任先生丁克，有兩個小孩，就是我的表哥表姐馬朗紀跟布勒娃。希邦翠阿姨是個能源發電廠，在各方面都是強壯的女性，她胸部很大，是一隻大母雞。而丁克，就像他的名字所指的，非常小隻[4]。他是個頭很小的男人，很粗暴，但也不能這麼說。應該說是他試著要很粗暴，但是做不到。他盡力想表現出他認為一個丈夫所應有的形象——有主導性、掌控一切。我記得很小的時候就有人告訴過我：「如果你不打你的女人，就表示你不愛她。」你在酒吧裡或街上那些男人嘴裡聽到的就是這

3 Game of Thrones 是由美國電影頻道ＨＢＯ所製作的奇幻史詩電視連續劇，改編自美國作家喬治・馬汀的《冰與火之歌》，主要講述家族之間的權力鬥爭。
4 英文原名為 Dinky，有極小、微不足道之意。

種論調。丁克試圖要假扮為他根本就沒資格的一家之主。他會打我阿姨耳光，會揍她，她總是一忍再忍，到了最後她才會爆發，把他打得屁滾尿流，讓他知道自己有幾兩重。

丁克的言行舉止總是好像在說：「我罩得住我的女人。」

你實在很想跟他說：「丁克，首先，你根本罩不住她。第二，你也不需要，因為她是真的愛你。」我記得有天我阿姨真的忍無可忍。我在院子裡，丁克從屋裡跑出來大叫殺人啊，希邦翠阿姨拿著一鍋熱水緊追在後，咒罵他，威脅要潑他。在索維托你常常可以聽到男人被潑熱水的故事——這是女人唯一的武器。如果是熱水，那這男的還算幸運，有些女人用的是熱油。用水代表這女人只是想要給她男人一個教訓，用油就代表她想要一了百了。

我外婆法蘭西．諾亞是當家的一家之母。她管房子內大小事、照顧小孩、煮飯清理樣樣來。她只有將近五呎高，因為常年在工廠做工導致駝背，但是跟石頭一樣強壯，到今日她都還精力充沛虎虎生風。相對於我外公高大又暴躁，我外婆很冷靜、精明、頭腦聰明得跟什麼一樣。如果你要知道家庭歷史裡任何事，一路追溯到一九三〇年代，她都可以告訴你哪件事在哪一天發生、在哪裡發生、還有為什麼會發生，她什麼都記得。

我的曾祖母也跟我們住在一起，我們叫她摳摳。她非常年邁，已經九十多歲了，佝僂虛弱，雙眼全盲。她的雙眼已經因白內障而渾濁，變成白色。如果沒有人牽著她，她也無法走路。她每天就坐在廚房裡煤炭爐的旁邊，穿著長裙及頭巾，肩膀上披著毯子全身包緊緊。

我們用煤炭爐來煮飯、燒房子的暖氣、洗澡的熱水，所以它永遠都不會熄火，我們讓她坐在那邊，因為那是房裡最溫暖的角落。早上會有人去叫醒她，帶她來坐在廚房，晚上會有人來帶她去上床睡覺。她就只做這件事，一整天，每一天，就坐在爐子旁。但她坐在那裡可是樂在其中也聚精會神，只是看不見而且動也不動。

嫗嫗跟我外婆會坐著聊天聊很久，但是當時只有五歲的我很難想像嫗嫗是個真的人。因為她的身體動也不動，她比較像是一個有嘴巴的腦袋。我們的關係只有指令跟回答，就像跟電腦講話一樣。

「早安，嫗嫗。」

「早安，崔佛。」

「嫗嫗，妳吃飯了嗎？」

「吃了，崔佛。」

「嫗嫗，我要出門了。」

「好，要小心喔。」

「再見，嫗嫗。」

「再見，崔佛。」

我在一個女人當家的世界裡長大，一點都不是意外。種族隔離制度使我遠離我父親，因為他是白人，但種族隔離制度也帶走了我外婆索維托家那條街上大部分小孩的父親，因為不同的原因。他們的父親或許得離家去某礦坑工作，只有假日才能回家；他們的父親或許鋃鐺入獄；他們的父親或許在逃亡，為了自由而戰，因此女性撐起整個社區。「Wathint'Abafazi Wathint'imbokodo!」是南非黑人在為自由奮戰時經常團結吶喊的口號，意思是「打一個女人就是打一顆石頭」。在國家層級上，我們表揚女性的力量，但是在家庭層級上，我們卻希望她們要言聽計從。

在索維托，宗教填補了男性缺席所造成的空洞。我曾問過我媽，她沒有老公又自己一手把我帶大會不會很辛苦。她回答：「我沒跟男人住在一起並不代表我沒有老公，上帝就是我的老公。」對我媽、我阿姨、我外婆、還有我們那條街上所有的女人而言，生活的重心就是信仰。我們街上的左右鄰居每天會輪番舉辦禱者聚會，這些聚會只有女人及小孩參加。我媽以前總是邀我舅舅費里來參加，他就會說：「如果聚會裡有多點男人我就去，我才不要當裡面唯一的男的。」當唱歌跟禱告開始的時候，他就馬上開溜。

在這些禱者聚會中，我們會全擠進主辦人家狹小的客廳裡，圍成一個圓圈。接著我們就輪流獻禱一圈，祖母們會提到生活中發生的事。

「我很高興來到這邊。我這禮拜工作愉快，我老闆幫我加薪，所以我想對耶穌禱告說謝謝祢。」

有時候她們會把她們的聖經拿出來說：「這本聖經對我指引明燈，或許它也能幫助你。」獻禱完後會唱一點歌。我們有一種稱做「節拍」的皮墊，它可以套在手掌上，就像是某種打擊樂器一樣。有個人會在那皮墊上打拍子，保持合拍，大家便開始唱：「Masango vulekani singene eJerusalema. Masango vulekani singene eJerusalema。」

聚會就是這樣進行：禱告，唱詩歌，禱告。唱詩歌，禱告，唱詩歌。唱詩歌，唱詩歌，唱詩歌。禱告，禱告，禱告。有時候聚會會持續好幾個小時，最後總是念「阿門」來結束，而且她們會把「阿門」拉長成至少五分鐘。「阿——門。阿——阿——門。阿——阿——阿——門。阿阿阿阿阿阿阿阿阿阿阿阿阿門。門呢——門呢——門呢。門——門——門。阿阿阿阿阿阿阿阿門門門門門門門門門門門門門門門門。」接著大家互道晚安各自回家，隔天晚上，在另一戶人家，再進行同樣的劇碼。

星期二晚上的禱者聚會是在我外婆家舉行，我總是很興奮，因為兩個原因。第一，唱歌時我可以在「節拍」上打拍子。第二，我愛極了禱告。我外婆總是跟我說她特別喜歡我的禱告，她深信我的禱告會比較靈驗，因為我是用英文禱告。大家都知道，耶穌是白人，他說英文，而且聖經也是英文的。對啦，聖經原本不是用英文寫的，但是引進南非的聖經是英文的，所以對我們來說它就是英文的。因此我的禱告是最好的禱告，因為英文禱告會被優先處理。我們怎麼知道呢？你看看白人的優越地方，很顯然他們禱告是禱告對了。另外看看馬太福音第十九章十四節：

「讓小孩子到我這裡來，」耶穌說：「因為天國正屬於他們。」

所以想像一個小孩用英文禱告？給白人耶穌？這簡直就是正中紅心。每次我禱告，我外婆就會說：「那個禱告一定會靈驗，我感覺得到。」

黑人區裡的女人總是有事情可以禱告——金錢問題、兒子被逮捕、女兒生病、先生酗酒。每次只要在我們家舉行禱者聚會，既然我的禱告這麼靈，我外婆就會叫我幫大家禱告。她會轉過來跟我說：「崔佛，禱告。」然後我就禱告。我很喜歡這麼做，我外婆讓我相信我的禱告會靈驗，所以感覺像是我在幫助別人。

索維托有一種魔力。沒錯，它是我們的壓迫者為我們精心打造的監獄，但是它也給我們一種自決權跟主控權。索維托是我們的，它有一種你在別的地方找不到的積極特質。美國夢是為了脫離貧民窟；在索維托，因為沒有脫離貧民窟的可能，我們的夢想成了改造貧民窟。

索維托住了一百萬人，沒有商店、酒吧或餐廳，沒有柏油路，電力薄弱，地下水道也不堪使用。但是當你把一百萬人聚集在一個地方，他們就會找到方法活出一條生路——黑市經濟大鳴大放，各種各樣的行業就在自家門口開業：修車廠、托兒所、二手輪胎買賣。

最常見的行業就是 spaza 商店跟地下酒吧。spaza 商家就是私營雜貨店，有人會在他家車庫搭起一個棚子，買進批發的麵包與雞蛋，然後再零售轉賣。在黑人社區裡大家都少量購買，因為大家都沒有錢。你付不起一次買一打蛋，但是你買得起兩顆，夠你那天早上用就好。你可以買四分之一條麵包、或一杯糖。地下酒吧是則在私家後院經營的違法酒吧。他們把幾張椅子放在後院，拉出一個遮雨棚，就這麼經營起私人酒吧。地下酒吧是喝酒的地方，男人們下班後、禱者聚會期間，或一天中任何時間都會去光顧。

人們蓋房子就跟買雞蛋一樣：一次一點點。政府劃給黑人區裡的每戶人家一塊地，在這塊地上你會先搭個棚屋，那種用夾板跟鐵皮搭蓋起來的臨時建築。過一段時間，你存了些錢就蓋一面磚牆，一面。然後你再存錢，再蓋另一面。然後，幾年後，第三面牆，最後，第四面。現在你終於有了一個房間，一個房間供你全家人睡覺，吃飯，做任何事。接著你存夠錢蓋屋頂，接著窗戶，接著你把整間房子塗土抹平。接著你女兒會展開新家庭，他們沒其他地方可去，所以他們就搬進來與你同住。你會在你的磚房旁再加蓋一個鐵皮屋，然後慢慢的，年復一年，也幫他們把那間鐵皮屋變成個體面的房間。現在你的房子已經有兩房了，接著三房，或許四房。逐漸的，經歷好幾個世代，你會不斷努力去蓋出一個像樣的家來。

我外婆住在奧蘭多東街，她的房子有兩房，不是兩個臥房，是總共兩個房間。有一間是臥房，然後另外一間基本上就是客廳／廚房／做任何事房。有些人可能會說我們住得很窮，但我喜歡說我們住得很有「開放設計風」。學校放假時，我媽跟我就會住在這裡。每當我阿姨跟丁克吵架時，她跟我表哥表姐也會來。我們就全部都睡在一個房間的地板上，我媽跟我，我阿姨跟我表哥表姐，我叔叔跟我外婆還有我曾祖母。每個大人都有他們自己的床墊，我們會在房間中央再舖上一個大床墊，所有的小孩就睡在上面。

我們家後院有兩個鐵皮屋，外婆把它們租給移民或是臨時工。在房子一邊的一小塊地上有顆桃子樹，我外婆在房子的另一邊蓋了個車道。我從來都不懂為什麼我外婆需要有車道，她既沒有車，也不會開車，但是她有車道。我們所有的鄰居都有車道，有的還有豪華的鑄鐵門，但是他們也沒人有車，這些家庭中大部分未來會有車的機率也微乎其微。在黑人區，大概每一千個人才有一輛車，但是幾乎家家戶戶都有車道，似乎蓋了車道就能把汽車招喚來一樣。索維托的故事就是車道的故事，那是個充滿希望的地方。

令人遺憾的是，不管你把房子蓋得多華麗，有一項設施是你永遠積極改善不起來的：就是你的廁所。我們沒有室內自來水，只有共用的戶外水龍頭，及六、七戶人家共享的一間屋外廁所。我們的廁所在外面的一間鐵皮屋裡，由接鄰的幾戶人家共享，廁所裡面有一塊中間挖了個洞的水泥板，上面放了一個塑膠馬桶。馬桶以前曾有蓋子，但早就破掉不見很久了。我們買不起衛生紙，所以在馬桶旁邊有個鐵絲衣架，上頭掛著拿來擦屁股的舊報紙。報紙擦起來很不舒服，但至少我上廁所時還能學點新知。

對於這樣的廁所我最無法容忍的就是蒼蠅。廁所的底部很深，總是有一堆蒼蠅在下面吃那一坨糞便，我有種沒由來、強烈的恐懼，覺得牠們會飛上來咬我的屁股。

一天下午，我大概五歲的時候，外婆去辦理雜務，放我一人在家幾個小時。我躺在臥房的地板上看書時，突然想上大號，但是外面下著大雨，我實在很害怕走到外面去上廁所，跑過去不但會把全身弄溼，漏水的屋頂還會滴下雨水，報紙也溼答答的，蒼蠅還有可能會從下面飛上來叮我。接著我就想出個好主意，幹嘛大費周章去外面上廁所呢？為什麼不乾脆在地上鋪個報紙像小狗那樣便便就好？這點子真是太棒了，所以我就這麼做了。我拿了報紙，在廚房地板上鋪平，拉下褲子，蹲下，準備辦事。

你剛坐下來開始大便時，其實還沒真正進入狀況。你還不是個在大便的人，你還只是在從「要大便」轉變成為「在大便」，你不會一開始就把你的智慧型手機或報紙拿出來看，你得花上幾分鐘把堵在前面的便便先擠出來，才會開始進入狀況變得很舒服。一旦到了這個境界，大便就會變得很愉快了。

解大便是一個很強烈的經驗，它很奇幻，甚至很深奧。我想上帝讓人類這樣大便，是因為這樣我們才會腳踏實的、虛心謙卑。不在乎你是誰，我們大便的時候都一樣。碧昂絲要大便，教宗要大便，英國女王也要大便。我們大便的時候，會忘了我們的架子與尊貴，忘了我們多有名或多有錢，那些全部都會消失得無影無蹤。

你大便的時候才是最真實的你，你會有某個時刻領悟到，這就是我，我就是這個人。你可以不加思索就解小便，但是解大便可沒辦法。你有看過小嬰兒大便時的眼神嗎？那是一個自我意識最純粹的時刻。屋外廁所卻把這感覺給毀了，雨水、蒼蠅剝奪了這個任何人都不該被剝奪的重要時刻。蹲著在廚房地上大便那一天，我感覺，**哇！沒有蒼蠅，沒有壓力，這簡直太棒了，我真的在享受這件事**。我知道我做了個超正確的決定，而且我很自豪我這麼做，我終於達到那個可以放鬆與自我合一的境界了。接著我隨意環看房間四周，結果當我往我左邊看過去時，就在那裡，我看到摳摳就坐在僅離我幾吋之遙的煤炭爐旁。

這就像在《侏羅紀公園》裡，那些小孩轉過去看到暴龍就在身邊那一幕。她張大著白色混濁的眼睛，在房內四處張望，我知道她看不到我，但是她已經開始皺起了鼻子——她已經感覺到有什麼事不太對勁了。

我驚慌失措，我大便才剛大到一半，你大到一半時唯一能做的就是把它全部大完。我唯一的選擇就是盡可能靜悄悄、慢吞吞的大完，所以我就決定這麼辦。接著：一個小男孩的便便掉在報紙上細微的啵了一聲。摳摳的頭往聲音的方向猛然一轉。

「誰在那裡？哈囉？哈囉?!」

我整個呆住，屏氣等待。

「誰在那裡?!哈囉?!」

我不出聲，等了一會，又繼續辦事。

「有人在那嗎？崔佛，是你嗎？法蘭西？哈囉？哈囉？」

她開始把整家人的名字都叫了一回：「諾邦絲？希邦翠？馬朗紀？布勒娃？誰在那裡？這是怎麼回事？」

這好像在玩遊戲一樣，我試圖躲起來，然而這個眼盲的女人設法用聲吶把我抓出來。每次她叫，我就靜止不動，一陣全然的沉默。

「誰在那啊？哈囉?!」我會先停工，等她又坐回椅子上後，我再繼續大我的便。

最後，經過了大概一輩子那麼久之後，我終於大完了。我站起來，撿起報紙——報紙實在聲音很大——很緩慢的把它折起來，它發出裟裟裟的聲音。

「誰在那裡？」摳摳問。我又停止動作，等待，然後再折了幾次，走到垃圾桶去把我的罪證塞在最下面，而且還很小心用別的垃圾蓋起來。我墊腳尖走回另一個房間，蜷縮在地上的床墊上，假裝睡覺。大便大好了，不必去屋外廁所解決，摳摳也不知道是我。

任務圓滿達成。

一個小時後雨停了，我外婆回到家。她一走進門，謳謳就叫住她。

「法蘭西！感謝老天妳回來了，家裡有不乾淨的東西。」

「什麼東西？」

「我不知道，但是我有聽到、也有聞到。」

我外婆開始東聞西聞：「老天爺！對，我也有聞到。是老鼠嗎？是死了什麼動物嗎？這一定在家裡。」

她們左一言右一語，非常擔心，後來天色晚了，我媽下班回家。她一進家門，我外婆就叫住她。

「喔，諾邦絲！諾邦絲！家裡有不乾淨的東西！」

「什麼？這是什麼意思？」

謳謳把整件事告訴她，那些聲音、那些氣味。

我媽鼻子很靈，她開始在廚房邊走邊聞。「對，我聞得到。我一定找得到……我一定找得到……」她走到垃圾桶旁邊：「在裡面。」她把垃圾翻開，拿出下面折起來的那團報紙，打開，我那一小坨便便就在裡面，她拿給外婆看。

「你看！」

「什麼？是誰放在那裡的?!」

眼盲又在椅子上動彈不得的摳摳，實在很想知道事情的進展。

「現在怎麼了?!」她大叫：「現在是怎麼了?!妳有找到嗎?!」

「是大便，」我媽說：「垃圾桶最下面有一坨大便。」

「怎麼會這樣?!」摳摳說：「今天這邊都沒人啊！」

「妳確定那時沒人在嗎？」

「對啊。我每個人的名字都喊了，但是沒有人應啊。」

我媽驚呼：「我們被下蠱了！是惡魔！」

對我媽而言，這是個最合乎邏輯的結論，因為巫術就是這樣發生的。如果有人在你或你全家身上下咒，你總是可以找到某種符號或標記，像是一撮頭髮，或是一個貓頭，這是鬼神的實體表徵，證明惡魔來過的記號。

我媽一找到那坨大便，就天下大亂了。這**茲事體大**，他們可是握有**證據**的。她進來臥室。

「崔佛！崔佛！起來！」

「怎麼了?!」我問，裝傻：「發生什麼事?!」

「快來！家裡出現惡魔了！」

她捉住我的手把我拉下床，現在是全體動員、展開行動的時刻了，我們首先要做的是到屋外把大便燒掉。這是你對付巫術的策略——唯一消滅它的方法就是把那個東西給燒了。我們走到院子裡，我媽把包著我小便便的報紙放到車道上，點亮一根火柴，放火燃燒，我媽跟外婆還繞著燃燒的便便唱讚美誦。

但是這場軒然大波還沒結束呢，因為如果出現惡魔，整個社區就必須全心合力將之驅逐。如果你不參加禱告，惡魔有可能離開我們家，跑去你家詛咒你。所以我們需要大家一起來，於是警告聲發出，集合令放出。我那個子矮小的老外婆衝出大門，跑去街上左右鄰居家，呼叫所有的老祖母們來參加緊急禱者聚會：「快來啊！我們被下蠱了！」

我站在那裡，我的便便在車道上燃燒，我那可憐的老外婆驚慌的在街上跑上跑下，我真不知道該怎麼辦才好。我知道根本就沒有惡魔，但是要我自首則門兒都沒有。我會被打得多慘啊？老天爺！如果會被痛打一頓的話，誠實永遠不是上策，所以我保持沉默。

不久之後，附近的婆婆媽媽們全都帶著她們的聖經湧進我家，穿過大門走上車道，至少有一打人這麼多。每個人都進到家裡面來，家裡擠得水泄不通，這是我們到目前為止主辦過最大的禱者集會——也是我們家歷史上最盛大的一件事，絕對是。大家圍成一圈坐下，禱告又禱告，而且都是很激烈的禱告。這些婆婆媽媽們又誦念又細語又前後搖擺、又用舌音祈禱。我盡可能把頭壓低，不要惹人注目。沒想到我外婆向後轉過來捉住我，拉著我到圓圈中央，直視我的雙眼。
「崔佛，禱告。」
「沒錯！」我媽附和：「救救我們！禱告，崔佛，祈求上帝殺了這個惡魔。」
我嚇壞了。我相信禱告的力量，我也知道我的禱告會靈驗。所以如果我祈求上帝殺了留下那坨大便的鬼東西，然後留下那坨大便的鬼東西其實就是我，那上帝不就會來把我殺了？我呆了，不知該如何是好。但是所有的婆婆媽媽們都看著我，等我禱告，所以我只好照做，結結巴巴的說了段禱文。
「親愛的上帝，請祢保護我們，呃，祢知道，免受犯下此事之人的毒手，但是，其實，我們並不知道到底發生了什麼事，所以或許這是一場大誤會，所以，祢知道，或許我們不應該在知道來龍去脈之前就妄下定論，而且，我的意思是，當然祢最了解，天父，但是或許這一次並不真的是一個惡魔，因為沒有人能確定，所以不管是誰幹的，或許這次就放他一馬……」
這不是我表現最好的一次，最後我終於禱告完坐下，禱告又開始持續進行，持續了好一段時間。禱告，唱詩歌。唱詩歌，禱告，唱詩歌。唱詩歌，唱詩歌，唱詩歌。禱告，禱告，禱告。最後終於大家都感覺到惡魔已經被驅離了，生活可以繼續了，我們就說了那段超長的「阿門」，然後大家互道再見，各自回家。

那天晚上我感覺很糟。上床之前，我安靜的禱告：「上帝，我真抱歉造成這場騷動，我知道這麼做很不應該。」因為我知道：上帝會聆聽你的禱告，上帝是你的神父，祂守候你，照顧你。當你禱告的時候，祂會停下來，花時間聽你說話，而我浪費了祂兩個小時聽婆婆媽媽們的禱告，我知道世界上有太多其他的痛苦與劫難，他絕對有比處理我的便便更重要的事情要做。

＊＊＊

在我成長過程中，有一些美國電視節目會在南非的頻道上播出：《天才小醫生》（Doogie Howser）、《推理女神探》（Murder, she wrote）、威廉・夏特納主演的《救援電話九一一》（Rescue 911）等。這些節目大部分都有非洲語配音：《家有阿福》配成南非語，《變形金剛》配成索托語。但是如果你想要看原文的話，美語原音軌會在廣播上同步播出，你可以把電視切靜音聽廣播看。看這些節目讓我體悟到，每當電視上有黑人說非洲語言的時候，他們感覺上跟我是同類，他們聽起來就像他們該有的樣子。接著我會聽他們在同步廣播裡的聲音，他們全操著美國黑人口音，我對他們的觀感也因此而改變。他們感覺不再熟悉，感覺起來就跟外國人沒兩樣。

語言附帶著一種身分及文化，或者說對某種身分文化的認定。一個共享的語言釋放出「我們是一家人」的訊息，一個語言隔閡釋放出「我們大不相同」的訊息。種族隔離制度的制定者深知此道理，在他們努力分化黑人的制度中，有部分就是確保我們不只是在實際分布上被分離區隔，就連語言也是。在公立的班圖學校中，學童只被教導他們族人的語言：祖魯小孩學祖魯語，茨瓦納小孩學茨瓦納語。因為如此，我們掉進了政府為我們安排的圈套，跟自己人征戰不休，深信我們與彼此大不相同。

語言最酷的地方就是你也可以很輕易的利用它來反向操作：說服別人你跟他是一家人。

種族歧視教導我們，我們因為膚色不同而不同。但是因為種族歧視很愚蠢，它也可以很輕易被耍。如果你有種族歧視，你遇到了一個長得跟你不一樣的人，如果他不會講你的語言，這會就更強化了你種族歧視的偏見——他跟我不同，沒有我這麼聰明。一個優秀的科學家可能從墨西哥跨過邊界來到美國，但如果他講一口爛英文，人們就會說：「唉，我不信任這傢伙。」

「但他是個科學家耶。」

「或許是墨西哥式科學吧，我不相信他。」

然而，如果一個看起來跟你不像的人卻跟你說同樣的語言，你的大腦就短路了，因為你的種族歧視系統裡的程式，根本就沒有面對這種情形的指示。「等等，等等，」你的心裡這麼說：「種族歧視程式說，如果他長得不像我，他就跟我不同，但是語言程式說如果他跟我講同樣的語言，他……就跟我一樣？好像哪裡不太對吧，我想不透耶。」

4 變色龍

有天下午我和表哥、表姐在玩，我扮演醫生，他們是我的病人。我用幾根火柴棒假裝在我表姐布勒娃的耳朵上開刀，結果不小心弄破了她的耳膜，頓時鬼哭神嚎。我外婆從廚房衝過來——「Kwenzeka ntoni?!」（發生什麼事?!）

血從我表姐的頭上流下來，我們全都哭成一團。外婆把布勒娃的耳朵包紮起來，並且幫她止血，但是我們還是哭個不停。因為很顯然我們做了不該做的事，我們知道我們一定會被處罰。外婆處理完布勒娃的耳朵後，果然就拿出一條皮帶狠狠揍了布勒娃一頓，接著她也把馬朗紀打得屁滾尿流，但是她沒有打我。

那天晚上我媽下班回家，她看到我表姐耳朵上纏著繃帶，而且我外婆還在餐桌上哭。

「怎麼了?」我媽說。

「噢，諾邦絲，」她說：「崔佛實在太皮了，他是我這輩子遇過最難搞的小孩。」

「那妳就應該打他。」

「我下不了手。」

「為什麼?」

「因為我不知道要怎麼打白人小孩，」她說：「黑人小孩我懂，你打完黑人小孩，他還是黑的。崔佛啊，你一打他，他皮膚就變成藍色綠色黃色紅色的，我從來沒看過那種顏色，我很害怕我會把他打壞了。我不想打死白人，我很怕啊，我才不要打他。」她真的從沒打過我。

我外婆對待我就像對待白人一樣，我外公也是這樣，但是他更誇張。他稱呼我為「主人」，坐車的時候，他會堅持要像司機一樣的載我。

「主人一定要坐在後座。」我從來不跟他爭這個，我能說什麼呢？「外公，我相信你對種族的看法是錯誤的。」別傻了，我當時才五歲，我就乖乖坐在後座就對了。

在一個黑人家庭中當「白人」好處多多，既然我也反抗不了，我就盡情享受。家人基本上就是犯了美國司法系統所犯的錯誤：比起黑人小孩，他們給我更多寬容。我表哥表姐會被揍扁的行為，我只會被警告了事。而且我比表哥表姐都調皮多了，根本連比都不用比。如果有什麼東西打破了，或是有人偷吃外婆的餅乾，那一定是我，我是個搗蛋鬼。

我唯一真正怕的人是我媽，她深信小孩不打不成器，但是其他人都說：「不，他跟我們不一樣。」然後就放我一馬。因為我是這樣長大，所以我知道白人有多容易在一個給盡他們好處的系統中隨心所欲。我知道我表哥表姐會因為我幹下的好事被打，但是我才沒興趣挑戰我外婆的想法，因為這樣會害我自己也被揍一頓，幹嘛要自討苦吃？為了自我感覺良好嗎？被揍才不會讓我自我感覺良好。我有選擇，我可以在我家捍衛種族正義，我也可以吃光外婆的餅乾。我選擇餅乾。

在那個時候，我不了解我受到的特別待遇跟膚色有關，我以為那只是跟崔佛有關。我認為事情不是「崔佛沒被打因為他是白人」，而是「崔佛沒被打因為他是崔佛」。崔佛不能到外面去，崔佛不能沒人陪就自己一個人去散步。一切都是因為我就是我，所以才會這樣。我沒有別的參考範本，附近沒有別的混血小孩讓我知道「喔，原來我們這群人都是這樣」。

每當街上的小孩看到我，他們就會喊：「Indoda yomlungu!」（白人來了！）有些小孩還會跑走；有些會叫他們的爸媽來看；有些會跑來摸摸我看是不是真的，每次都是一場混亂。我當時不了解的是，其他小孩真的對白人是什麼樣子一點概念也沒有。黑人區的黑人小孩不能離開黑人區，也很少人有電視，他們看過白人警察從街上掃過，但是他們沒有面對面與白人交手過，從來沒有。

我去參加葬禮的時候，只要我一走進去，原本在哀悼的家屬一抬起頭來看到我就會忘了哭。他們會開始說悄悄話，然後他們就會揮手說：「哇！」好像比起他們所愛的人死去，我出現在葬禮上更讓他們覺得難以置信。我想他們認為如果有個白人來參加葬禮，死者好像會變得比較重要。

葬禮之後，所有的送葬者都會到死者家裡吃東西。可能會有一百個人來，你必須要餵飽這些人。通常你會買隻牛來殺，然後你的鄰居會過來幫你一起煮。鄰居跟認識的人都是在外面院子或街上吃，死者家屬才在屋內吃。但是在我參加過的所有葬禮中，我都是在屋內吃，我們認不認識死者根本不重要，死者家屬只要看到我就會邀請我進屋內。他們會說：「Awunakuvumela umntana womlungu ame ngaphandle。Yiza naye apha ngaphakathi。」（你不能讓那個白人小孩站在外面，帶他進來。）

我還小的時候，我了解人有不同的膚色，但是在我的腦海裡，白色、黑色跟棕色就只像是不同種類的巧克力。我爸是白巧克力、我媽是黑巧克力、而我是牛奶巧克力，但是我們全都是巧克力。我並不了解這些跟「種族」有什麼關係，我根本不知道什麼是「種族」。我媽說到我爸從來不用「白人」這詞，也不會說我是「混血兒」。所以雖然我膚色其實是淡棕色，但是索維托那些小孩說我是「白人」的時候，我以為他們只是搞錯顏色了，像是他們沒好好學怎麼分辨顏色之類的。「啊，對啦，兄弟，你把水藍色跟藍綠色搞混了。我想你就是搞錯顏色而已，很多人都這樣。」

我很快就發現，要跨越種族隔閡最快的方法就是透過語言，索維托是個大鎔爐：有各種從不同部族及黑人家園來的家庭。黑人區裡大部分的小孩都只會說他們家鄉的語言，但是我學會了好幾種語言，在我家長大我別無選擇什麼語言都得學。我媽堅持英文一定要是我第一個學會說的語言。如果你是南非黑人，會講英文可說有如神助。英文是金錢的語言，英文理解力等同於智力。如果你在找工作的話，會講英文就是找得到工作跟找不到工作的差別。如果你被告到法院出庭，會講英文就是被罰錢了事跟鋃鐺入獄的差別。

除了英文以外，科薩文是我們在家講的語言。我媽生氣的時候，她就會轉用家鄉話罵我。因為我很皮，所以我很熟悉科薩語裡警告人的話，那些是我最早學會的詞句，大部分是為了確保我自身的安危——像「Ndiza kubetha entloko。」（你頭欠揍喔。）這類的話。或是「Sidenge ndini somntwana。」（你這白目小孩。）那是種血氣方剛的語言。科薩語之外，我媽還東學西學了幾個不一樣的語言。她會說祖魯話，因為那跟科薩語很類似；她會說德文，因為我爸的關係；她會說南非話，因為會說統治者的語言很有用；索托語她則是在與人打交道時學會的。

跟我媽同住，我看到她如何運用語言來跨越鴻溝，處理危機，闖蕩世界。有一次我們在一間店裡，店家在我們面前跟他的保全用南非語說：「Volg daai swartes, netnou steel hulle iets。」（跟好那些黑人，以免他們偷東西。）

我媽轉過頭去，用標準流利的南非語說：「Hoekom volg jy nie daai swartes sodat jy hulle kan help kry waarna hulle soek nie?」（你為什麼不跟好這些黑人，好幫他們找到他們想買的東西？）

「Ag, jammer！」他用南非話道歉，接著——最好笑的在這裡——他沒有為他的種族歧視道歉，而是為他對我們有種族歧視而道歉。「噢，我真抱歉，」他說：「我以為你們像其他那些黑人一樣，你知道他們有多愛偷東西。」

我像我媽一樣學會利用語言，我會同步廣播——用你的語言來做你的節目。有時候會有路人對我投以懷疑的眼光，他們會問：「你是哪來的？」我會用他們問我的語言來回答問題，並加上他們講話的口音。通常這樣會造成一陣短暫的錯愕，但是很快質疑的眼神就會消失：「喔，好吧，我剛還以為你是外人，那沒事了。」

語言成為讓我一輩子無往不利的工具。青少年時期的某一天，我走在街上，有一群祖魯傢伙走在我後面，他們越走越靠近，我可以聽到他們互相討論要怎麼搶我。「Asibambe le autie yomlungu。Phuma ngaha mina ngizoqhamuka negemuva kwakhe。」（我們來搶這個白人。你走到他左邊，我會從後方靠近。）

我不知道該如何是好。我跑不了，所以我就很快轉身說：「Kodwa bafwethu yingani singavele sibambe umuntu inkunzi? Asenzeni。Mina ngikulindele。」（喂，兄弟，我們倒不如一起來搶別人吧？我準備好了。走吧。）

他們嚇呆了一會兒，然後開始大笑：「喔，真抱歉啊，老兄。我們還以為你是外人呢！我們不會搶你的東西，我們要搶的是白人。祝你有愉快的一天啊，兄弟。」他們原本已經準備好要對我暴力相向，但我讓他們以為我們是同族人之後，馬上就相安無事了。這件事，還有我生命中很多類似的遭遇，讓我體悟到對於他者來說，比起膚色，其實是語言定義了你的身分。

於是我變成一隻變色龍。我的顏色沒有改變，但是我可以改變你對於我膚色的看法。如果你跟我講祖魯話，我就用祖魯話回答；如果你跟我講茨瓦納話，我就用茨瓦納話回答。或許我跟你長相不同，但是如果我跟你講同樣的語言，我們就是一家人。

種族隔離制度快垮台的時候，南非的貴族私立學校開始招收各種膚色的學生。我媽的公司提供了補助、獎學金給貧困家庭，於是她設法把我弄進了瑪麗維爾學院，一間昂貴的私立天主教學校。修女授課、星期五做彌撒，就是那一整套。我三歲的時候就開始念那裡的幼兒園，五歲開始念小學。

我們班有各種小孩：黑人小孩、白人小孩、印度小孩、有色小孩。大部分的白人小孩家裡都很有錢，而每一個有色小孩幾乎都家境清寒，但是因為有獎學金，我們全都得以平起平坐。我們穿著一樣的深紅色外套，一樣的灰色西裝褲及裙子，我們有一樣的書、一樣的老師。那裡沒有種族隔離，任何一個小團體中都混合了不同的種族。

小孩總是會被欺負及霸凌，在我們學校通常都是為了一些小事：太胖或太瘦、太高或太矮、太聰明或太笨，但在我記憶中從沒有人因為他的種族膚色而被嘲笑。我沒有學到要在我喜歡或不該喜歡的事情上自我設限，我有很大的空間去探索自我；我喜歡上白人女孩，我喜歡上黑人女孩。沒有人會問我我是什麼人？我就是崔佛。

那是個很棒的經驗，但缺點是它讓我與真實的世界脫節。瑪麗維爾是個讓我遠離現實的綠洲，一個讓我免於做困難抉擇的溫室，但是真實世界並沒有遠離，種族歧視仍然存在，人們仍然被傷害。就只因為它沒有發生在你身上，並不代表它不會發生。在某個時刻，你必須做出選擇，要當黑人還是當白人，選邊站。你可以設法逃避，你可以說：「喔，我不選邊站。」但是在某個時刻，生命自然會逼著你選擇其中一邊。

六年級結束後，我離開瑪麗維爾去上艾爾傑小學，一間公立學校。我就讀前必須先做性向測驗，根據性向測驗的結果，學校輔導主任告訴我：「你被分到資優班，就是A班。」我開學第一天去上學，進去我的教室。我們班三十多個學生中，大部分都是白人。非白人只有一個印度小孩，好像一兩個黑人小孩，還有我。

下課的時候，我們去到操場，才看到到處都是黑人小孩。那是一海票的黑人，就好像有人打開了水龍頭，所有的黑人全都湧出來一樣。我心想，**他們剛剛都躲到哪去了？**早上我在教室裡遇到的那些白人小孩往一邊走，所有的黑人小孩往另一邊走，我呆站在中間，滿臉困惑。我們等一下會再集合一起玩嗎？我不懂這是怎麼回事。

我那時十一歲，感覺好像那是我第一次真正看到我的國家。在黑人區你看不到種族隔離，因為大家都是黑人。在白人的世界，每次我媽帶我去白人教會，我們都是那裡唯一的黑人，但是我媽不會把自己跟別人隔開，她才不管，她會走上前去，坐在白人中間。而在瑪麗維爾，那裡的學生很混雜，大家都玩在一起。在我去艾爾傑上學那天以前，我從來沒有看過人們可以在同一個空間卻沒有混在一起，共享一個空間卻選擇彼此之間不要有任何瓜葛。在那個當下我卻可以看到、我卻可以感覺到，界限的分明劃清。各個小團體以膚色為基準在操場上移動，走上樓梯，走下大廳，這實在太不可思議了。我看著那天早上才認識的白人小孩，十分鐘以前我還以為我在一個白人占多數的學校，現在我才了解跟其他膚色的學生比起來，他們有多稀少。

我尷尬的獨自站在操場中間的無人地帶。幸好，我們班上的一個印度小孩拯救了我，他叫提森．費萊。提森是學校裡少數的印度小孩之一，所以他馬上注意到我這個跟他一樣的局外人。他跑過來自我介紹：「哈囉，怪咖同伙！你是我們班的，你是誰？你是怎麼回事？」我們開始聊天一拍即合。他罩著我，就好像扒手道奇罩著不諳世事的奧利佛一樣[5]。

在我們的談話中，我提到我會講好幾個非洲土語，提森認為有色小孩講非洲土語是最容易唬人的把戲。他帶我到一群黑人小孩那，他對他們說：「說幾句話，這傢伙會讓你知道他聽得懂。」有個小孩說了些祖魯話，我就用祖魯話回他，大家齊聲歡呼。另一個小孩說了些科薩話，我就用科薩話回他，大家又齊聲歡呼。結果整堂下課，提森就帶著我在操場上找各種不同的黑人小孩：「給他們瞧瞧你的特技，耍出你那招語言的把戲。」

所有的黑人小孩都佩服極了。在當時的南非，會講非洲土語的白人或有色人並不常見。在種族隔離制度下，白人永遠被教導那些語言很低下。所以我會講非洲土語這件事讓我很快就跟黑人小孩拉近距離。

「你怎麼會講我們的家鄉話？」他們問。

「因為我是黑人，」我說：「就跟你一樣。」

「你不是黑人。」

「我是。」

「不，你不是。你沒看過你自己嗎？」

他們一開始會很困惑。因為我的膚色，他們以為我是有色人，但是因為我會說同樣的語言，我跟他們就是一家人。他們要花一會時間才能了解到這點，我也是花了好些時間才悟出這個道理。

在某個時刻，我轉過去問他們：「喂，為什麼我在我班上都沒看到你們？」原來他們全都在B班，也就是黑人班。那天下午，我回去A班上課，都還沒等到放學，我就已經知道我並不屬於A班。突然之間，我知道誰才是我的同胞，我想要跟他們在一起。我跑去找學校輔導員。

「我想要轉班，」我告訴她：「我想要去B班。」

她很疑惑。「噢，不好吧，」她說：「我不認為這樣是明智之舉。」

「為什麼不好？」

「因為那些小孩都是……你知道的。」

「不，我不知道，妳是什麼意思？」

「聽著，」她說：「你是個聰明的孩子，你最好不要去那種班。」

「但是上的課不是都一樣嗎？英文就是英文，數學就是數學。」

「沒錯，但是那班……那些小孩會把你拖下水，你最好留在資優班。」

5 這個典故出自於狄更斯的孤雛淚（Oliver Twist）。故事主角奧立佛從孤兒院逃出後，在倫敦遇見了扒手道奇，道奇對他照顧有加，使他三餐終獲溫飽，但他也就此陷入了少年幫派之手。

「但是B段班裡一定也有聰明的小孩吧。」

「沒有，一個都沒有。」

「但我的朋友都在那裡。」

「你最好不要跟那些小孩做朋友。」

「我就是要。」

我們一來一往，最後她給了我最後通牒。

「你了解這對你的未來會有多大的影響嗎？你了解你放棄了什麼嗎？這會影響到你未來一生中所能擁有的大好機會。」

「我願意賭一把。」

於是我就轉到了B班跟黑人小孩一起上課。我決定我寧可被我喜歡的人拖下水，也不要跟我一點都不了解的人一起往上爬。

在艾爾傑我才深刻領悟到我是黑人。在那次下課之前，我從來不需要做選擇，但是當我被迫做出選擇時，我選擇當黑人。這世界認定我是有色人，但是我並不是看著我自己過日子，我是看著其他人過日子。我是靠我周遭的人來認定我自己，而我周遭的人都是黑人。我表哥表姐是黑人，我媽是黑人，我外婆是黑人，我以黑人自居長大。因為我爸是白人，因為我曾去上過白人主日學，我跟白人小孩可以相處融洽，但是我並不被歸類為白人小孩，我不是他們的一分子。

然而黑人小孩接納我。「來吧，」他們說：「跟我們一起玩吧。」跟黑人小孩在一起，我不用一直努力想成為什麼人；跟黑人小孩在一起，我就是我自己。

＊＊＊

在種族隔離制度開始以前，任何受過正式教育的南非黑人大多是由歐洲傳教士所教導，就是那些積極想要基督化並西化南非土著的外國善心人士。在教會學校裡面，黑人學英文、歐洲文學、醫學、還有法律。幾乎每一個反種族隔離運動的領袖，從尼爾森・曼德拉到史蒂夫・比科，都是傳教士教出來的，這一點都不令人意外——一個有知識的人就是個自由的人，或者至少渴望自由。

因此，要讓種族隔離制度能運作的唯一方法，就是殘害黑人的心智。在種族隔離制度之下，政府開辦了所謂的班圖學校給黑人就讀。班圖學校不教科學、歷史、或公民學。他們教計量及農務：怎麼數馬鈴薯、怎麼鋪路、伐木、犁田。政府說：「教班圖子民學歷史及科學沒有用，因為他是原始人。」「這只會誤導他，讓他看到他享受不到的沃土。」幫政府說句公道話，他們其實很誠實。教育一個奴隸有什麼用呢？如果這個人唯一的用處只是在地上挖洞，那又何必教他拉丁文呢？

教會學校被規定要遵守新的課程規畫，不然就關門，他們大部分都選擇關門。黑人小孩於是被迫進入破爛學校裡過度擁擠的教室內上課，通常他們的老師也只有勉勉強強識字的程度。他們教我們的父母及祖父母唱遊課，就是你會拿來教幼兒園小朋友認識形狀跟顏色的那種歌。我外公曾唱過那些歌，笑說它們聽起來有多愚蠢。二乘二等於四。三乘二等於六。啦啦啦啦啦。我們用這樣的方法來教已經長大的青少年，而且世世代代都這樣教。

南非教育的發展，從教會學校到班圖學校，可清楚看到英國人和南非白人這兩批曾壓迫我們的白人之間的差別。英國種族歧視跟南非白人種族歧視的差別在於，至少英國人給這些土著一個努力的目標：如果他們可以學會說正確英文並穿著得體的話，如果他們可以英語化及教化他們自己的話，有一天他們或許可以被社會所接納。南非白人從來沒有給我們這種選擇。英國種族歧視說：「如果這隻猴子可以走人樣講人話，那或許可以把牠當人看。」南非白人種族歧視則是：「給猴子看書有什麼用呢？」

5 排行老二的女孩

我媽曾經跟我說：「我選擇生你是因為，我希望有個我可以愛也會無條件愛我的人。」我是她尋找歸屬感的產物，她從來沒有感覺她屬於任何地方。她不屬於她媽，也不屬於她爸，也不跟她的手足有同樣的歸屬感。她兩手皆空的長大，所以渴望一個屬於她的東西。

我外公外婆的婚姻並不美滿，他們在索菲雅鎮相遇並結婚，但是一年後軍隊入駐就把他們驅逐出城。政府奪走了他們的房子，把整個區域都剷平，蓋了一個豪華、全新的白人郊區叫翠昂夫，就是勝利的意思。與其他命運相同的幾萬名黑人一起，我外公外婆被強制遷移到索維托，到一個叫做梅朵蘭的社區。他們不久之後就離婚了，我外婆帶著我媽、我阿姨跟我舅舅搬到奧蘭多。

我媽是個問題兒童，她像男人婆，固執又愛挑釁。我外婆不知道該怎麼帶她，她們之間如果曾有任何親情之愛，也早已在不斷爭吵中消磨殆盡。但是我媽很崇拜她爸，那位迷人、魅力四射的唐柏。她跟著他尋歡作樂瘋狂冒險，他去地下酒吧買醉時她也跟著去，她那時最想做的事就是取悅他、跟著他。她總是被他的女朋友們趕走，她們當然不想看到他第一段婚姻裡的拖油瓶，但這只讓她更堅定想要黏住他。

我媽九歲的時候，她告訴我外婆不想再與她同住了，她想要去跟爸爸一起住。外婆說：「如果這是妳想要的，那妳就去吧。」唐柏來接我媽，她快樂的跳進他的車裡，準備要跟她所深愛的父親一起過日子。但是唐柏沒有載著她到梅朵蘭與他同住，他什麼都沒跟她解釋，就把她的行李打包，送去跟他住在科薩人黑人家園川斯凱的姊姊同住——他也不想要她。我媽排行老二，上面有一個姊姊是老大，她弟弟是唯一的兒子，可以延續家族香火。他們兩個都留在索維托，由父母照顧帶大。但是我媽沒人要，她是排行老二的女兒，大概只有在中國，她的命運才有可能比在南非更慘。

我媽從此有十二年沒再與她家人見面。她跟十四個表兄弟姐妹住在一個小茅舍裡——這十四個表兄弟姐妹分別來自十四個不同的母親跟父親，所有的老公、叔叔伯伯都到城裡工作了，所以那些沒人要的小孩，或是沒人養得起的小孩就全被送回黑人家園，住在這個阿姨的農場裡。

黑人家園字面上是指南非黑人部族的原始家園，自治或半自治的「國家」，在這裡黑人是「自由之身」。當然，這是個謊言。首先，雖然黑人占南非總人口的百分之八十以上，分配給黑人家園的區域只占了國土的百分之十三。那裡沒有自來水、沒有電，人們住在茅草屋裡。

相較於南非的白人鄉間蒼翠繁茂、灌溉充沛、到處青綠，黑人的土地卻過度擁擠並過度放牧，土壤貧瘠腐蝕。除了從城裡寄回家裡的卑微薪資之外，這裡的家庭僅能靠勉強餬口的耕作度日。阿姨收留我媽不是在做慈善的，她到那裡是去工作的。

「我是那裡的一頭母牛，」我媽後來曾這麼回憶：「就是一頭牛。」她和她的表兄弟姐妹早上四點半就起床，開始犁田、放牧牲畜直到太陽把土地烤得跟水泥一樣硬，熱到除了蔭涼處哪裡都去不了。

晚餐可能就只有一隻雞，卻要餵飽十四個小孩，我媽得要跟大孩子奮戰才能搶到一手掌的肉或是一小口肉汁，或甚至只是一根骨頭把骨髓吸出來。而且這還是有食物當晚餐的時候，沒有晚餐吃的時候，她就會去偷餵豬的東西來吃，她也會偷餵狗的東西。農夫們會放些剩菜剩飯給動物們吃，她就是去吃那些。她很餓，動物們就只好自己想辦法吧。有些時候，她真的得去吃土。她會去河邊，從岸邊拿一些泥土，加水攪拌做成一種灰色的奶狀液體，就喝那個來裹腹。

但是我媽很幸運，有少數幾個教會學校不顧政府的班圖教育政策設法辦學，這村裡的學校就是其一，在那裡她遇到一個白人牧師教她英文。她沒有食物或鞋子，甚至連一條內褲都沒有，但是她有英文，她會讀會寫。當她夠大的時候，她停止在農場裡幫忙，而在附近城鎮的工廠裡找到工作。她負責用縫紉機做學校制服，每天工作完的薪資是一盤晚餐。她曾說那是她吃過最好吃的食物，因為那是她自己賺來的。她不再是任何人的負擔，也不虧欠任何人、任何東西。

我媽二十一歲的時候，她阿姨生病，所以阿姨的家人無法再讓她留在川斯凱。我媽寫信給我外婆，叫她寄買火車票的錢過來讓她回家，大約三十蘭特。回到索維托之後，我媽去念了祕書訓練課程，這讓她得以抓住白領階級世界中最下層的一層階梯。她開始工作又工作又工作，但是住在我外婆的屋簷下，她不被允許保留她自己的薪資。擔任祕書，我媽比任何人都賺更多錢，我外婆堅持那些錢都要留為家用。家裡需要收音機、烤箱、冰箱，現在是我媽的責任該把錢拿出來。

很多黑人家庭把他們的時間都花在解決過去的問題上，這就是身為黑人且一貧如洗的詛咒，並且這是個代代相傳的詛咒，我媽稱之為「黑人稅」。因為你之前好幾個世代的族人都被掠奪一空，你無法自由利用你的技能與教育往上爬，而是用盡一切資源只是設法把所有遠遠落後的族人拉到最低基準點。我媽在索維托工作都只是拿來養活她的家人，她並沒有比在川斯凱時自由到哪裡去，所以她決定離家出走。她一路跑到火車站，跳上火車，隱身於大城市中，下定決心，即使得睡在公共廁所，或仰賴妓女的好心幫忙，她也在所不惜，她要在這個世界走出她自己的路。

我媽從沒有坐下來從頭到尾跟我說她在川斯凱所經歷的一切，她只是偶爾沒來由的吐出一點，隨口說出些細節，有關她如何放亮罩子以免被村莊裡奇怪的男人強暴之類的故事。她會告訴我這些故事，然後我心裡會想：**這位女士，很顯然你不知道哪種故事才適合跟十歲的小孩說。**

我媽告訴我這些事的用意，是讓我不會視我們的現狀為理所當然，她說這些事不是為了要自我憐憫，她總是說：「要從過去中學習，並因為你的過去而過得更好。」她會說：「但永遠不要為過去的事流淚，生命充滿了苦痛，讓這些苦痛鍛鍊你，但是不要執著於其上，不要憤世嫉俗。」她從來不這麼做。對於她兒時的物質匱乏，她父母的背離，她從來沒有抱怨過。

就如同她不計較過去，她也堅持決不重蹈覆轍——我的童年跟她的童年完全南轅北轍，從幫我取名字開始。科薩家庭幫他們孩子所取的名字通常都有含義，而那個含義到頭來也通常總是會自我應驗。你看我表哥的名字，馬朗紀，是「擺平者」的意思，他就成了那樣的人。每次我闖禍，他總是那個幫我善後的人，他總是很乖，在家裡幫忙做家事。你看我舅舅，他是不小心懷孕生的，他被取名費里，意思就是「不知從哪冒出的人」。而他一生就一直是如此，他會消失又再出現。他會出門瘋狂買醉，一個禮拜之後不知道從哪裡再蹦出來回到家裡。

然後你看我媽，派西雅・諾邦絲・諾亞，意思是「會回報的人」，她就是這樣的人，她總是付出又付出又付出，甚至從她小時候在索維托時就是如此。那時她在街上玩時會看到一些三、四歲的小孩整天在街上亂跑沒人管，多半他們的父親已消失無蹤，而他們的母親成天酩酊大醉。當時我媽自己也才六、七歲，但她會把這些野孩子集合成一支隊伍，帶他們到各個地下酒吧，從喝得爛醉的男人手上搜集空瓶，再把空瓶拿去回收換錢。接著我媽就把那些錢拿到雜貨店去買東西來餵這些小孩，她是個會照顧小孩的小孩。

她要幫我取名字的時候，她選了崔佛這個名字，一個在南非沒有任何含義的名字，在我家族裡從沒人取過的名字，它甚至不是個聖經裡的名字，就只是個名字。我媽希望她的孩子不用承受任何命運的安排，她希望我可以自由發展、做任何事、成為任何人。

她也給我可以幫助我自由發展的工具，她教我英文成為我的母語，她經常唸書給我聽，我第一本學會念的書就是聖經。我們大部分的書也都是從教會那邊取得的，我媽會把一箱箱白人捐獻的書帶回家——繪本、章節書，任何她可以弄到手的書。她還有去註冊加入一個郵寄書本的訂閱服務，那是一系列的工具書：《如何成為好朋友》、《如何誠實》那類的。她也買過一整套百科全書，雖然那套是十五年前出版的，資訊早就都過時了，但是我還是坐下來讀得津津有味。

我的書是我最珍貴的收藏。我有個讓我非常自豪的書櫃，我很愛我的書，把它們保存得很好。我會一再反覆的看這些書，但是我不會折頁也不會把書背翻壞，每本書都很寶貝。我長大了些以後，就開始自己買書。我喜歡奇幻小說，愛極了迷失在那些不存在的世界裡。我記得以前有本書是有關幾個白人男孩解開祕密之類的故事，我才不浪費時間看那些鬼東西。給我羅德．達爾[6]：《飛天巨桃歷險記》、《吹夢巨人》、《巧克力冒險工廠》、《亨利的神奇故事》，這就是我的菜。

但我必須說服我媽讓我買納尼亞傳奇故事集[7]，她不喜歡這套書。

「這隻獅子，」她說：「牠是個假上帝——一個假神像！你記得摩西從山上拿了法版下來以後發生了什麼事……」

「媽，我知道，」我解釋：「但是這隻獅子是扮演耶穌的**角色**。技術上來說，牠就是耶穌的化身，這是個解釋耶穌的故事。」

她還是不怎麼買單：「不行，不行。我的小朋友，不能崇拜假偶像。」

最後我終於說服她了，那真是個大勝利。

如果說我媽有一個終極目標，那就是釋放我的心智。我媽把我當大人一樣跟我講話，這很少見。在南非，小孩跟小孩玩，大人跟大人講話。大人會監督你，但是他們不會降低他們的層級來跟你講話。我媽會，一天到晚。我就像她最好的朋友，她總是講故事給我聽、給我上課，尤其是講解聖經。她很喜歡詩經，所以我每天都得讀詩經，她也會考我詩經。

「這段話是什麼意思？它對你而言有什麼意義？你如何將它運用到生活上？」這就是我的日常生活，我媽教了我學校沒教的事：她教我如何思考。

種族隔離制度的結束是一件緩慢進行的事，它不像柏林圍牆倒塌，某一天就突然瓦解。種族隔離制度的城牆是年復一年逐漸裂開崩頹的，制度的鬆綁東一點西一點的發生，有些法令被廢止，有些則是不再施行。到了某個時間點，在曼德拉被釋放前的幾個月，我們就已經感覺漸漸可以活得光明正大一些。就在這個時候我媽決定我們應該搬家，她感覺我們已經藏身在我們的小公寓裡夠久了。

我們的國家現在開放了，但我們要去哪裡呢？索維托有它的包袱。我媽還是希望遠離她原生家庭的陰影。每次我媽帶我走在索維托的街上，還是難免有人會說：「來了個帶著個白人小孩的妓女。」在黑人區裡她永遠都會被如此看待。所以，既然我媽不想搬去黑人區，又住不起白人區，她決定要搬去有色人區。

6 Roald Dahl，英國小說家，以多部兒童文學作品聞名全球。作品富含奇幻想像、神奇多彩，故事多描繪兒童為至善而成人角色為極惡，善惡極端分明。

7 The Chronicles of Narnia，五〇年代由英國作家 C. S. 路易斯所出版的奇幻兒童文學。

伊登公園是在東蘭德的一個有色人區，臨近好幾個黑人區。她想，那裡既是有色人區，又很接近黑人區，就像我們一樣，我們應該可以很容易混進去。雖然事實並不如想像，我們在那裡一直都格格不入，但至少當我們搬過去的時候，她是這樣認為的。並且那是一個買房子的機會——我們自己的房子。伊登公園是那種在文明世界最邊陲的「郊區」，那種房地產開發商會說：「喂，窮人，你也可以過好日子。這裡有棟房子，在鳥不生蛋的地方，但是你看，你有後院耶！」不知道為什麼，伊登公園的街名是以車名來命名的：捷豹街、法拉利街、本田街。我不知道這是巧合還是怎樣，但是這實在太有趣了，因為南非的有色人就是以愛名車出了名，所以這就好像一個白人區用上等葡萄酒品種來命名他們的街道一樣。

我對於搬到那裡的記憶是一閃即逝、片段的，開車到一個我從沒看過的地方，看到我從沒看過的人。那裡很平坦，沒有很多樹，跟索維托一樣紅土及草地都灰撲撲的，但是那有像樣的房子，鋪好的柏油路及一種郊區感。我們家是一棟坐落在豐田街要彎進另一條路那個轉角上的小房子。屋內簡單狹促，但是走進去時我心想，**哇。我們真的住進來了**。我有我自己的房間實在是太不可思議了，雖然我並不喜歡。我一直以來都是跟我媽睡在同個房間，或是跟我表哥表姐睡在地板上，我習慣有別人睡在我身旁，所以我大部分晚上都還是去睡在我媽床上。

那時我們的生活中還沒有繼父、也還沒有夜裡哭泣的小弟，就只有我跟她單獨兩個人，所以有一種我們兩個一同開啟一場大冒險的感覺。她會跟我說類似「就是你和我跟這個世界拚了！」這種話。我從很小的時候就了解，我們兩個不只是母子而已。我們是一個團隊。

我們搬去伊登公園之後終於有了一輛車，我媽用很低的價錢買來一台破爛、橘色的二手福斯汽車。五次裡面有一次它會發不動，它沒有空調，每次我不小心開到送風，那個風扇就會吹得我整身都是樹葉跟灰塵。它發不動的時候，我們就去搭小巴，或者有時候我們會搭別人的順風車。她會叫我先躲在樹叢裡，因為她知道男人會為了一個單身女性而停車，但不會為一個帶著小孩的女人而停。她會站在路邊，等司機把車開過來，然後她就開門吹聲口哨，我就飛奔跑進車內。當那些司機發現他們不是載到一個迷人的單身女性，而是一個帶著胖屁孩的迷人單身女性時，他們的臉就會整個垮下來。

我們的車會動的時候，我們會把窗戶搖下來，在烈陽炙烤下隨著引擎劈劈啪啪往前走。那輛車的收音機永遠只收聽一個電台，叫做廣播講壇，節目內容就如其名，是個佈道及讚美上帝的節目。我不被允許動那個電台旋鈕。每次收音機收不到訊號的時候，我媽就會放吉米·史華格的佈道卡帶。（當我們終於聽說他的性醜聞案時？噢，老天爺。那可真是晴天霹靂。）8

但是不管那台車有多破爛，它終究是台車，它就是自由。我們不是被困在黑人區，等大眾交通工具的黑人，我們是在世界裡自由闖蕩的黑人，我們是每天起床後可以討論「我們今天要去哪裡？」的黑人。在去上班上學那條通往市區的路上，有一段很長的路完全渺無人煙，在那裡我媽就會讓我開車。那是高速公路，我當時六歲，她會把我放在她大腿上，讓我握方向盤及打方向燈，她則負責踩腳踏板跟換擋。幾個月之後，她也教我怎麼換擋。離合器還是由她來踩，但是我會爬上她大腿，抓住變速桿，她會一邊開車一邊叫我換擋。這條路上有一段是很陡的下坡下山谷，然後在山谷另一頭再上坡爬起。我們會在開始下坡之前把速度衝上來，瞬間轉成空擋放開煞車及離合器，然後**嗚——呼！**我們會衝下山谷，接著，**轟！**再躍上山谷的另一頭。我們恣意飛行。

如果我們不用上學、上班或上教會，我們就會出門探索。我媽的態度是「我選擇了你，孩子。我把你帶到這個世界，我要給你我以前從來沒有過的一切。」她全心貫注在我身上，她會找我們不用花錢就可以去的地方。我們一定去遍了約翰尼斯堡所有的公園，我媽會坐在樹下讀聖經，讓我跑去一直玩一直玩。星期天下午作完禮拜之後，我們會去鄉間兜風。我媽會找有風景的地方讓我們坐下來野餐。我們沒有那些可以拿來炫耀的野餐籃或盤子之類的東西，只有用吸油紙包起來的香腸肉奶油黑麵包三明治。直到今日，香腸肉奶油黑麵包三明治都還是會瞬間帶我回到從前。你可以給我所有米其林星等美食，但我只要香腸肉奶油黑麵包三明治，就會宛如置身天堂。

食物，或說買不買得起食物，通常可以看出我們的日子好不好過。我媽總是說：「我的工作是餵飽你的身體、你的精神、及你的心智。」而她也是這麼做，她存錢來買食物跟書，就是不花一毛錢在任何其他東西上，她節儉是出了名的。我們的車是有輪子的鐵罐，我們住在鳥不生蛋的地方，我們的傢俱很破爛，壞掉的老沙發，連沙發套都已經磨出破洞來。我們的電視是一個很小的黑白電視，上面還有天線的那種，我們得用鉗子才能切換頻道，因為按鈕早已不能用了，大部分的時候你還得瞇著眼才看得出螢幕上在演些什麼。

我們總是穿二手衣，去二手商店買的，或是教會裡白人捐獻的。在學校裡其他小孩都有名牌衣物，耐吉和愛迪達那些，我從來沒有名牌。有一次我跟我媽要一雙愛迪達的運動鞋，她拿了一雙假貨回來，愛比達。

「媽，這雙是假冒的。」我說。

「我看不出有什麼不同。」

---

8 Jimmy Swaggart 是在一九七〇至一九八〇年間紅極一時的電視布道家，八〇年代後期因召妓事件身敗名裂。

「你看這商標。這裡有四條線而不是三條線。」

「那你可真幸運，」她說：「你還比別人多了一條。」

我們幾乎一無所有的過日子，但我們總是有教會，我們總是有書，而且我們總是有東西吃。但你要知道，那並不一定是好吃的東西。吃肉是奢侈的，如果狀況好的時候，我們會有雞肉吃，而且我媽還會把雞骨頭咬開，把裡面的骨髓都吸得精光，這她很厲害。我們不是吃雞，是把雞徹底銷毀。我們家是考古學家的夢魘，因為我們吃完一隻雞的時候，是除了頭以外什麼都不留，連骨頭都不剩。有時候我們唯一吃得起的肉，是你可以在肉販那買到的那種叫「鋸屑肉」的分裝肉。它名副其實就是肉的屑屑，把肉切開包裝給店裡賣時掉下來的碎屑、肥肉屑及剩下來那些有的沒的，他們會把那些掃起來裝到袋子裡。這原本是給狗吃的，但是我媽也會買來吃，有好幾個月我們就只吃得起這種肉。

肉販也賣骨頭，我們稱那些為「高湯骨頭」，但其實它們在店裡是叫做「狗骨頭」，人們會煮這個給他們的狗吃當獎勵。當手頭真的很緊的時候，我們就只能吃狗骨頭。我媽把它們拿來煮湯，我們就把骨髓吸得精光。吸骨髓是窮人很早就學會的求生技能。我永遠不會忘記我長大後去到高級餐廳，第一次有人跟我說：「你一定要試試骨髓，那真是美味，太好吃了。」一點完菜，侍者送上來的時候，我心想「混蛋，這不就是狗骨頭嗎！」我一點都不覺得驚豔。

雖然我們在家過得很清寒，但我從不覺得自己窮，因為我們的生活中充滿了冒險。我們總是出門去玩，到處趴趴走。我媽會開車載我去看高級白人社區。我們會看別人的房子，看他們的豪宅，其實就是看他們的高牆，因為從路上就只看得到圍牆。我們會看著圍牆從路的這頭延伸到那頭，然後說：「哇！這只是一棟房子，所有這些就只是一戶人家而已。」有時候我們會停下車走到圍牆外，她會把我像潛望鏡一樣架在她肩膀上，我會望進庭院跟她描述我看到的一切：「是一棟很大的白色房子！他們有兩隻狗！有一棵檸檬樹！他們有游泳池！還有網球場！」

我媽帶我去黑人從不會去的地方，她拒絕接受那些黑人不可以或不應該做什麼事的可笑說法。她會帶我去溜冰場溜冰，約翰尼斯堡以前有個超棒的露天電影院，超級巨星露天電影院，在城外一個巨大的廢礦堆頂端。她會帶我去那裡看電影，我們會買零食，把喇叭掛在車窗上。超級巨星有三百六十度的視野可以看到城裡、郊區、還有索維托，在那裡我往每個方向看都可以看到好幾英哩遠，我感覺好像自己在世界的頂點。

我媽拉拔我長大時，從不限制我可以去哪裡或做什麼，我現在回頭看才了解，她把我當成白人小孩在教養——不是教我白人文化，而是讓我相信這世界在我的掌握之中，我可以為自己發言，我的想法跟決定是重要的。

我們常告訴人們要追隨他們的夢想，但是你只能嚮往你所能夠想像得到的事物，視你的家庭背景而定，你的想像力其實有可能非常侷限。在索維托長大，我們的夢想就只是幫我們的房子再多蓋一個房間；或許，蓋個車道；或許，有一天，在車道入口再蓋個鐵門，因為這就是我們所知道的世界。但是可能性的最高點，往往遠在你可以看到的世界之外，我媽讓我看到那個無限的可能。我對我媽的一生感到最佩服的是從沒有人為她指引迷津，從來都沒有人要她，她靠自己白手起家，她純粹是靠著自己堅強的意志走出一條路。

或許更讓我佩服的，是我媽開始這樣教養我的時候，她根本不知道種族隔離制度有天會結束，她沒有任何理由相信這個制度會垮台，因為它已經持續了好幾個世代。我快要六歲的時候，曼德拉被釋放，等到我十歲時民主制度才終於成立，但是她早在自由還不存在的時候，就教導我如何過著自由的生活。我的生命選項中，最有可能的是在黑人區裡勞苦一生，或是被送去有色人孤兒院，但是我們從來沒有讓這兩個選項發生，我們永遠一直不斷往前走、一直不斷伺機而動、掌握先機。所以等到法律及人民終於覺醒過來的時候，我們早就已經領先了好幾英哩，開著我們亮橘色、破爛的福斯、搖下窗戶聽著吉米·史華格聲嘶力竭的耶穌盛讚，在高速公路上恣意疾行。

很多人認為我媽瘋了，溜冰場、露天電影院和郊區，這些都是izinto zabelungu——白人的玩意兒。有許多黑人早已內化種族隔離的邏輯，而對之深信不疑。為什麼要教一個黑人小孩白人的玩意兒呢？鄰居和親戚以前總是會這樣質疑我媽：「為什麼要教他這些？反正他永遠離不開黑人區，讓他看到外面的世界有什麼用呢？」

「因為，」我媽總是這麼說：「即使他永遠離不開黑人區，他也會知道黑人區不是世界的全部。如果我到頭來只能讓他明白這點，我也心滿意足了。」

即便設計得強而有力，種族隔離制度內還是存在許多嚴重的瑕疵，最基本的原因當然是它本來就一點都不合理，種族歧視一點邏輯都沒有。想想看：在南非中國人被歸為黑人，我不是說他們行為舉止像黑人，他們還是中國人。但是中國人在南非的人數沒有多到像印度人那樣，足以為他們另闢一個單獨的類別，所以，雖然種族隔離制度複雜又精確，他們卻不知道該如何處理中國人，因此政府就說：「唉，我們就說他們是黑人好了，這樣比較簡單。」

有趣的是，在此同時，日本人卻被標記為白人。這背後的原因是，南非政府想跟日本人建立良好關係，以進口他們的名車跟電器，所以日本人被給予榮譽白人的地位，但中國人還是被視為黑人。我總是想像一個很可能分辨不出中國人及日本人的南非警察，要確保膚色不對的人沒在做壞事的時候所面臨的狀況。如果他看到一個亞洲人坐在一張白人專用的板凳上時，他會說什麼呢？

「喂，中國佬，你給我下來！」

「抱歉，我是日本人。」

「噢，真抱歉啊這位先生，我不是有意要歧視你的，祝你有個愉快的下午。」

6 漏洞

我媽曾經跟我說：「我選擇要生你是因為，我希望有個我可以愛也會無條件愛我的人——結果我生了個這世上最自私的混蛋，他唯一會做的就是哭、吃、拉以及說『我，我，我，我，我，我。』」

我媽以為生個小孩就像得到一個伴侶一樣，但是每個小孩天生下來就是他自己宇宙的中心，無法理解他自己慾望及需求之外的世界，我也沒有不同。我是個需索無度的小孩，我可以讀完好幾箱的書，還想要看更多、更多、更多。我吃東西像豬一樣，以我那樣的吃法，我早該胖到不行了。有一段時間我家人都以為我肚子裡一定有蛔蟲，每次我去表哥表姐家過節，我媽總是會幫我帶一袋番茄、洋蔥還有馬鈴薯，及一大袋的玉米粥，那是她事先預防我造訪會惹來抱怨的方法。在我外婆家我總是要吃第二碗，其他的小孩都不用。我外婆會把鍋子給我然後說：「把它吃掉。」如果你不想洗碗的話，你就叫崔佛來。他們叫我家族裡的垃圾桶，我一直吃一直吃一直吃。

我也很過動，我需要持續不斷的刺激跟活動。我小時候走在街上，如果你沒有死命抓住我的手臂，我就會衝出去，全速衝刺跑到馬路上去。我喜歡被追著跑，我以為那是個遊戲。我媽在她上班時找來照顧我的保姆呢？我會讓她們哭著辭職，我媽回家時她們會哭訴：「我要辭職，我做不下去了。你兒子是個暴君。」我的學校老師，以及主日學老師也是一樣。如果你沒辦法讓我專心投入的話，你就麻煩大了。我不是目中無人，也不是愛哭嬌寵，我其實很有規矩，我只是精力充足而且很清楚我想要做什麼。

我媽會帶我去公園，讓我跑到累攤，消耗我的精力。她會拿飛盤丟，讓我跑去把它撿回來，一次又一次又一次，有時候她還會丟網球。黑人的狗不會玩撿球；你不會丟給黑人的狗什麼東西讓牠去撿，除非是食物。所以一直到我和白人及他們的寵物去過公園之後，我才了解到我媽是把我當成狗在訓練。

每次我過剩的精力沒有消耗殆盡的時候，就會發洩成調皮搗蛋的行為。我很自豪我是個惡作劇之王。在學校，每個老師上課時都會用投影機把他們的投影片播放在牆上，有一次我走遍校園，把每個教室裡每台投影機的放大鏡都拿起來。另外有一次，我把滅火器裡所有的泡沫都噴進學校鋼琴裡，因為我知道我們隔天朝會時有個表演，結果第二天鋼琴師坐下來才彈了第一個音符就，**噗！**——全部的泡沫都從鋼琴裡噴了出來。

我最愛的兩個東西是火跟刀，我一直很迷戀這兩個東西。反正刀子就是很酷，我從當鋪及車庫拍賣蒐集刀子：彈簧折刀、蝴蝶刀、藍波刀、鮑伊刀。但是火是我的最愛，我超愛玩火，而且我特別愛煙火。每年我們在十一月慶祝蓋福克斯日[9]的時候，我媽都會買給我們一大堆煙火玩，像一個小型火藥庫一樣。我學會我可以把所有煙火的火藥拿出來，自己製造出一個超強力爆竹。一天下午，我開始動手進行自製煙火，一邊跟我表哥玩鬧，一邊把大批火藥裝進一個空的花盆裡，然後我就分心了，跑去玩黑貓煙火。黑貓煙火最酷的地方在於，與其把它直接點燃讓它爆裂，你可以把它剁成兩半再點燃，這樣它就會變成一個小噴火器。我堆火藥庫堆到一半跑去玩黑貓煙火，結果不小心把一根火柴丟進火藥堆裡。那花盆整個爆炸，一團大火球燒到我的臉上。馬朗紀大聲尖叫，我媽驚嚇的跑進院子來。

「怎麼了?!」

我假裝沒事，雖然我臉上還可以感到那團火球的熱度。「噢，沒事。沒發生什麼事。」

「你在玩火嗎？」

「沒有。」

她搖搖頭。「但是耶穌已經拆穿了你的謊言，你知道嗎？我會揍你一頓。」

「咦？」

「你去廁所看看你自己。」

9 Guy Fawkes Day，慶祝叛國軍人 Guy Fawkes 在一六〇五年意圖用火藥炸毀英國國會大廈及謀殺英皇詹姆士一世未遂的節日。每年十一月五日民眾都會大肆施放煙火以茲慶祝。

我去廁所往鏡子裡一照才看到，我的眉毛被燒個精光，而且我頭髮最末端大概還被燒掉了一吋。

以大人的眼光來看，我喜歡破壞東西又不受管教，但是身為小孩的我當時並不這樣想。我從來都不想搞破壞，我想做的是創造。我不是燒光了我的眉毛，我創造了火。我不是破壞投影機，我是製造混亂，要看大家如何反應。

而且我就是忍不住，這是小孩患的通病，一種強迫症使他們做出自己都不理解的事。你可以告訴一個小孩：「你要做什麼都可以，就是不要畫在牆壁上。你可以畫在這張紙上，你可以畫在這本書裡，你可以畫在任何你想要的地方，但就是不可以畫畫或寫字或塗色在牆壁上。」那孩子會死死的看著你的眼睛說：「知道了。」十分鐘之後，小孩就會開始畫牆壁。你開始大叫：「你幹嘛在牆壁上畫畫？」那孩子看著你，他自己真的不懂為什麼他要畫在牆壁上。我還小的時候，記得我時時有這種感覺。每次我被打，我媽揍我屁股的時候，我都會想，**我剛剛為什麼這麼做？我明明知道不可以這樣，她有告訴我不可以這樣。**被打完了以後，我會告訴我自己，**我從今開始要聽話，我再再再再再也不要在我生命中做任何一件壞事了——為了要記得不要再不乖，讓我在這牆壁上寫字來提醒我自己……**接著我就會拿起一支蠟筆開始重蹈覆轍，而且我從來都不懂為什麼。

我跟我媽之間的關係，就像電影裡的警察跟嫌犯一樣——不屈不撓的警察以及她下定決心要抓到的狡猾鬼點子王。他們是互相憎恨的敵人，但是，該死，他們也佩服對方到五體投地，而且不知怎的他們還逐漸喜歡上對方。有時候我媽會抓到我，但是她通常都慢我一步，她就會給我一個很殺的眼神。**有一天，小傢伙。有一天我會抓到你關你個一輩子**。我會點個頭回應她。**祝你晚上愉快，長官**。我就是這樣度過整個童年。

我媽永遠都在試圖駕馭我，幾年下來，她的招數變得越來越高深。我靠著年輕和精力占上風，她則靠著狡猾詭詐緊追在後，她想出很多不同的方法來讓我守規矩。某個星期日我們在店裡，店家正在舉行太妃蘋果糖特賣，我超愛吃太妃蘋果糖，所以就在店裡一直吵。

「我可以買個太妃蘋果糖嗎，拜託？我可以買個太妃蘋果糖嗎，拜託？我可以買個太妃蘋果糖嗎，拜託？我可以買個太妃蘋果糖嗎，拜託？」

最後，當我們採買結束，我媽要去結帳的時候，我終於成功說服她。

「好，」她說：「你去拿一個太妃蘋果糖。」我就跑去拿了一個，回來把它放在結帳櫃檯上。

「請加上這個太妃蘋果糖，」我說。

收銀員狐疑的看著我：「請排隊，小男孩。我還在幫這位女士結帳。」

「不，」我說：「她要幫我買。」

我媽轉過來看我：「誰要幫你買？」

「妳要幫我買啊。」

「沒有，沒有。你媽怎麼不買給你？」

「妳在說什麼？我媽？妳就是我媽啊！」

「我是你媽？不，我不是你媽，你媽在哪裡？」

我感到很困惑：「妳就是我媽。」

收銀員看看她，再看著我，再看著她。她聳聳肩膀，一副好像，我不知道這小孩在說什麼。接著她像她這輩子從沒見過我一樣的看著我。

「你迷路了嗎，小男孩？你媽媽在哪裡？」

「對啊，」收銀員說：「你媽媽在哪裡？」

我指著我媽：「她就是我媽媽。」

「你說什麼？她不可能是你媽媽，小男孩。她是黑人，你沒看到嗎？」

我媽搖搖頭：「可憐的有色小男孩把媽媽搞丟了，真可憐啊。」

我驚慌失措，是我瘋了嗎？她不是我媽？我開始大哭：「**妳是**我媽。**妳是**我媽。**她是**我媽。**她是**我媽。」

她又聳聳肩：「真令人難過，我希望他會找到他媽媽。」

收銀員點點頭。她付錢，拿了我們買的東西，走出店門口。我顧不得太妃蘋果糖，哭著跟著她跑出去，在停車的地方找到她。她轉過頭來，笑得歇斯底里，因為她真的把我騙得團團轉。

「你幹嘛在哭？」她問。

「因為妳說妳不是我媽，為什麼妳要說妳不是我媽？」

「因為你一直吵著買太妃蘋果糖。現在給我上車，我們走了。」

等到我七、八歲的時候，我就學聰明了，不再那麼好騙，所以她就改變技倆。我們的生活變成法庭連續劇，兩個不斷鑽研制度漏洞及專業術語的律師。我媽很聰明而且講話惡毒，但是我腦筋轉得比較快。她吵架跟不上我時，她就會惱羞成怒，所以她就開始寫信給我，這樣她就可以把話說清楚，不用講話吵來吵去。如果我有家事得做，我回家就會發現一封信塞在門下，就像房東會寄來的信一樣。

親愛的崔佛：

「你們做兒女的，要凡事順從父母，因為這在主裡是蒙喜悅的。」

——哥羅西書 3:20

身為我的孩子及一個年輕人，我對你有些期待。你必須清理你的房間，你必須把房子保持乾淨，你必須愛惜你的學校制服。拜託，我的孩子，我請求你這麼做。請你尊重我的原則，這樣我就會尊重你。現在我想請你去洗碗以及拔除花園裡的雜草。

你最誠摯的媽

我會乖乖做我的家事，如果我有什麼話要說，我就會回信給她。因為我媽是祕書，而且我每天放學後在她的辦公室裡待上好幾個小時，我早就學會寫商業書信，還很自豪於我寫信的能力。

敬啟者：

親愛的媽，

我已經收到妳稍早寄來的信件，在此我很高興跟妳報告我洗碗的進度超前，再過一小時就會繼續進行。請妳明察因花園地溼，目前無法進行除草，但請放心這項工作絕對會在週末之前完成。同時，關於我的可敬度，我完全同意妳的說法，我會把我房間保持乾淨在一個令人滿意的程度。

妳最誠摯的崔佛

這些是禮尚往來的信件。如果我們有嚴重而全面性的爭吵，或是如果我在學校惹麻煩了，我回家時就會收到語氣比較興師問罪的書信。

親愛的崔佛，

「愚蒙迷住孩童的心，用管教的杖可以遠遠趕除。」

——箴言 22:15

你這學期的學校成績很令人失望，你在教室裡的行為一直擾亂秩序及無禮不敬。從你的行為可以明顯看出你並不尊重我，你也不尊重你的老師，你必須學著尊重你生命中的女性，你對待我及你老師的方式將會是你對待世界中其他女性的方式。請你改變作風，這樣你才會成為更好的人。因為你的行為，我要罰你一個禮拜不得看電視或玩電動玩具。

你最誠摯的媽

我當然會覺得這樣的處罰完全不公平。我會拿著這封信來跟她吵。

「我可以跟妳談談這封信嗎？」

「不可以。如果你有話要說的話，你必須回信給我。」

我就會去我的房間，把筆跟紙拿出來，坐在我的小書桌前，攻擊她信裡的每一個論點。

敬啟者：

親愛的媽，

首先，最近學校的課程並不是很容易，並且由妳來說我的成績不好，非常不公平，特別是因為妳自己以前在學校功課也不好，而我，畢竟，是妳的小孩，所以妳必須負起部分的責任，因為如果妳在學校功課不好，我又怎麼會功課好呢？就基因而言我們是相同的。外婆總是說妳小時候有多調皮，我的調皮也是遺傳到妳，所以我認為妳批評我這些事既不對也不公平。

妳最誠摯的崔佛

我會把信拿給她，站在那邊等她看完。她總是會把信撕了丟進垃圾桶：「亂講！滿口胡言！」接著她開始準備要破口大罵，我就會說：「啊——啊——啊。不行，妳必須用寫的。」然後回到我房裡等她回信，我們可以這樣你來我往好幾天。

寫信是小爭執時用的，當我們有很大的摩擦時，我媽就直接打屁股。就像大部分的南非黑人父母一樣，我媽教訓小孩的方法很老派。如果我太超過了，她就會拿出皮帶或鞭子。在那個時代就是這樣，幾乎我所有的朋友都這樣被揍過。

如果我給她機會的話，我媽會讓我坐下來好好揍我，但是她永遠抓不到我。我外婆叫我「跳羚羊」，那是地球上跑第二快的陸地哺乳類動物，就是印度豹喜歡獵捕的那種羚羊。所以我媽必須練就游擊戰士的功夫，她可以在任何地方開戰，用她的皮帶、或用鞋子，不加思索就開打。

我很佩服我媽的一點是她從不會讓我不清楚我被打的原因，絕對不是因為怒火或憤氣，是愛之深責之切。我媽得獨自帶大一個難以管教的小孩，我弄壞鋼琴，我在地上大便。我每次惹麻煩，她就會狠狠揍我，給我時間哭完以後，她再帶著一抹燦爛的笑容回到我房間說：「你要吃晚餐了嗎？如果我們想看《救援電話九一一》就要快點吃。你要來嗎？」

「妳說什麼？妳是精神變態嗎？妳剛剛才揍了我一頓耶！」

「沒錯。那是因為你做錯事，但那並不代表我不愛你了。」

「什麼？」

「聽著，你有沒有做錯事？」

「有。」

「所以呢？我就打你，現在已經沒事了。那你為什麼還要坐在那邊哭呢？《救援電話九一一》要開始了，威廉・夏特納在等你，你要來還是不要？」

提到管教，天主教學校不是開玩笑的。每次我在瑪麗維爾惹到修女，她們就會用鐵尺側邊打我的手關節。如果我罵髒話，她們就用肥皂沖我的嘴巴。如果是更嚴重的犯規，她們會把我送去校長辦公室，只有校長可以正式揍你。你會彎下腰，然後他就會用一個像鞋底一樣扁平的橡膠玩意兒來打你屁股。

每次校長打我的時候，都好像他不敢打太大力一樣。有一天我被打的時候在想，**老兄，我真希望我媽打我也這麼輕**，然後我就笑出來了，我實在忍不住。校長非常震驚。他說：「如果你被打還笑得出來，那你一定哪裡有問題。」

這是學校三度叫我媽帶我去看心理醫生衡量精神狀態中的第一次。每個檢查過我的心理醫生都回報：「這小孩沒什麼不對勁。」我沒有注意力不足過動症，我沒有反社會人格，我只是很具創造力、喜歡獨立行事而且精力旺盛。那些心理治療師給我做過一系列的測試，他們的結論是我不是會成為很厲害的罪犯，再不然就是會成為精通於抓罪犯的警察，因為我總是能找到法律中的漏洞。每次我只要認為某個規則不合邏輯，我就會設法找出對策。

舉例來說，星期五彌撒領聖體的規則就一點道理都沒有。我們會在那邊花一個小時跪著、站著、坐著、跪著、站著、坐著、跪著、站著、坐著，搞到最後我真的肚子很餓，但是我從來都不能領聖餐，因為我不是天主教徒。別的小孩可以吃耶穌的聖體喝耶穌的聖血，但是我不行。耶穌的聖血是葡萄汁，我很愛葡萄汁。葡萄汁和餅乾——小孩子想要的不就是這些嗎？但是他們不讓我吃，我一天到晚都跟修女及神父爭論這點。

「只有天主教徒可以吃耶穌的聖體跟喝耶穌的血，對嗎？」

「沒錯。」

「但是耶穌不是天主教徒。」

「不是。」

「耶穌是猶太人。」

「呃，對。」

「所以你的意思是說，如果耶穌現在走進你的教堂，連祂都不會被允許吃祂自己的聖體及聖血。」

「這個……呃……嗯……」

他們從來都沒辦法給我個滿意的答案。

一天早上做彌撒前我決定，我要拿點耶穌的聖血和聖體來吃。我溜到祭台後面，把一整罐的葡萄汁都喝光，還吃了一整袋的聖餐餅來彌補我以前所有沒吃到的份。

在我心裡，我並沒有違規，因為這個規則本身沒有道理，而且我後來也是因為他們自己人打破規則才被抓到的。有一個小孩在懺悔的時候把我給出賣了，結果神父就把我揪出來。

「不行，不行，」我抗議：「你犯規，那是機密資訊。神父不可以透露任何人在懺悔時所說的話。」

他們才不管，學校可以任意打破任何規則。校長於是對我破口大罵。

「是什麼樣有病的人才會吃光耶穌的聖體，喝光耶穌的聖血？」

「一個饑餓的人。」

我又被打了一頓，並且又因此第二次被送去看心理醫生。第三次去看心理醫生，是在六年級的時候，這是壓垮駱駝的最後一根稻草。那時有個小孩霸凌我，他說他要打我，所以我就帶了一把刀去學校，我沒有要用它的意思，我只是想要帶著。學校才不管我怎麼說，對他們來說那是最後一根稻草，但其實我並沒有真正被退學。校長叫我坐下來跟我說：「崔佛，我們可以開除你的學籍，你必須好好想想你明年是不是還想在瑪麗維爾求學。」我想他以為他是在給我一個最後通牒讓我好自為之，但是我感覺卻像是他在給我一個遠走高飛的機會，所以我就接受了。

「不想，」我告訴他：「我不想再待在這裡了。」我的天主教求學之路就在此劃下句點。

有趣的是，發生這件事的時候我媽居然沒有生氣，她沒有在家等著打我屁股。她從埃西亞公司離職的時候就失去了我的助學金，支付私立學校的學費漸漸成為一個負擔。但是更重要的是，她認為學校反應過度。事實上大部分時候，她都是站在我這邊對抗瑪麗維爾。就聖體餐那件事而言，她完全同意我的看法。

「讓我把這件事搞清楚，」她告訴校長：「你因為一個孩子想要耶穌的聖體跟聖血而處罰他？為什麼他不能吃那些？他當然可以吃。」當他們因為校長打我時我在笑而叫我去看心理治療師時，她也跟學校說你們很可笑。

「諾亞太太，當我們打他的時候，你的孩子居然還笑得出來。」

「很明顯，你不知道該怎麼打小孩。那是你的問題，不是我的。我可以告訴你，我打崔佛的時候他從來沒笑過。」

這就是我媽很奇怪也很讚的地方。如果她同意某個規則很愚蠢，她就不會因為我違規而處罰我。她跟心理醫師都認為有問題的是學校，而不是我。天主教學校不是一個鼓勵創造力跟獨立思考的地方。

天主教學校跟種族隔離制度很像，因為他們都是冷血的威權體制，而那些威權是建立在完全講不通的諸多規則之上。我媽在這些規則中長大，她質疑它們。當它們站不住腳的時候，她就會找出方法對付這些規則。我媽唯一認可的威權是上帝，上帝是愛，聖經是事實

——任何其他事都有可議空間。她教我挑戰權威並質疑系統制度。唯一適得其反的是，我也時時刻刻挑戰及質疑她。

我七歲時，我媽跟她的新男朋友亞柏已經在一起大概快一年，但是在那時候，我還太小，不了解他們之間的關係。對我來說就只是「嘿，那是媽的朋友，常來我們家」。我喜歡亞柏，他真的是個很棒的人。

在那時，如果你是個想住在白人郊區的黑人，你得找到白人家庭願意出租他們的僕人房或是車庫，亞柏就是這樣。他住在一個叫奧蘭格羅的社區，在一個白人家庭的車庫裡，他把那裡改造成一個小木屋式、有爐灶跟床的住所。有時候他會來住我家，有時候我們會去住他那裡。我們放著自己的家不住，去住在小木屋當然不盡理想，但是奧蘭格羅離我學校跟我媽上班的地方很近，所以住那裡也有好處。

這個白人家庭也有個黑人女僕，住在後院裡的僕人房，每次我們住在那裡，我就會跟她兒子玩。我那時正值愛玩火的全盛時期。一天下午大人都上班去了——我媽、亞柏和那兩位白人雙親，那個小孩就跟我一起玩，他媽媽則在主人房裡打掃。我那時候很愛做的一件事，就是利用放大鏡在木頭上燒出我的名字。你必須把鏡片對準在木頭上，聚光在對的地方，然後就會看到火苗，接著你慢慢移動就可以燒出形狀及字母及圖樣。我很迷這個。

那天下午我在教這小孩玩這個把戲，我們在僕人房裡面，那裡其實比較像附加在主人房後的工具室，裡面充滿了木梯、舊油漆桶、松節油等。我身上帶著一盒火柴——我經常隨身攜帶生火器具，我們坐在他們用來睡在地板上的舊床墊上，那基本上就是個塞滿乾稻草的袋子。太陽從窗戶亮晃晃的曬進來，我秀給這小孩看怎麼把他的名字燒到一節木夾板上。

燒到一半我們休息去吃點心，我把放大鏡跟火柴放在床墊上，然後我們就離開了。幾分鐘後我們回來的時候，發現這鐵皮屋的門有那種從裡面自行反鎖的裝置，我們必須要去找他媽媽才進得去，所以我們就乾脆去後院玩。過了一會兒，我注意到濃煙從窗框的縫隙中竄出來。我跑過去往裡面看，在稻草床墊中央我們放火柴及放大鏡的地方，居然起火了。我們趕緊跑去叫那個女僕，她過來，但是也不知道該怎麼辦。門鎖住了，在我們想出方法進到鐵皮屋以前，所有的東西就都燒起來了——床墊、梯子、油漆、松節油，全都著火。

火苗竄得很快，不一會兒功夫屋頂也著火了，從那裡火焰蔓延到了主人房，那房子燒了又燒、燒了又燒、燒了又燒，滾滾濃煙直竄天際。一個鄰居叫了消防隊，我們可以聽到警笛聲在路上。我跟這個小孩還有女僕跑到路上去看消防隊員試圖滅火，但是等到他們成功的時候，已經太遲了，所有東西都燒得精光，只剩下一個焦黑的磚塊水泥外殼，連屋頂都沒了，屋內燒焦殆盡。

白人一家人回到家，站在街上看著他們房子的虛殼，他們問女僕發生了什麼事，她問她兒子，然後這小鬼整個把我給賣了。

「崔佛有火柴。」他說。白人一家人什麼都沒對我說，我想他們也不知道要說什麼，他們完全嚇傻了。他們沒有打電話叫警察，沒有威脅要提告。他們又能怎樣呢？逮捕一個七歲小孩縱火嗎？而且我們這麼窮，告我們也拿不回任何錢。而且他們有保險，所以他們就沒有繼續追究。

但他們把亞柏趕出車庫。我覺得這超扯的，因為這個車庫是獨立建築，所以那是整棟房子中唯一沒有被波及的。我不認為他們有立場叫亞柏滾出去，但是他們就是這麼做了。我們幫他把東西打包，放進我們的車裡，開車回伊登公園的家；從那時起，亞柏基本上就跟我們同住。他跟我媽大吵了一架：「你兒子把我的生活給燒毀了！」但是那天我沒有遭到任何處罰，我媽太震驚了。調皮是一回事，把白人的房子給燒成平地是另一回事，她不知該拿我怎麼辦。

我當時一點都不覺得愧疚，到現在還是不覺得，我內心裡的律師堅持我是全然無辜的。火災發生時有火柴、有放大鏡、有床墊，接著很顯然就是發生了一連串不幸的連鎖反應。火災的意外難免會發生，就是為什麼我們需要有消防隊。但是我家裡每個人都會跟你說：「崔佛曾經放火燒毀過一棟房子。」如果以前大家認為我很調皮，火燒事件之後，我則是變得惡名昭彰。有個叔叔從此不再叫我崔佛，改叫我「崔魔」。他會說：「別把那孩子單獨留在你家。他會把它給燒成平地。」

我表哥馬朗紀至今還無法理解，我那麼調皮怎麼還能活到現在？我怎麼承受得了那麼多處罰？為什麼我一直不守規矩？我怎麼就是學不到教訓？我表哥跟表姐都是超乖的小孩，馬朗紀一輩子大概只被打過一次。那次之後，他就說他再也不想再有一次被打的經驗，從那天起，他總是乖乖守規矩。但是我很幸運從我媽那裡遺傳到了另一項特質——將生命苦痛拋在腦後的能力。我會記得導致痛苦的那個事件，但是我不會停留在痛苦上頭，我從不讓一個痛苦的回憶阻止我嘗試新的事物。如果你對父母的毒打想太多，或是太在乎生命對你的磨難，你就會停止開疆闢地、打破常規。比較正面的方法是，接受這些後果，花點時間傷心，然後隔天起床繼續向前走。你會有些瘀青，用來提醒你事件的發生，這沒什麼大不了。但是過不了多久瘀青終究會淡去，而它們之所以淡去是有原因的——因為現在是重新振作再迎接更多狗屁的時候了。

我在一個黑人國家中的黑人社區裡的黑人家庭中長大，我也遊歷過黑色大陸上黑人國家裡的其他黑人城市。在這些經歷中，我還沒看過任何一個地方的黑人喜歡貓。最大的原因是，我們都知道在南非只有巫婆喜歡貓，而且所有的貓都是巫婆。

* * *

幾年前，奧蘭多海盜隊在一次足球賽中發生過一樁有名的事件。一隻貓跑進球場，穿越群眾，在球賽進行中跑進球場中。一名看到那隻貓的保全，做了任何明智的黑人都會做的事。他對自己說：「那隻貓一定是巫婆。」他抓住貓並且——在全程現場直播的情況下——踢牠、踩牠，用一根sjambok——就是硬皮革鞭，把牠打到慘死。

這在全國立刻變成頭條新聞，白人整個失去理智。我告訴你，情況真的很瘋狂。該名保全被逮捕，上庭接受審判，並且被判有罪，罪名是虐待動物。他得付巨額罰款才能取代好幾個月的牢獄之災。我覺得諷刺的是，白人看白人打死黑人的畫面，這麼多年都沒事，結果一段黑人踹踢野貓的影片就足以讓他們抓狂。黑人完全無法理解，他們看不出來保全哪裡做錯了。他們想的是，「很顯然那隻貓是巫婆，不然貓怎麼會知道要如何跑進足球場呢？一定是有人派牠去詛咒其中一隊的。保全一定得把那貓給殺了啊。他是在保護球員耶。」

在南非，黑人只養狗。

7 噗吠

我們搬到伊登公園的一個月後，我媽帶回兩隻貓，黑貓，漂亮極了。我媽公司有個女士有一堆想送人的小貓，所以我媽領養了兩隻。我很興奮，因為我從來沒有養過寵物；我媽也很興奮，因為她很愛動物，她才不相信那些關於貓是巫婆的無稽之談。從這點又可以看出她很叛逆，拒絕遵從黑人該做或不該做什麼的刻板教條。

在黑人區裡，你不會敢養貓，特別是黑貓，那就像是隨身戴著標語說「哈囉，我是巫婆」。這簡直就是自殺的行為。但既然我們已經搬到了有色人區，我媽以為在這裡養貓應該沒有關係。牠們長大一點後，我們白天就讓牠們出去，在社區裡閒晃。結果有一天我們回到家，發現兩隻貓被從尾巴倒掛在我家大門，內臟被挖出，皮被剝除，血流殆盡，連頭都被剁斷。有人在我家外牆上用南非語寫了「Heks」——巫婆。

很顯然，有色人在貓的議題上沒有比黑人進步到哪裡去。

對於那兩隻貓的下場，我其實沒有很傷心欲絕。我們還沒有養很久，還不到感情很深的地步，我甚至不記得牠們的名字。而且貓大部分時候都是混蛋，不管我再怎麼努力，牠們從來不像真正的寵物。牠們不會對我展現任何感情，也沒有接受過我對牠們的關愛。如果牠們有認真看待我一些，或許我還會感覺失去了什麼。但是在當時，儘管我還小，看著那兩隻被凌虐慘死的動物，心裡想的卻是：「現在你看到了吧，如果牠們對人好一些，或許可以避免這樣的下場。」

在貓慘遭毒手後，我們有一段時間沒有再養寵物，之後我們就養了狗。狗很棒，我認識的所有黑人家庭幾乎都有養狗，不管你有多窮都會養狗。白人對待狗像小孩或家人，黑人的狗比較像是用來保護主人的，牠們是窮人的保全系統。你去買一隻狗，然後把牠放在外面院子裡看家。黑人會依照狗的特性來幫牠取名。如果牠有條紋，你就叫牠老虎；如果牠很兇，你就叫牠危險；如果牠有斑點，你就叫牠斑斑。但狗外觀的特色也就只有特定那幾種，所以每個人幾乎給狗取的名字都差不多，根本直接回收利用。

我們在索維托從來沒有養過狗。後來有一天我媽公司有個女士家有兩隻小狗，問我們要不要，牠們是不小心被生出來的。這位女士的馬爾濟斯貴賓犬被她家隔壁的鬥牛犬弄大肚子，很奇怪的混種。我媽說她兩隻都要，她把狗帶回家，我就成了世界上最快樂的小孩。

我媽把牠們叫做噗吠和小豹。我不知道噗吠的名字是從哪來的，小豹的鼻子是粉紅色的，所以牠本來是叫粉紅豹，後來就直接叫小豹。牠們是對彼此又愛又恨的兩姊妹，會互相照顧，但是也一天到晚打架，是那種會打到流血的打架：互咬、用爪子互抓。那是一份既讓人費解又怵目驚心的手足之情。

小豹是我媽的狗，噗吠是我的。噗吠很漂亮，線條分明，有快樂的臉蛋。牠看起來像隻純種的鬥牛犬，只是因為混了馬爾濟斯的血統所以體型比較瘦小。小豹則是兩個品種混得很平均，但反而長得很奇怪，看起來不太對稱。小豹很聰明，噗吠則笨得要命，至少我們一直都以為牠笨得要命。每次我們叫牠們的時候，小豹都會立刻過來，但是噗吠則動也不動，得要小豹再跑回去帶噗吠，兩個才會一起來。結果原來是因為噗吠天生耳聾。幾年後，有一次小偷試圖闖入我們家，把噗吠弄死了。他把大門推開，結果門倒在牠背上折斷了牠的脊椎。我們帶噗吠去獸醫那裡，獸醫說得讓牠接受安樂死。幫牠檢查完畢，獸醫過來向我們報告。

「你們一家人跟一隻耳聾的狗相處，一定覺得很奇怪吧？」他說。

「耳聾？」

「你們不知道牠耳聾？」

「不知道，我們還以為牠只是很笨。」

那時我們才知道，原來其中一隻狗終其一生一直以某種方式在告訴另一隻狗該做什麼。那隻聰明、聽得見的狗一直在幫助這隻呆瓜、耳聾的狗。

噗吠是我生命中的最愛，很美但很笨。我養大牠，我訓練牠上廁所，牠睡在我床上。狗是小孩最棒的玩伴，牠們就像有情感的腳踏車一樣。

噗吠可以做出各種把戲，牠可以跳得超級高，我的意思是，噗吠真的很會跳。我可以把食物高舉在我的頭頂上，牠會好像沒什麼大不了似的跳到我頭頂那麼高，飛起來搶。如果當年有 YouTube 的話，噗吠一定早就是大明星了。

噗吠也是個小混蛋。白天我們把狗關在院子裡，圍著院子的圍牆至少有五呎那麼高。過了一陣子，每天我們回家都看到噗吠坐在大門外等候，我們一直很不解，有人幫牠開大門嗎？這是怎麼回事？我們想都沒想過牠真的有辦法攀越五呎高的圍牆，但事實就是這樣。每天早上，噗吠會等我們離開，然後翻過圍牆，在社區裡四處遊晃。

有一天學校放假，我在家時親眼抓到牠離家。當時我媽已經出門去上班，我在客廳裡。噗吠不知道我在那裡，牠看到車子已經走了，就以為我也已經走了。我聽到小豹在院子裡叫，我往外看，就看到噗吠在那，攀登圍牆。牠縱身一跳，最後幾呎用腳亂蹦，然後就消失了。

我不敢相信居然有這種事，我從前門跑出去，抓起我的腳踏車，尾隨牠看牠去哪裡。牠走了很長一段路，穿過很多條街，到社區的另一頭。接著牠就跑到一戶人家那裡，跳過他們的圍牆，進入他們的庭院。牠在搞什麼鬼啊？我走到門口按電鈴。一個有色小孩來應門。

「有什麼事嗎？」他說。

「有。我的狗在你家院子裡。」

「你說什麼？」

「我的狗，牠在你家院子裡。」

噗吠走向前站在我們中間。

「噗吠，來！」我說：「我們走！」

這小孩看著噗吠，用另一個愚蠢的名字叫牠，斑斑或其他類似的鬼名字。

「斑斑，進去屋裡。」

「吼，吼，」我說：「斑斑？那是噗吠！」

「不，那是我的狗，斑斑。」

「不，那是噗吠，老兄。」

「不，這是斑斑。」

「牠怎麼可能是斑斑呢？牠根本連斑點都沒有，你根本不知道你在講什麼。」

「這是斑斑！」

「噗吠！」

「斑斑！」

「噗吠！」

當然，因為噗吠耳聾，所以不管叫牠「斑斑」或「噗吠」牠都不會有反應。牠就只是站在那裡。我開始對這個小孩破口大罵。

「把我的狗還給我！」

「我不知道你是誰，」他說：「但你最好給我滾。」

然後他跑進屋裡叫他媽，她就出來了。

「你要做什麼？」她說。

「那是我的狗！」

「那是我們的狗，走開。」

我開始哭：「為什麼你要偷我的狗?!」我轉向噗吠求牠：「噗吠，你為什麼要這樣對我?!為什麼？噗吠?!為什麼?!」我對牠大叫，我求牠過來。然而，噗吠對我的乞求，還有其他的一切，都充耳不聞。

我跳上我的腳踏車衝回家，淚水流下我的臉頰。我很愛噗吠，養了牠那麼久，與牠度過那麼多夜晚之後，居然看到牠跟別的男孩在一起，表現得好像牠完全不認識我一樣，這讓我心碎了。

那天晚上噗吠沒有回家。因為另外那戶人家以為我要來偷他們的狗，所以決定把牠關在家裡，因此牠沒有辦法像平常一樣回到家在圍牆外等我們。我媽回到家時，我滿臉淚水，告訴她噗吠被綁架了。我們回去找那戶人家理論，我媽按了門鈴跟那位小孩的媽媽對質。

「聽著，這是我們的狗。」

這女士當著我媽的面說謊：「這不是你們的狗，是我們買的。」

「你們才沒有花錢買這隻狗，牠是我們的狗。」

她們你一言我一語，這女人絲毫不讓步，所以我們就回家拿證據：我們跟狗一起照的照片、獸醫開的證明。我在整個過程中一直哭、一直哭，我媽都快對我失去耐心了：「別再哭了！我們會把狗要回來！冷靜一點！」

我們搜集了所有文件再回到那戶人家，這次我們還帶了小豹一起去，牠也是證據的一部分。我媽把照片及獸醫證明給這女士看，她還是不肯把噗吠還給我們。我媽威脅要叫警察來，整件事越演越烈。最後我媽說：「好吧，不然我給妳一百塊蘭特。」

「成交。」那女士說。

我媽給了她錢，她就把噗吠帶出來。那個認為噗吠是斑斑的小男孩眼看著他媽媽賣掉了他的狗，換他開始哭了：「斑斑！不要！媽，妳不能把斑斑賣掉！」但我一點都不在乎，我只要噗吠回來。

噗吠一看到小豹就馬上跑過來，兩隻狗跟我們一起走路回家。回家的路上我還在哽咽，仍然感到很心碎；我媽沒時間容忍我的軟弱。

「你幹嘛還在哭？」

「因為噗吠也愛另一個男孩。」

「所以呢？為什麼這會讓你難過？那又沒有礙到你。噗吠在這裡，牠也仍然愛著你，牠還是你的狗，所以你就別想那麼多了。」

噗吠讓我第一次心碎，沒有人像噗吠一樣背叛過我，那對我來說是個寶貴的教訓。最難的是去承認噗吠其實並沒有不忠於我，而去跟那男孩在一起，牠僅僅只是活在當下、活得盡情。在我發現牠自己會白天出門以前，牠跟小男孩之間的關係一點都沒有影響到我，噗吠沒有任何惡意。

我相信噗吠是我的狗，但是那不是真的。噗吠是**一隻**狗，我是**一個**男孩，我們相處愉快，然後牠碰巧住在我家，就這樣。那個經驗塑造了我終生對感情的看法：你並不擁有你所愛的東西。我很幸運的在很小的年紀就學會這點。我有很多朋友，都成年了卻還是深陷在背叛情結中。他們會憤怒的來找我哭訴，說他們被戴綠帽或被欺騙，這種感覺我懂，我了解他們經歷的一切。我會跟他們一起坐下來，請他們喝杯酒，然後說：「朋友，讓我告訴你噗吠的故事。」

* * *

我二十四歲的時候，有一天我媽突然對我說：「你得去找找你的父親。」

「為什麼？」我問。那時候我跟他已經超過十年沒見了，原本我以為這輩子再也不會見到他了。

「因為他是你的一部分，」她說：「如果你不去找他，你就無法找到你自己。」

「我不需要他來定義我自己，」我說：「我知道我是誰。」

「這不是你知道你是誰的問題，是讓他知道你是誰、讓你知道他是誰的問題。太多人都在沒有父親的狀態下長大，以至於他們終其一生都對他們的父親及父親這個角色抱持著錯誤的幻想。你必須找到你的父親，你必須讓他看到你變成什麼樣的人，你必須完成你跟他之間的故事。」

8

羅伯特

我父親是個全然的謎。有關他的一生，太多的問題我至今仍完全不知道答案。

他在哪裡長大？可能瑞士某處。

他就讀哪所大學？我不知道他有沒有讀過大學。

他怎麼會來到南非？我完全沒概念。

我從沒見過我在瑞士的祖父母，我不知道他們的名字，或任何與他們相關的事。我知道我父親還有個姊姊，但是我也從沒有見過她。我知道他在七〇年代末期來到南非以前，曾有一陣子在蒙特羅及紐約當過主廚。我知道他任職於一間食品工業公司，曾在幾個地方經營過幾間酒吧及餐廳。大概就這樣。

我從來沒叫過他一聲「爸」，我也從不稱他「爹地」或「父親」，我不能這麼叫他。我被交代不能這麼做，如果我們在公共場合或任何地方，讓別人聽到我叫他「爸」，他們可能會起疑心或叫警察。所以在我的記憶當中，我總是稱呼他羅伯特。

雖然我不知道他在我出生以前的人生，但是多虧了我媽，還有我與他相處的時光，讓我對他的為人略知一二。他很瑞士作風，愛乾淨、很有原則而且嚴謹細心。他是我認識唯一一個住飯店在退房時，房間會收拾得比進房時還乾淨的人。他不喜歡被人伺候，沒有僕人、沒有管家，自行保持乾淨。他喜歡自己的空間，住在自己的世界裡，做自己的大小事。

我知道他終生未婚，他曾說大部分的人結婚是因為想掌控另一個人，而他從來都不想被掌控。我知道他熱愛旅遊，熱愛社交娛樂，喜歡邀人來家裡坐。但同時他的隱私也是他最重視的事，不論他住在哪裡，他從來都不在電話簿上登記。我很確定如果不是因為他這麼神祕，我爸媽在一起的時候老早就被抓到了。我媽狂野又衝動，我爸謹慎又理智。她是火，他是冰。他們是異質相吸，而我是他們倆人的綜合體。

關於我爸，我很確定的一件事是，他痛恨種族歧視與同質性，勝過痛恨任何事，而且這不是因為他自我感覺良好，或是有道德優越感。他只是從來無法了解在南非的白人怎麼能有種族歧視。「非洲充滿了黑人，」他總是會這麼說：「如果你痛恨黑人，那你為什麼要大老遠跑來到非洲？如果你這麼痛恨黑人，為什麼要搬進他們的家？」對他來說這邏輯完全講不通。

因為我爸不認同種族歧視，所以他從來都不甩種族隔離制度的規定。八〇年代早期，我出生以前，他在約翰尼斯堡開了一家首開先例的混種族餐廳，一間牛排館。他申請了一種可以同時做黑人及白人客人生意的特別執照。會有這種執照存在，是因為有些旅館及餐廳必須服務黑人旅客及外國外交人員，因為這些外來人士理論上不與南非黑人受同樣的限制。於是南非有錢的黑人就利用這個漏洞，經常光顧那些旅館及餐廳。

我爸的餐廳馬上大紅特紅。黑人來光顧，因為他們能用餐的高級餐廳不多，他們想要坐在一個上等的餐廳，看看那是什麼滋味。白人來光顧，因為他們想要體驗看看跟黑人同起同坐是什麼感覺。白人會坐在那看著黑人用餐，而黑人會坐在那用餐，一邊看著白人看他們用餐。共處一室的好奇心勝過了隔離的仇恨，這家餐廳就這樣經營出很棒的氣氛。

後來餐廳之所以關門，是因為社區裡有些人看不下去遂開始抱怨。他們提出陳情書，政府開始想方設法要讓我爸關門。一開始有視察人員來，要挑我爸違反清潔健康法規的毛病，但很顯然他們從沒聽說過瑞士人愛乾淨的名聲，他們一敗塗地，什麼毛病都找不到。接著他們決定要加諸額外、不合理的規定來找他麻煩。

「既然你有執照，你就可以繼續營業，」他們說：「但是你必須為每個不同種族類別的人設置不同的洗手間。你必須要有白人廁所、黑人廁所、有色人廁所、還有印度人廁所。」

「但是這樣一來，整間餐廳除了廁所之外就什麼都沒有了。」

「如果你不想這麼做，另一個選擇就是把它轉型成一間正常的餐廳，只做白人生意。」

我爸就把餐廳給關了。

種族隔離制度結束後，我爸從希爾布搬到優歐維爾，那裡之前是個安靜的住宅區，後來搖身一變成為黑人、白人及各色人種混居的地方，是充滿新興活力的大熔爐。從奈及利亞、迦納等非洲其他國家的移民湧進南非，帶來了不一樣的食物及精彩的音樂。洛基街是最繁華的街道，人行道上擠滿了攤販、餐廳與酒吧。那裡充滿了各種文化互相碰撞的火花。

我爸住在離洛基路僅兩個街口的地方，在優歐路上，就在一個超棒的公園旁邊，我很愛去那個公園，因為來自各種種族、不同國家的小孩全都會在那邊奔跑玩耍。我爸的房子很簡單，很舒適，但是並不豪華。我覺得我爸應該有足夠的錢可以舒服度日並四處旅遊，但是他買東西從不浪費。他非常節儉，是那種一輛車可以開二十年的傢伙。

我爸跟我的生活是按表操課。我每個星期日下午會去找他。雖然種族隔離制度已經結束了，但是我媽已經下定決心——她不想結婚。所以我們住我們家，他住他家。我跟我媽達成協議，如果我早上跟她一起上混種族教堂跟白人教堂，那結束之後我就可以不去黑人教堂而去找我爸。在他家，我們可以不驅散惡靈，而是看一級方程式賽車。

每年我都跟我爸一起慶祝我的生日，我們也和他一起過耶誕節。我很愛跟我爸一起過耶誕節，因為我爸過的是歐洲式的耶誕節，歐式耶誕節是最棒的耶誕節。他會大肆慶祝，有耶誕燈泡跟耶誕樹，有假雪、雪花球，跟吊在火爐上的耶誕襪，還有許多耶誕老公公送的、包裝精美的禮物。非洲的耶誕節比較實際。我們會上教堂、回家、吃一頓有大魚大肉及很多卡士達果凍的大餐，但是不會有耶誕樹。你會收到一份禮物，但那通常是些衣服，一套新衣服；你可能會收到一個玩具，但是那不會包裝精美，也從不是耶誕老公公送的。就非洲耶誕節來說，耶誕老公公這個概念非常受到爭議，這是面子問題。當一個非洲父親買給他小孩禮物的時候，他最不可能做的就是把功勞歸給一個胖不溜丟的白人。一個非洲老爸會直接了當告訴你：「不，不，不。那是我買給你的。」

除了生日及特殊節日之外，我們僅有的相處時間的就是星期日下午。他會煮飯給我吃，他會問我想吃什麼，而我總是要求一模一樣的餐點，一道叫 Rösti 的德國菜，基本上就是用馬鈴薯及一些肉做成的薄煎餅，再淋上點肉汁。我會吃這道菜配一罐雪碧，點心則是一個塑膠碗上面覆蓋著焦糖的牛奶布丁。

那些下午，大部分時間都在沉默中度過。我爸話不多，他很關心我也很愛我，並且很注重小地方，生日時總是會給我卡片，我去找他時總是有我最愛的食物跟玩具。但同時他也是一本闔起的書。我們會聊他在煮的食物、聊我們看的一級方程式賽車。三不五時他會透露一些片段資訊，關於他曾去過的地方，或他的牛排餐廳，但僅此為止。跟我爸在一起就好像看網路劇一樣，我只能用幾分鐘一點一滴拼湊些資訊，然後就得等一個禮拜再看下一集。

我十三歲的時候，我爸搬到開普敦，我們從此失聯。那時候我們因為幾個原因失聯了好一段時間。我進入青春期，要面對一個嶄新的世界，把時間花在電動玩具跟電腦上比花在我父母身上重要。並且，我媽那時已經嫁給亞柏，他對於我媽還跟舊愛有聯絡非常火大，所以她決定不要考驗他的脾氣，這樣對大家都比較好。我從每個星期日去找我爸，變成每兩個星期日才去一次，或每個月才去一次，端看我媽什麼時候能將我偷渡過去，就像以前在希爾布一樣。我們從生活在種族隔離制度下，變成生活在另一種暴政之下，一個會動手打人的酒鬼暴政。

同一時期，優歐維爾已經開始出現白人遷移潮，城鎮出現疏於維護等整體性的衰落。我爸大部分的德國朋友都已經搬去開普敦，如果他跟我見不到面，他也沒有留下來的理由，於是他就搬走了。他的離開並沒有讓我很傷心，因為我從來沒想過我們會就此失聯，再也見不到彼此。在我心裡，我只是想**爸要搬到開普敦去一下。隨他啦。**

然後他就走了。我則繼續忙於我的生活、度過了高中、度過了我二十出頭歲的歲月、成為一個喜劇演員。我的事業起飛得很快——我拿到一個廣播DJ的工作，也在電視上主持一個兒童探險實境秀的節目，我是全國夜店競相邀請的王牌。但是即便我的事業越來越成功，一些有關我爸的問題還是一直在我心裡擱著，不時浮出檯面。

「我好奇他在哪裡？他會想到我嗎？他知道我在做什麼嗎？他以我為榮嗎？」當有父母在你生命中缺席時，你會陷入不確定的泥沼，很容易在那個缺席的空間中填滿負面的想法。「他們不在乎。」「他們很自私。」

我唯一的安慰是我媽從沒說過我爸半句壞話，她總是稱讚他。「你很會管錢，這遺傳自你爸。」「你笑起來跟你爸一樣。」「你像你爸一樣乾淨整齊。」我從來都不怨恨他，因為我媽確信我了解，他的缺席是時勢所逼，而不是他不愛我。

我媽總是告訴我，她從醫院回來時，我爸對她說：「我的孩子在哪？我希望那孩子參與我的生命。」她總是會告訴我：「永遠不要忘記——他選擇了你。」而且，在我二十四歲的時候，也是我媽要我去把我爸找出來。

因為我爸很神祕，要找到他是件很困難的事。我們沒有他的地址，他不列在電話簿裡。我從聯絡他的一些老朋友開始，那些在約翰尼斯堡的德國外籍人士，有個女士曾跟他某個朋友約會過，這個朋友認識一位知道他最後住所的人。但這些線索最後全都碰壁。後來我媽建議我聯絡瑞士大使館，「他們一定會知道他在哪裡，」她說：「因為他一定會跟他們保持聯繫。」

我寫信給瑞士大使館，問他們我爸在哪裡，但是因為我爸沒有列在我的出生證明上，我沒有任何證據他就是我的親生父親。大使館回信說他們無法提供我任何資訊，因為他們不知道我是他的誰。我試著打電話給他們，但也還是碰了軟釘子。

「聽著，小傢伙，」他們說：「我們幫不了你，我們是**瑞士**大使館。你難道不了解瑞士人嗎？我們是出了名的謹慎，在這方面一點都不馬虎，抱歉了。」我一直去糾纏他們，最後他們終於說：「好吧，我們會把你這封信收下來，如果你所說的那個男子是真有其人的話，我們或許會把你的信轉寄給他。如果沒有這樣的人，我們就不幫你轉。我們看看結果如何吧。」

幾個月之後，我在信箱裡收到一封回信：「很高興收到你的消息。你好嗎？愛你的，爸。」他給我他在開普敦的住址，他住在一個叫坎培灣的社區，幾個月之後我就南下去找他。

我永遠不會忘記那一天，那大概是我生命中最詭異的一天之一，去見一個我既認識又完全陌生的人。儘管我試著去回憶他是怎麼說話、怎麼笑、還有他的行為舉止，我對他的印象已經完全模糊了。我把車停在他那條街上，然後開始找他的門牌號碼。坎培灣住滿很多年紀稍長、半退休的白人，當我走在那條路上，這些白人都朝著我走過來走過去。那時候我爸已經快七十歲了，我很害怕我已經認不出他的長相。我看著每張從我身旁走過的年長白人的臉孔，心裡就會想「你是我爸嗎？」，看起來就像是在濱海退休社區中物色老男人一樣。最後我終於找到了他給我的住址，按了門鈴，他開門的那一瞬間，我就認出他來了。**嘿！就是你**——我這樣想。**就是你沒錯。你就是那個傢伙。我認識你。**

我們立刻一見如故，他對待我就像我十三歲時一樣。我爸是個墨守成規的人，所以他馬上就拾回過去的習慣。

「好！我們上次進行到哪裡？來吧，我有準備你最喜歡吃的東西：馬鈴薯薄煎餅、一罐雪碧、焦糖牛奶布丁。」幸好我的口味沒有比十三歲時成熟多少，所以我照單全收。

我在吃的時候，他站起來去拿出一本書，一本很大本的相簿，然後把它帶來到餐桌上。

「我都有在追蹤你。」他一邊打開相簿一邊說。那是一本集結我所有事跡的剪貼簿，提到我名字的每一則報紙文章、從雜誌封面到最小的夜店節目表、從我演藝事業的起始一直到上個禮拜的各種大小事。他帶著燦爛的笑容帶著我翻閱剪貼簿，一起看著那些大標題。

「崔佛．諾亞這星期六在藍調樂房。」

「崔佛．諾亞將主持新電視節目。」

我感到一股如洪水般的感動襲來，我用盡了力氣才忍住沒有哭出來。那感覺好像我生命中這十年的空缺在一瞬間補足了，好像我跟他才只有一天沒見而已。多年來我心中有這麼多疑問：他會想到我嗎？他知道我在做什麼嗎？他以我為榮嗎？原來事實上他一直陪在我身邊，他一直以我為榮。雖然我們因時勢所逼分開了，但他永遠是我爸。

我離開他家時，心裡更踏實了一步。看到他，讓我重新確定他認定了我，他選擇我參與他的生命，他選擇回我的信，我是他想要的。認定一個人，是你能給他最好的禮物。

我們重新聯絡上之後，我燃起了一股衝動，想彌補我們錯過的這幾年光陰，我認為要彌補我們之前失聯的遺憾，最好的方法就是訪問他。但我很快就發現這是個錯誤的決定。一個訪問通常會給你事實與資訊，但是我真正要的並不是事實與資訊，我要的是一種連結，訪問並不是連結。連結是在沉默中滋長的，你花時間與人相處，你觀察他們、與他們互動，然後你才會了解他們——這就是種族隔離制度從我們身上所剝奪的「相處的時間」。你無法靠訪問彌補這些時間，但我到後來才明白這點。

我那時計劃南下去跟我爸住幾天，我把這次去找他的任務定位為：這個週末我要摸清我爸這個人。我從一抵達就開始問他各種問題：「你從哪裡來？你去哪裡上學？你為什麼做這件事？你如何做那件事？」他看起來明顯不悅。

「你這是在做什麼？」他說：「你為什麼拷問我？現在是怎麼回事？」

「我想要了解你。」

「你都是這樣了解人的嗎？拷問他們？」

「呃……也不是。」

「所以你都是怎樣了解一個人？」

「我也不知道。花時間跟他們相處吧，我猜。」

「好。那就花時間跟我相處，看看你可以了解我多少。」

所以我們就相處了整個週末。我們一起吃晚餐聊政治，一起看一級方程式賽車聊體育，一起安靜坐在他家後院聽貓王的老唱片。整個週末他對自己隻字不提。最後，當我打包準備離開時，他走過來坐下。

「所以，」他說：「從我們一起相處的時光，你會說你了解到了你爸什麼事？」

「什麼都沒有。我只了解到你是個非常神祕的人。」

「看吧？你已經開始了解我了。」

Part — 2

第二部

＊＊＊

三百多年前，當荷蘭殖民者在非洲南端靠岸時，他們遇上了一群被稱作科伊桑人的原住民族群。科伊桑人就像是南非的美洲原住民，一支已經消失的叢林土著族群，他們是遊牧的採集狩獵者，與膚色較黑的班圖語系人不同；班圖語系人是後來才往南遷移變成南非現代的祖魯人、科薩人與索托人。白人殖民者在開普敦定居時，沒忘了跟科伊桑女人相好，於是南非第一批混血兒就這麼誕生了。

為了要提供殖民者農場上工作的人力，荷蘭帝國很快的把黑奴從四面八方的殖民地運來南非，從西非、馬達加斯加、及東印度群島等。黑奴與科伊桑人聯姻，白人殖民者也參一腳盡情享樂，漸漸的科伊桑人就在南非消失了。雖然大部分科伊桑人死於疾病、饑荒及戰爭，但存活下來的科伊桑人的血脈也因不斷與異族繁衍而稀釋殆盡，他們與白人及黑奴的後代混合產生一個全新的族群：有色人。有色人是混種，徹底的大混合。有些人較白，有些人較黑，有些人有亞洲特徵，有些人有白人特徵，有些人有黑人特徵。有色男人跟有色女人生出完全不像父母任何一方的小孩是很常見的事。

有色人天生的詛咒是，他們身上沒有任何一個能清楚定義的先祖脈絡。如果他們追溯他們的血統夠遠的話，在某個地方，就會分岔為白人、原住民、以及錯綜複雜的「其他」。因為他們的原住民之母已不復存在，他們最強的盟友一直都是他們的白人父親，南非白人。大部分的有色人不會講非洲土語，他們說南非話。他們的宗教、機構，所有建構他們文化的東西都來自南非白人。

從這個方面來看，南非有色人的歷史可以說比南非黑人的歷史還慘。黑人雖然遭受大量苦難，但他們知道自己是誰，而有色人卻不知道。

9 桑樹

在伊登公園我們住的那條街走到底，就在路最上頭一個轉彎處，有一棵高大的桑樹從某戶人家的前院長出來。每年它結果時，附近小孩就會去樹上摘果子，吃到撐以後還會打包帶回家。小孩們會一整天都在樹下玩，而我都是自己一個人玩，因為我在伊登公園沒有朋友。

不管我們住在哪，我都是個怪咖。在希爾布，我們住在一個白人區，沒有人長得像我一樣。在索維托，我們住在黑人區，也沒有人長得像我一樣。伊登公園是個有色人區，在伊登公園，每個人都長得像我一樣，但是我們實際上差了十萬八千里，這是我所經歷過最嚴重的精神錯亂。

我遇過最難處理的事，就是成長期間所有的有色人對我的敵意，這讓我明白，做一個外來的局內人，比做一個內部的局外人來得容易。如果有一個白人想要沉浸在嘻哈音樂中，只想跟黑人往來，黑人會說：「太酷了，白小子，盡情享受吧。」如果有個黑人想要隱藏他的黑皮膚去跟白人住在一起，打很多高爾夫球，白人會說：「不錯啊，我喜歡布萊恩，他不危險。」但你試試看做一個沉浸在白人文化，卻仍在住在黑人區的黑人；試試看做一個接受黑人文化洗禮，卻仍住在白人區的白人。你會面對比你所能想像到的更多的仇恨、嘲笑與排斥。如果人們視你為想要被他們世界同化的外人，他們會接受你，但是當他們視你為想否認這個族群的同族人時，這是他們永遠不會原諒的事。這就是我在伊登公園所面臨的情況。

開始實施種族隔離制度時，有色人很難被定位，所以這個系統就非常聰明的利用他們來種下疑慮、仇恨與不信任。就國家的制度來說，有色人成了類白人。他們是二等公民，不能享有白人的權利，但是被給予黑人所沒有的特權，讓他們甘願做老二。南非白人以前曾叫他們amperbaas——「小老闆」類主子。

「你幾乎快達到目標了。你很接近。你離當白人已經很近了。真懊惱你祖父沒辦法控制不去碰黑巧克力女人，對吧？但是你身為有色人不是你的錯，繼續努力。因為如果你夠努力的話，你可以把你血脈中的黑汙抹滅掉。繼續跟膚色較淡較白的人通婚，不要去碰巧克力，這樣或許，或許，有一天，如果你走狗運的話，你可以變成白人。」

這聽起來很荒謬，但是真的有可能發生。在種族隔離制度下，每年都有一些有色人可以升級成為白人。這不是迷思，是事實，民眾可以向政府提出申請。你的頭髮可能夠直了、你的皮膚可能顏色夠淡了、你的口音可能變得夠優雅了——這樣你就可以被重新歸類為白人。你只需要背棄你的族人、背棄你的歷史、把你深膚色的朋友跟家人拋在腦後。

種族隔離制度中對「白人」的法律界定是「一個在外表明顯是白人，通常不會被認定是有色人的人；或是一個通常被認定是白人，雖然外表並不明顯是白人的人」。也就是說，這完全是見仁見智的，這也就是為什麼政府會想出鉛筆測試這個鬼東西。如果你申請變成白人，他們就會用一支鉛筆插進你的頭髮。如果鉛筆滑下來，你就是白人；如果它卡住，你就是有色人。政府說你是什麼人你就是什麼人，有時候這僅僅取決於一個檢視你五官的單一官員，做出的一個匆促決定。看你的顴骨有多高、鼻翼有多寬，他就會去勾選一個他認為合理的種族選項，自此判定你可以住哪裡，你可以與誰通婚，你可以從事什麼工作，享有什麼權利與特權。

有色人也不是只能升級白人階級，有時候有色人會變成印度人，有時候印度人會變有色人，有時候黑人會升級為有色人，有時候有色人會被降級為黑人。當然白人也有可能被降級為有色人，這就是重點。那些雜混的血脈總是蓄勢待發，等待機會出頭，有可能失去白人地位的恐懼讓白人不敢亂來。如果兩個白人雙親生出政府認定膚色太黑的小孩，即使雙親出示證明他們是白人，小孩還是會被歸類成有色人。這一家人就必須做出抉擇：他們要放棄白人地位，全家搬去有色人區做有色人？還是他們一家要分隔兩地，媽媽帶著有色孩子去住在有色人貧民區，而爸爸保有他的白人地位來賺錢撫養他們？

很多有色人活在這樣的難局之中，那真是人間煉獄，他們總是渴望那個不承認他們的白人父親，也因此他們對自己人極度互相歧視。有色人最常用來罵人的話是boseman——「土人」、「很土」。因為這點出了對方的黑膚色與沒文化水準，要汙辱一個有色人最有效的方法，就是點出他們的黑人血統。種族隔離制度最陰險的一招，就是讓有色人被認定是黑人，把他們拖下水。種族隔離制度告訴他們，有色人之所以不能享有老大地位，完全是因為黑人有可能會假裝為有色人，然後偷溜進白人的階級大門，享受白人的優勢。

這就是種族隔離制度的策略：他們讓每個族群相信，都是因為另一個族群才讓他們被拒於一等階層門外。這就好像守門的圍事告訴你：「我們不能讓你進去，因為你朋友達倫還有他那雙超醜的鞋子。」

於是你看著達倫說：「去你的，黑鬼達倫，都是你把我拖下水。」

然後當達倫走上前時，圍事說：「不，其實是你的朋友西崔還有他那頭奇怪的頭髮。」

所以達倫說：「去你的，西崔，」而搞得每個人都痛恨彼此。但事實是，這群人原本就沒有任何一個人能進得了上層社會。

有色人其實命運多舛。試想：你長期被洗腦，相信你的血統被汙染，你花了大半輩子時間將自己同化成白人、渴望成為白人。然後，正當你以為快要成功的時候，殺出一個叫尼爾森．曼德拉的該死傢伙，把這國家整個翻轉。現在終點變成了以前的起點，現在黑人才是王道，黑人當家，黑人才是美，黑人才是力量。好幾世紀以來，有色人都被灌輸：黑人是猴子，不要跟他們一樣在樹上擺盪，學白人好好挺直走路。然後突然之間，上演了決戰猩球，現在猴子全面接管政府。

所以你可以想像，我的處境有多詭異。我是混血兒，但不是有色人——我的膚色是有色人的膚色，但文化不是。因為如此，我被視為一個不想成為有色人的有色人。在伊登公園，我遇過兩種有色人。有些有色人因為我的黑人血統痛恨我。我是捲髮，我以我的黑人頭為榮，我會說非洲土話，而且很愛說。有些人聽到我說科薩話或祖魯話，他們就會說：「Wat is jy? 'n Boesman?」（你是什麼鬼啊，土人嗎？）

你怎麼會想當黑人呢？你為什麼要說那種彈舌的語言呢？看看你的膚色有多淺，你就快變成白人了，結果你卻這樣放棄大好機會。

另一種有色人是因為我的白人血統痛恨我。雖然我自認是黑人，我卻有個白人父親。我就讀於一間英語私立學校，我在教會學會如何跟白人愉快共處。我會說流利的英文，而且我幾乎不說有色人應該使用的南非話。所以有色人認為我以為自己比他們優越，他們會嘲笑我的口音，好像我很假掰一樣。「Dink jy, jy is grênd?」（你以為你是上流階層啊？）——套句美國人說的話就是，高傲[10]。

甚至當我以為我終於被接受的時候，其實都是假象。有年夏天，有人送我一台全新的腳踏車。我表哥馬朗紀跟我在附近路上輪流騎，我騎在我們那條街上，有個漂亮的有色女孩跑出來，到路中間把我攔了下來。她微笑，甜甜的向我招手。

「嘿，」她說：「我可以騎騎看你的腳踏車嗎？」

我大吃一驚。**喔，哇，我心想，我交到朋友了。**

「好啊，當然好。」我說。

我下車讓她上車，她往前騎了大概二十到三十呎，突然有個年紀較大的小孩衝到路上，她停下來，下車，然後就換他上車把車騎走了。我還好高興終於有個女孩跟我說話，根本沒意識到他們已經聯手偷了我的腳踏車。我蹦蹦跳跳的微笑著跑回家，我表哥問我腳踏車在哪，我就把經過告訴他。

「崔佛，你被搶了啊，」他說：「你怎麼沒有追過去？」

「我以為他們是好人啊，我還以為我交到朋友了。」

馬朗紀年紀比我稍長，是我的守護神。他跑過去找那兩個小孩，三十分鐘後就把我的腳踏車牽回來了。

---

10 原文用的是美語用字 uppity，指某人高傲自大。

像這類的事很常發生，我一天到晚都被霸凌。在桑樹下發生的那件事大概是最嚴重的一次。一天下午，我像往常一樣自己玩耍，在社區裡跑來跑去。有一群大概五、六個有色人的男孩，在桑樹那邊採果實吃，我也跑過去採果實帶回家吃。那些男孩比我大幾歲，約莫十二、十三歲，他們沒跟我說話，我也沒跟他們說話。他們彼此用南非話交談，我聽得懂他們在說什麼。突然其中一個小孩，他們的頭頭，走過來。

「Mag ek jou moerbeie sien?」（我可以看你的桑椹嗎？）我第一個念頭，跟上次一樣，對，**喔，太酷了。我交到朋友了。**我張開手心讓他看我採的桑椹，他就把它們從我手中打掉，在地上踩爛，其他小孩開始大笑。我站在那裡，看著他一會兒，那時我已經習慣被霸凌到臉皮很厚了，所以我聳聳肩，繼續採果子。

很顯然，這小孩沒有得到他想要的反應，所以他就開始罵我：「Fok weg, jou onnosele **Boesman!**」（你給我滾開！走開，你這白痴土包子！土人！）我不理他，繼續做我的事。接著就在我後腦勺上感覺到「**啪！**」的一聲，他居然用桑椹丟我。我不覺得痛，只是很震驚。我轉過頭去看他，然後，「**啪！**」他又丟了我一次，這次正中我的臉。

一瞬間，在我都還沒來得及反應以前，全部的小孩開始拿果實丟我，把我打得像豬頭一樣。有些還沒成熟的果實打起來像石頭一樣。我設法用手遮住臉，但是砲彈從四面八方朝我襲擊。他們一邊笑，一邊丟我，一邊辱罵我：「土包子！土人！」

我害怕極了，這場攻擊突來乍至，我不知道該怎麼辦。我開始哭，拔腿就跑，我沒命的跑，一路跑回家。

當我進門的時候，我看起來就像被打爆一樣，因為我眼睛哭腫了，全身還流著紅紫色的桑椹汁。我媽看著我，嚇壞了。

「發生了什麼事？」

我一邊哭一邊把事情經過告訴她：「有一群小孩……桑樹……他們朝我丟果實……」

我講完，她竟然開始大笑。

「這一點都不好笑！」我說。

「不，不，崔佛，」她說：「我不是因為這件事好笑才笑的，我是因為鬆了一口氣才笑出來。我以為你被海扁了一頓呢，以為這全是血，我笑原來這只是桑椹汁。」

我媽覺得天底下的事都很好笑。對她來說，沒有什麼太黑暗或是痛苦的事是不能幽默以對的。「往好處想，」她說，一邊笑一邊指著我沾滿深色桑椹汁的上半身：「現在你真的是半黑半白了。」

「**這一點都不好笑！**」

「崔佛，你沒事的，」她說：「去洗一洗。你沒有受傷，你只是心裡受委屈而已，但是你沒有受傷。」

半小時過後，亞柏出現了。那個時候，亞柏還只是我媽的男朋友。他其實沒有真正試圖想要成為我父親或甚至繼父，他比較像一個大哥哥，他會跟我開玩笑，跟我玩。我那時還不是很認識他這個人，但是有件事我知道，那就是他脾氣很不好。他心情好的時候，可以是萬人迷，超級好笑，但是天殺的他也可以很凶悍。因為他在黑人家園裡長大，在那裡要會打架才能活下去。亞柏個子很高大，大概六呎三吋，高高瘦瘦的。他那時還沒開始打我媽，也還沒開始打我，但是我知道他很危險，我親眼目睹過。如果有人在路上超我們的車，亞柏就會從車窗破口大罵。如果對方按喇叭回嘴的話，亞柏就會瞬間下車，走到他們的車那裡，從駕駛座的窗戶把這傢伙捉起來，朝著他大聲咆哮，握拳喊打。你會看到對方驚慌失措：「哇，哇，哇。抱歉，抱歉。」

亞柏那天晚上進家門時，他坐在沙發上，發現我剛哭過。

「發生什麼事？」他說。

我開始解釋，我媽卻打斷我。「別跟他說。」她知道亞柏會有什麼反應，她比我聰明多了。

「不要告訴我什麼？」亞柏說。

「沒什麼啦。」她說。

「什麼沒什麼？」我說。

她瞪我一眼：「不要告訴他。」

亞柏開始很焦躁：「到底是什麼？不要告訴我什麼？」

他那時已經開始酗酒，每次下班回家時都醉醺醺的，而且喝酒讓他的脾氣更糟糕。說也奇怪，在那個當下，我很清楚只要我講的事情戳中他的死穴，我就可以讓他出馬幫我出一口氣。我們已經幾乎是一家人了，我知道如果我讓他感覺他的家人被汙辱，他就會幫我去報復那些男孩。我知道他心裡住著一個惡魔，而且我痛恨它，亞柏一旦生氣起來，那個暴力又危險的樣子讓我害怕至極。但是在那個當下，我明確知道，我該說什麼來讓那個惡魔這次站在我這邊。

我把整件事告訴他：他們怎麼罵我、怎麼攻擊我。我媽不斷試圖緩頰，一笑置之，叫我不要在意。她說這只是小孩子鬧著玩，沒什麼大不了。她正在盡力滅火，但是我沒搞清楚狀況，我對她這樣子非常光火：「妳認為這只是個玩笑，但是這一點都不好笑！這一點都不好笑！」

亞柏沒有笑。當我告訴他那些惡霸的所作所為時，我可以看到怒氣正在他心中燃起。亞柏怒火中燒，但他沒有大聲咆哮或狂暴怒吼，沒有握緊拳頭。他坐在沙發上聽我說完，一句話都沒說。接著，他很平靜從容的站起來。

「帶我去找那些男孩，」他說。

這就對了，我心想，**就是這樣。大哥哥要幫我報仇了。**

我們坐進他的車開車上路，在距離桑樹還有幾戶人家之遙的地方停下來。除了街燈灑下的光線之外，現在已一片漆黑，但是我們可以看到那些男孩仍然在那裡，在樹下玩。我指出他們的首領：「那一個。是他帶頭的。」

亞柏猛踩油門，從草地上開過去直達桑樹底下，他跳下車，我跳下車。那些小孩一看到我，就知道大禍臨頭。他們分散四竄，奪命逃跑。

亞柏動作很快，老天爺，他真的很快。那個頭頭一溜煙快閃，試圖翻過一道牆。亞柏抓住他，把他拉下來，拖著他回到樹下。他從樹上折下一根樹枝，用這條樹鞭開始鞭打他。他把這男孩打得屁滾尿流，我高興極了，我從來沒有像享受那個時刻那麼享受任何事。報復真的是甜美的，它將你帶到心裡一個黑暗的角落，但是，天啊，它會滿足你的飢渴。

然後，突然在很詭異的一瞬間，一切都變了。我瞥見那男孩臉上恐懼的眼神，我才領悟到亞柏已經幫我報復過頭了，他並不是為了要給男孩一個教訓而打，他是為了打而打，他是個藉由打一名十二歲男孩來出氣的成年男子。一瞬間，我從「**這就對了，我終於報仇了，**」到「**不，不，不。這太過火了。太超過了。完蛋了。完蛋了。完蛋了。老天爺，我做了什麼？**」

這男孩被打得屁滾尿流之後，亞柏把他拖到車旁，扶著他站在我面前：「說對不起。」

這男孩嗚咽顫抖，他直視著我的眼睛，我從來沒有在一個人眼裡看過他的那種恐懼，他被一個陌生人毒打到一個前所未有的地步。他說了對不起，但是感覺他好像不是在為了欺負我的行為而道歉，而是為了他一生中所有幹過的壞事而道歉，因為他不知道居然會得到這麼嚴厲的懲罰。

看著那男孩的雙眼，我才驚覺到他跟我有多相像。他是個孩子，我也是個孩子；他在哭，我也在哭。他是個在南非長大的有色人男孩，他被教導如何仇恨他人和自己。是誰先霸凌了他才導致他要來欺負我？他讓我感受到恐懼，而我為了報復，把我自己的地獄加諸在他的世界中。我知道我做了一件很糟糕的事。

這個小孩道歉以後，亞柏把他推開，再踢他一腳：「滾開。」男孩跑走以後，我們一路沉默開車回家。回到家，亞柏跟我媽大吵了一架，她總是訓誡他的脾氣太大：「你不能四處揍別人的小孩！你又不是法律！滿身怒氣，你不能這樣過日子！」

幾小時後，這小孩的父親開車來我們家，找亞柏算帳。亞柏走去開門，我從家裡看著他，那時候亞柏已經醉到神智不清了。這男孩的父親根本不知道他的對手是什麼角色，他是個舉止溫和的中年男子。我對他沒有什麼印象，因為我全程一直盯著亞柏看，我沒有把眼睛從他身上移開過，我知道誰才是危險人物。

亞柏那時候還沒有槍，他是後來才買的，但是亞柏不需要槍，就可以讓你嚇破膽。我看著他走到這傢伙面前，我聽不到那男的說了什麼，但是我聽見亞柏說的話：「不要惹我，我會把你給殺了。」那傢伙很快就轉身，坐進車子裡快閃。他以為他可以來幫他家人討回公道，他離開時才知道他有保住一條小命就該感到慶幸了。

* * *

在我成長的過程中，我媽花了很多時間教我如何跟女性相處。她總是東給我上點課、西給我一些小叮嚀、小建議，從來不是全面性的，不是要正襟危坐聆聽的那種男女關係的長篇大論，比較像是一點一滴慢慢培養的觀念。我從來不了解為什麼她要教我這些，因為我只是個孩子，我生命中的女性就是我媽、我外婆還有我阿姨跟表姐，我對談戀愛也還沒有興趣，但是我媽很堅持，她會跟我談各式各樣的男女議題。

「崔佛，要記得男人的價值不取決於他賺多少錢。即使你賺的錢比你老婆少，你還是可以當一家之主。當一個真正的男人不是看你擁有什麼，而是看你的品行。你可以盡情展現男性雄風，但這並不代表你的女人就要不如於你。」

「崔佛，要確定你老婆是你生命中最重要的女人，不要成為那種讓老婆要去跟老媽相爭的男人。一個有老婆的男人就不能再聽從於他的母親。」

再怎麼微不足道的事，都能讓她開始說起教來。我可能只是在家，要走到我房間去時隨口說聲：「嘿，老媽。」但是頭沒抬起來看她，她就會說：「不行，崔佛！你看著我，你要正眼看我，讓我看到你知道我的存在，因為你怎麼對我，就會怎麼對你的老婆。女人喜歡被注意，過來正視我，讓我知道你有看到我。不要只有在你需要什麼東西的時候才看著我。」

但好笑的是，這些小教訓總是跟成人世界的男女關係有關，她一心一意要教我怎麼成為一個男人，卻從沒教過我怎麼當一個男孩，怎麼跟女生講話、怎麼在課堂上塞小紙條——這些都沒有。她只告訴我大人的事，她還會訓誡我男女間的性事，在我還小的時候，跟我講這些真的超尷尬的。

「崔佛，別忘了：你要先跟一個女人的內心做愛，然後才去跟她的陰道做愛。」

「崔佛，前戲在日常生活中就開始了，不是在臥房才開始的。」

我整個就是，「什麼？什麼是前戲？那到底是什麼意思？」

10 一個年輕男子漫長、彆扭、有時悲劇、經常丟臉的愛情必修課。

第一堂：情人節

那是我從瑪麗維爾轉到艾爾傑小學的第一年。情人節就快到了，我十二歲，從來沒有慶祝過情人節，我們在天主教學校不慶祝這個節日。但我了解情人節這個概念，那個沒穿衣服的嬰兒射你一箭，你就墜入愛河。那部分我懂，但這是我第一次真正得做點什麼來慶祝。艾爾傑小學利用情人節來募款，學校裡學童到處在賣花跟卡片，我還去問了一個朋友現在這是什麼情形。

「這是在做什麼？」我說：「我們要幹嘛？」

「噢，你知道的，」她說：「就是情人節。你選一個特別的人，去告訴她你愛她，然後他們也會說他們愛你。」

「**哇！這可不得了。**」我心想，但是我還沒有被丘比特的任何一枝箭射中，我也不認為有人默默在喜歡我，我整個毫無頭緒。一整個禮拜，學校裡的女生都一直在討論：「誰是你的情人？誰是你的情人？」我不知道我該怎麼辦。終於其中一個女孩，一個白人女生，說：「你應該去問問梅琳。」所有的小孩都異口同聲贊成：「對，梅琳。你真的應該去問梅琳。你必須去問梅琳。你們兩個天生一對。」

梅琳是跟我一起走路回家的隊友。我們一家住在城裡，我、我媽，還有已經變成我繼父的亞柏，以及我剛出生的小弟，安德魯。我們把在伊登公園的房子賣掉，去投資亞柏的新修車廠，結果生意失敗，所以我們就搬到一個叫海蘭諾的社區，距離艾爾傑小學走路要三十分鐘。每天下午我們有一群人會一起離開學校，抵達每個人的家附近時，小孩就一個一個離隊走回家。梅琳和我住得最遠，所以我們總是最後剩下的那兩個。我們會一起走到該走的地方，然後分道回家。

梅琳很酷，她很會打網球，很聰明，又漂亮。我喜歡她，但我沒有瘋狂愛上她，我其實根本就還沒對女生有那種感覺，我只是喜歡跟她相處。梅琳也是學校裡唯一一個有色女孩，而我是學校裡唯一一個混血兒，我們是唯一兩個長得相像的人。我的白人女生朋友堅持我應該去找梅琳來當我的情人，她們這樣說：「崔佛，你一定要去約她。學校裡就只有你們兩個，這是你的責任。」說得好像如果我們不交配繁衍的話，我們這個物種就會消失一樣。我後來才了解，這是白人不加思索的種族繁衍邏輯：「你們兩個看起來很像，所以我們一定要安排你們做愛。」

老實說我從沒想過要向梅琳告白，但是當其他女生提出來時，就好像有人在你腦袋裡種下一個想法一樣，從此就改變了你的思維。

「梅琳對你很有意思。」

「有嗎？」

「有啊，你們兩個超速配。」

「真的嗎？」

「百分之百。」

「嗯，好吧。如果你這麼說的話。」

我猜我喜歡梅琳，就像我喜歡每個人一樣，其中有很大的成分是我喜歡被喜歡的感覺。我決定要問她願不願意當我的情人，但是我不知道該怎麼表白，我對於交女朋友一點概念都沒有，我得學一套校園愛情公式。

有個潛規則是其實你不需要直接去跟本人表白，你有你的朋友圈，她有她的朋友圈，然後你的朋友會去她的朋友那裡說：「好了，崔佛喜歡梅琳，他想要她當他的情人。我們很贊同，我們想得到你們的正式同意。」

她的朋友說：「知道了，好主意。我們去問問梅琳。」他們就去找梅琳，他們商議好，告訴她他們的想法：「崔佛說他喜歡妳。我們贊成，我們覺得你們兩個很速配，妳說呢？」

梅琳說：「我喜歡崔佛。」

他們說：「太好了，那我們進行下一步。」最後向我們回報：「梅琳說她同意，她會等待崔佛展開情人節行動。」

我的女性朋友告訴我程序就是要這樣跑。我說：「太酷了，我們就行動吧。」雙方朋友搓搓湯圓，梅琳也同意了，一切就只欠東風。

情人節前一個禮拜，梅琳和我一起走路回家，我一路準備要鼓起勇氣跟她表白。我很緊張，我從來沒幹過這種事，雖然我已經知道答案了——她的朋友跟我說她會答應。這就好像國會一樣，在你表決以前，你早就知道你有幾票，但是這瞬間還是很難熬，因為什麼事都有可能發生。我不知道該怎麼表白，我只知道我希望一切進行得很完美，所以我一直等到我們站在麥當勞前。我才鼓足了所有的勇氣轉向她。

「嘿，情人節快到了，我在想，妳願不願意當我的情人？」

「好，我願意當你的情人。」

然後，就在金色拱門之下，我們接吻了。那是我的初吻，只是親啄一下，我們的嘴唇只互相碰觸了幾秒鐘，但是那就讓我的頭整個爆炸了。**對！噢，對。就是這個。我不知道這是什麼，但是我喜歡。**某個東西被喚醒了，而且那吻就在麥當勞外發生，所以更加別具意義。

當場我真的超興奮！我有情人了，我有女朋友了。我整個禮拜都在想梅琳，我用盡所能給她一個難忘的情人節。我把零用錢都存起來，給她買了花、泰迪熊及卡片。我在卡片上用她的名字寫了一首詩，這首詩超難寫的，因為沒有什麼好字跟梅琳押韻（機械？溪谷？沙丁魚？[11]）。接著那個大日子就到了。我拿出我的情人節卡片跟花跟泰迪熊，把它們準備好帶到學校去。我是地球上最快樂的男孩。

老師把放學前的那堂課空下來，讓大家交換情人節禮物。我們教室外有一條走廊，我知道梅琳會來這裡，所以我就在那裡等她。在我的周遭處處可見愛情在綻放：男孩和女孩交換卡片跟禮物，一邊笑鬧一邊傻笑一邊偷親吻。我等了又等，終於梅琳出現了走到我身旁。我正要說「情人節快樂！」的時候，她打斷我說：「喔，嗨，崔佛。呃，聽著，我沒辦法再做你的女朋友了。羅倫佐也問我要不要當他的情人，我不能同時有兩個男朋友，所以我現在是他女朋友，不是你的了。」

她一臉公式化的說這件事，我完全不知道該如何反應。這是我第一次交女朋友，所以一開始我只是想——**呃，這大概又是程序的一部分。**

11 梅琳英文原名為 Maylene，所以崔佛想了這幾個字尾音與「in」音押韻的字：機械（machine）、溪谷（ravine）、沙丁魚（sardine）。

「喔，好啊，」我說：「那，呃……情人節快樂。」

我把卡片和花和泰迪熊拿出來。她收下來，說了聲謝謝，然後就走了。

我感覺有如有人拿了槍朝我全身各個部位掃射一樣。但同時，有部分的我說：「看吧，這很合理。」羅倫佐具備所有我沒有的優勢，他很受歡迎，他是白人。他去邀全校唯一的有色女孩當他的女朋友，其實破壞了整個生態平衡。女生們都很愛他，但是他笨得像石頭一樣。他是個好人，但是有點吊兒啷噹。女生都會幫他寫回家功課，他就是那種傢伙。他也真的很帥，就好像當他在型塑人格的時候，把他全部的智力積分都拿來交換外貌積分一樣。我一點勝算都沒有。

雖然我悲痛欲絕，但是我了解梅琳為什麼做這樣的選擇。換作是我，我也會選羅倫佐。其他的小孩都在走廊上跟操場上跑來跑去，拿著他們的紅紅粉粉的卡片和花又笑又鬧。我走回教室，獨自坐在座位上，等待鐘響。

＊＊＊

車子的汽油，就像食物一樣，是我們無法避免的開銷，但是從一油箱的汽油中，我媽可以比汽車歷史上任何一個駕駛都榨出更多的行車里程數。她深諳各種撇步。在約翰尼斯堡開著我們那輛生鏽的老福斯汽車時，每次遇到紅燈，她就會把車熄火，等綠燈的時候再發動車子。現在裝在油電車上的怠速熄火系統？那就是我媽，在油電車發明以前她就已經是油電車了。她是滑行的專家，她熟知從辦公室到學校、從學校到家裡之間的每個下坡，她知道坡度從哪裡開始改變可以開始打空檔，她會抓好紅綠燈的時間，讓我們可以一路滑行到十字路口不用煞車也不會失去動力。

有好幾次我們卡在車陣中時，因為我們沒錢買汽油，我就得要下來推車。如果我們遇到交通大堵塞，我媽就會乾脆熄火，而我的工作就是下車一次往前推六吋，有些好心人會上前來說要幫忙。

「你們車拋錨了嗎？」

「沒有，我們沒事。」

「確定嗎？」

「確定。」

「我能幫忙嗎？」

「不用。」

「你需要叫拖吊車嗎？」

你能說什麼呢？實話嗎？「謝謝，但我們只是太窮，所以我媽只好叫她的小孩去推車？」

那是我一生中最尷尬的事，像個該死的摩登原始人一樣推車去上學。因為學校其他小孩也是走同一條路去上學，我會把我的學校外套脫掉，這樣別人就看不出來我是上哪間學校，而且我會把頭埋起來推車，希望這樣就沒有人認得出我來。

11 局外人

在艾爾傑念完小學後，我在薩瑞罕高中開始念八年級。即使在種族隔離制度垮台之後，大部分黑人還是住在黑人區，以及先前被政府規劃成黑人家園的區域。在這些地方唯一可讀的公立學校，是之前班圖學校系統瓦解後所殘存下來的破爛學校。有錢的白人小孩，還有少數有錢或能拿到獎學金的黑人、有色人及印度人——都集中在私立學校。那些私立學校超級昂貴，但是基本上就是進大學的保證。薩瑞罕是我們所稱的C模式學校，意思就是它是公立跟私立學校的綜合體，有點像美國的特許學校[12]。我們校區很大，一千個學生在寬廣的校地上，有網球場、各種球場還有游泳池。

因為它是一個C模式學校，而不是公立學校，薩瑞罕吸引了各種層級的學生，使它成為後種族隔離的南非一個近幾完美的縮影——完美呈現南非轉型的潛力。我們有富裕的白人小孩、一堆中產階級的白人小孩，以及一些工人階級的白人小孩；我們有新興致富的黑

12 Charter schools，是美國一種公辦民營的學校，由各州政府立法通過，允許非營利的教育團體或組織經營接受公家資金的學校。

人小孩、中產階級的黑人小孩，以及從貧民區來的黑人小孩；我們有有色人小孩跟印度小孩，甚至還有好幾個中國小孩。雖然種族隔離制度才剛結束不久，我們學校的學生已經融合相處得很不錯。在艾爾傑小學，不同種族分割成為不同的團體區塊。在薩瑞罕則比較像是一種色譜。

南非的學校沒有餐廳。在薩瑞罕，我們是去類似福利社的地方買午餐，一間小小的販賣部，然後可以隨心所欲的在校地內任何地方用餐——中庭、庭院、操場等都可以。小孩們會分散開來，去跟他們自己的小團體聚在一起。大部分還是同膚色的聚在一起，但是你可以看到這些團體彼此混合交疊變成彼此。踢足球的大部分都是黑人，打網球的大部分都是白人，打板球的什麼人都有。中國小孩會聚在組合屋旁，考大生——南非人是這麼稱呼高年級學生——會聚在中庭。那些受歡迎的漂亮女孩會聚在這邊、電腦高手會聚在那邊。成群結黨之所以反應種族，是因為種族界線也是真實世界中階級與地域的界線。郊區小孩跟郊區小孩混在一起，貧民區小孩跟貧民區小孩混在一起。

下課的時候，身為一千個學童中唯一一個混血兒，我面臨到在艾爾傑小學操場上同樣的困境：我應該去哪裡？雖然有這麼多不同的團體可以選擇，我仍然不是任何一個團體的當然成員。我很顯然不是印度人或中國人。有色人小孩會一天到晚說我舉止太像黑人而找我麻煩，所以我在那團體中並不受歡迎。一直以來，我都善於跟白人小孩相處不致於受他們欺負，但是白人小孩總是在逛街、看電影、度假——那些需要錢的活動。我們沒有錢，所以我在那裡也很難混。最讓我覺得是自己人的是貧窮黑人小孩。我跟他們混在一起，也相處得很好，但是他們大部分的人都是從很遠的貧民區坐小巴來上學，從索維托、坦畢莎、亞利山卓。他們是一起搭車來上學的朋友，也是一起回家的朋友，他們有他們自己的小團體。週末及學校放假時，他們也會廝混在一起，但我無法參加。索維托離我家要四十分鐘車程，我們沒有錢買汽油，所以放學後我就是一個人，週末我也是一個人。因為我永遠是局外人，我打造了一個我自己的怪異小世界。會這麼做也是情勢使然，我需要一個融入的方法，我也需要錢來買大家都在吃的零食、做大家都在做的活動。這就是為什麼我成了福利社飛毛腿。

由於我要走很長一段路去上學，所以我每天都遲到。我得去級長辦公室寫下我的名字並被罰留校，我是留校察看的常客。因為已經遲到了，我接著會跑去上我早上的課——數學、英文、生物之類的。午餐休息前的那一堂課是集會，學生全部在禮堂集合，每個年級的學生排排坐，老師們跟級長們上台報告學校內的大小事——宣導、頒獎之類的事。每次集會他們都會宣布被罰留校察看的小孩姓名，而且裡面一定有我，一定，每天，這已經變成一個天天上演的笑話。級長一說：「今天的留校察看名單是……」我就會自己自動站起來，好像這是奧斯卡頒獎典禮，而我是梅莉・史翠普一樣。有一次我站起來，但是級長宣布的五個名字之中沒有我，每個人都噗哧笑出來。有人大喊：「崔佛的名字在哪?!」

級長看了看他的名單，搖搖頭：「沒在上面。」

「耶！！！」整個禮堂頓時爆出歡呼和拍手聲。

接著，集會一結束，大家就會爭相跑向福利社。因為買午餐的隊伍排很長，你在隊伍裡多排一分鐘，午餐休息時間就少一分鐘。你越快買到午餐，就有越長的時間可以吃飯、踢足球或鬼混。而且，如果你太晚去買，最好吃的早就沒了。

那時候的我，有兩件事絕對沒騙你。第一，我仍然是學校裡跑最快的小孩；第二，我臉皮很厚。集會一解散，我就會像沒命似的跑向福利社，當最先抵達的人。我永遠都是隊伍最前面的那一個，我買午餐跑第一，跑到聲名遠播，有人開始來隊伍中找我：「嘿，你可不可以幫我買這個？」這會讓排在我後面的人很火大，因為這根本就是插隊。所以大家就開始在集會時就來找我，他們會說：「嘿，我有十蘭特。如果你幫我買午餐，我就給你兩塊。」我就是在那時候學到的——時間就是金錢。我領悟到大家會願意付我錢來幫他們買午餐，因為我願意幫他們跑腿。我開始在集會中告訴每個人：「來下訂單吧。給我一個你想吃的食物清單，付我一部分你願意花的錢，我就會幫你買午餐。」

我一夕爆紅。胖哥胖姐是我最忠實的顧客，他們很愛吃，可是又跑不動。我有一票客人——有錢的胖白人小孩，他們簡直就是：「這太棒了！我爸媽很寵我，我有的是錢，現在我終於有辦法不必自己去跑腿就吃得到午餐了——而且我還可以好好享受午休。」我的客人多到我得推掉一些委託。我有一個原則：每天接受五份訂單，誰付的跑腿金多誰就得標。我靠這樣賺進超多錢，我用別的小孩的錢買自己的午餐，把我媽給我的餐費留下來當零用錢，這樣我就能付得起車資，搭車回家而不用走路，或者存錢買別的東西。我每天都接受訂單，集會一結束，我就瘋狂快跑去幫大家買熱狗、可樂和馬芬。如果你多付一點錢，你還可以告訴我你會在哪裡，我可以親自送過去給你。

我就像大麻販子一樣，只是我賣的是午餐。大麻販子在派對中都很受歡迎，他不是那個圈子的一分子，但是因為他可以提供些好處，就會被暫時邀請進入那個圈子。我就是這樣的人，永遠是個局外人。身為局外人，你可以躲進殼裡，默默無名、無影無蹤。你也可以走另一條路，用開放的方法來保護自己，你不要求別人接受你的全部，只開放那個你願意與人分享的部分。對我來說，那就是幽默感。我發現雖然我不屬於任何一個團體，但我可以加入任何一個在笑的團體。我會加入他們，發零食給大家吃，講幾個笑話。我會為他們賣力演出，我會聽一些他們的對話，來多了解他們，然後離開，我從來不待太久而變得討人厭。我不是風雲人物，但是也沒有被棄如敝屣。我四處跟大家哈拉，但在此同時，我也永遠是自己一個人。

＊＊＊

我從不後悔人生中做過的事，或任何下過的決定，但是我常被沒做某事、沒下某個決定、或沒說某些話的遺憾所吞噬。我們花那麼多時間害怕失敗、害怕被拒絕，但其實遺憾才是我們最該害怕的事。失敗是個答案，拒絕也是個答案，然而遺憾是一個永遠不會有答案的問題。「如果當初……」、「我真希望當初……」、「我在想當初會變怎樣……」——你永遠、永遠不會知道答案，這會糾纏你一生一世。

12 一個年輕男子漫長、彆扭、有時悲劇、經常丟臉的愛情必修課，第二堂：迷戀

高中時，我一點都不煩惱女生在注意我，我不是班上最性感的男生，也不是班上最帥的男生。我其實長得很醜，青春期對我很殘酷，我的青春痘問題嚴重到別人會問我的臉怎麼了，好像我是對什麼過敏一樣。那是一種可以算是醫學疾病的青春痘，Acne vulgaris，醫生這麼稱呼。各位，我們說的不是一般痘痘，我們說的是膿皰——巨大、充滿膿汁的黑頭及白頭粉刺。它們從我額頭上開始長，往下散播到我的臉頰邊緣，接著覆蓋了我的臉頰、脖子，在全身各處襲擊我。

家境清貧讓我更醜。我不但沒錢去剪個像樣的頭髮，所以成天頂著一頭蓬亂的爆炸黑人頭，我媽還因為氣我長太快，學校制服一會兒就穿不下，為了省錢就開始幫我買大三號的衣服。所以我的外套太長，我的褲子太鬆垮，我的鞋子啪嗒啪嗒響，簡直就是個小丑。而且想也知道，莫非定律，從我媽開始幫我買大尺寸衣服那一年開始，我就沒再長了。所以我更沒機會撐起那些過大的小丑服，永遠得當個小丑。唯一的優點是我很高，但是我又太瘦，看

起來很古怪。扁平足，屁股太高，沒有一個地方好看。

在梅琳及又帥又迷人的羅倫佐手下遭逢第一次情人節的心碎經驗後，我學到了關於約會的寶貴經驗。我學到的是，只有大帥哥才交得到女朋友，搞笑咖充其量就只能跟大帥哥還有他們的女伴鬼混而已。我不是個大帥哥，所以我沒有女朋友。我很快就了解這個潛規則，知道我自己有幾兩重，所以我不約女生出去，我沒有女朋友，我連試都不用試。

如果我試圖交女朋友，那就會打亂自然法則。在我成功成為福利社飛毛腿之後，去哪裡都很受歡迎，我去哪裡都很受歡迎的原因是，因為我什麼都不是。我只是個長滿痘痘、穿著啪嗒啪嗒響的鞋子、有著扁平足的小丑，我對那些男孩來說一點威脅也沒有。一旦我試圖成為什麼重要人物，就得承受不再受歡迎的風險。漂亮女孩早就被把走了，那些受歡迎的男生早就聲明他們的所有權。他們會說：「我喜歡祖萊卡。」然後你就知道，如果敢去動祖萊卡一根汗毛的話，就會引發戰爭。求生存最聰明的方法，就是待在邊緣地帶，不要惹麻煩上身。

在薩瑞罕，班上女孩唯一會正眼看我的時候，是她們想叫我傳信給班上帥哥的時候。但是我們班有個叫喬安娜的女孩，喬安娜和我斷斷續續一起上過好幾間學校。我們一起上過瑪麗維爾的幼兒園，她後來轉學去念別的學校。然後我們又在艾爾傑小學碰在一塊，但她又轉學去別的學校。最後我們在薩瑞罕再次相遇。因為這段歷史，我們變成朋友。

喬安娜是風雲女孩之一，她最好的朋友是柔席拉。喬安娜很美，柔席拉則會讓你驚為天人。柔席拉是有色人，開普馬來人，她看起就像薩爾瑪・海耶克一樣。喬安娜是個花蝴蝶，四處跟男生親親，所以男生對她很有興趣。柔席拉雖然很漂亮，但是非常害羞，所以沒有很多男生追。

喬安娜和柔席拉一天到晚都黏在一起。她們比我小一年級，但是就受歡迎程度來說，她們比我高了三級之多。因為我認識喬安娜，加上我們當過很多次同學的緣份，我得以常跟她們混在一起。要比賽跟女生約會，我是一點勝算都沒有，但是跟女生聊天的話我可是厲害得很，因為我會逗她們笑。只要是人都喜歡笑，我運氣真好，漂亮女生都是人，所以我可以用逗她們笑來接近她們，但是永遠不能跟她們認真。我深知這點，因為每次我講了笑話跟故事，她們笑完就會說：「你覺得我要怎麼樣讓丹尼爾約我出去？」我總是很清楚我自己的地位。

表面上，我小心翼翼塑造我自己成為那個好笑、沒有威脅性的男生，但是私底下，我其實超級迷戀柔席拉的。她實在是超級漂亮又超級有幽默感。我們會聚在一起聊天，聊得很愉快，我一直在想她，但是打死我也沒想過我夠資格跟她約會。我告訴我自己，我會永遠都只能偷偷愛她，就只能這樣而已。

某天，我決定出一套策略——我要成為柔席拉最好的好朋友，一直跟她當朋友，直到我可以約她去考大生舞會，也就是我們的高中畢業舞會。讓我提醒你，我們當時才九年級而已，畢業舞會是三年以後的事，但是我決定打長期戰。我心想「**對，我就慢慢來**」，因為電影都是這樣演的不是嗎？我看過那些美國高中電影都是這樣，你就撐著當那個爛好人，然後這女生會去交一堆帥氣的混蛋，有一天她會轉過頭來說：「噢，是你，你一直在我身邊，你才是我應該交往的對象。」

這就是我的計畫，錯不了。

我逮到機會就跟柔席拉混在一起。我們會聊男生，她喜歡誰、誰喜歡她，我還會給她建議。有一次她被安排去跟一個叫蓋瑞的傢伙送作堆，他們開始約會。蓋瑞很受歡迎但是有點害羞，柔席拉很受歡迎也有點害羞，所以他的朋友跟她的朋友就把他們倆送作堆，好像相親結婚一樣。但是柔席拉一點都不喜歡蓋瑞，這是她告訴我的，我們什麼都聊。

有一天，我不知道怎麼了，但是我鼓起勇氣問柔席拉她家的電話號碼，在那個年代這可是件了不起的大事，因為那時不像現在大家都有彼此的手機號碼，偶爾來傳簡訊之類的。這是家用電話，打去她家的，她爸媽可能會接到我打來的電話。有天下午我們在聊天，然後我問她：「妳可以給我妳家電話號碼嗎？或許我有時可以打電話給妳，在家聊天。」她說好，我的心簡直要爆炸了。

什麼？？？！！！有個女孩給我她家電話？？？！！！太不可思議了！！！我該怎麼做？？！

我超級緊張的。我永遠不會忘記她告訴我號碼，然後我把那些數字一個個寫下來，努力不要讓手發抖的那個情景。我們說再見，各自去上課，我心想：「**好，崔佛，冷靜一點。不要馬上打電話給她。**」我當天晚上就打給她了，七點鐘，她是下午兩點給我號碼的，我就只能耍酷到這個程度而已。

白痴，不要五點打，那太明顯了。七點打。

那天晚上我打電話到她家，是她媽媽接的。我說：「請問柔席拉在家嗎？」她媽媽去叫她來，她過來接電話，我們就聊天，大概聊了一個小時。後來，我們經常聊天，在學校聊、用電話聊。我從來沒告訴我對她的感覺，從來沒有展開行動，什麼都沒有。我總是太害怕被拒絕。

後來柔席拉跟蓋瑞分手了，然後又復合。然後又分手，又復合。他們有接吻過一次，但是她不喜歡，所以他們就再也沒接吻了。最後他們真的分手了。我不動聲色的熬過了這一切。我看著風雲男蓋瑞狼狽出局，而我仍然是她的超級好朋友。太棒了，我的計畫有效。畢業舞會，我們來了。再撐兩年半就好……

接著我們放了學年中的假。開學的那天，柔席拉沒來學校，然後隔天她也沒來學校，之後還是沒出現。最後我終於在中庭裡找到喬安娜。
「嘿，柔席拉跑哪去了？」我說：「她已經很久沒來了，她生病了嗎？」
「不是，」她說：「沒有人告訴你嗎？她離開我們學校了，她不會再來上學了。」
「什麼？」
「是的，她走了。」
我第一個想法是：**哇，好吧。這真是大消息。我應該打個電話給她聯絡一下。**
「她轉到哪個學校去了？」
「她不是轉學。她爸拿到一個在美國的工作，所以放假的時候他們就搬去美國了，他們移民了。」
「什麼？」
「對啊，她已經走了。她也是我的好朋友，我真的很傷心。你跟我一樣傷心嗎？」
「呃……是啊，」我還在消化我收到的資訊：「我喜歡柔席拉，她真的很棒。」
「對啊，她超級傷心的，因為她超喜歡你的，她一直在等你約她出去。好了，我得去上課了！掰啦！」
她跑走了，把我留在那邊，驚訝的呆站著。她一下子給我太多資訊，首先，柔席拉走了，然後說她搬去美國，接著說她一直喜歡著我。我好像連續心碎了三次一樣，一波比一波強烈。我的心裡快速播放我們在中庭、在電話上聊天的時光，我有這麼多的時間可以跟她說：「嘿，柔席拉，我喜歡妳。妳願意當我女朋友嗎？」就只是這幾個字，如果我當初有勇氣說出來，說不定會改變我的一生。但是我當時說不出口，而如今佳人已然遠去。

在每個優質社區，都會有個擺爛的白人家庭，你知道我在講的那種家庭。他們不維護草坪、不油漆藩籬、不修繕屋頂，他們的房子破爛不堪。我媽找到一間像這樣的房子，並把它買下來，用這個方法把我們這戶黑人家庭硬塞進超白的海蘭諾社區。

* * *

大部分進居白人郊區的黑人，是搬進像布藍利、東蘭博之類的地方，但不知道為什麼我媽選擇了海蘭諾。那是一個郊區，很多購物商店，大部分是上班族。不是很富裕，但是很穩定、很中產階級。房子比較老舊，但仍然是個住起來很舒適的地方。在索維托，我是黑人貧民區裡唯一的白人小孩；在伊登公園，我是有色人區裡唯一的混血小孩；在海蘭諾，我是白人郊區裡唯一的黑人小孩——我說「唯一」是認真的。海蘭諾的白人沒有大舉遷移，它整體來說是個猶太人區，而猶太人是不遷移的。他們已經逃難夠了，他們早就已經遷移過了。他們抵達一個地方，蓋起他們的猶太教堂，然後就在此安居樂業。既然我們周遭的白人不怎麼搬遷，也就沒有很多家庭跟在我們後面搬進來。

有很長一段時間，我在海蘭諾都沒有朋友。說老實話，我在伊登公園還比較容易交到朋友。在郊區，大家都躲在圍牆後面過日子。約翰尼斯堡的白人社區是建築在白人的恐懼之上——懼怕黑人犯罪、懼怕黑人抗爭及報復。結果，就是幾乎每戶人家都隱身在六呎高的圍牆之內，圍牆上方再加上鐵絲網。每個人都住在一個豪華、昂貴、有高度保全的監獄中，沒有人會坐在前廊，或跟鄰居打招呼，也沒有小孩會在房子之間跑來跑去。我可以騎著我的腳踏車，在社區裡騎上好幾個小時，然後連一個鬼小孩影子都看不到，但是我可以聽見他們的聲音，他們全都聚在磚牆後，開沒有人會邀請我去的遊戲趴。我聽到有人在笑、在玩的聲音，就會下車爬上圍牆，上去偷看，然後看到一群白人小孩在某戶人家的游泳池旁戲水。我就像偷窺狂一樣，但是我想偷看的是友誼。

大概一直到一年之後，我才找到在郊區交黑人朋友的方法：幫傭的小孩。在南非，很多幫傭一旦懷孕就會被炒魷魚。或者，如果她們夠幸運，雇主家庭會讓她們留下來，把小孩生下來，但是生下來的小嬰兒就要被送回黑人家園與親戚同住。結果黑人母親帶大的是白人小孩，而自己的小孩只能在年終放假時一年看到一次。但是也有不少家庭會讓他們的傭人把小孩帶在身邊，住在後院裡的傭人房或小套房。

有很長的一段時間，那些小孩是我唯一的朋友。

13 色盲

在薩瑞罕，我認識了一個小孩名叫泰迪。他很好笑，非常討人喜歡。我媽以前都會叫他兔寶寶；他笑起來很逗趣，兩顆大門牙從他嘴巴前方暴出來。泰迪和我就好像房子著火一樣一拍即合，那種你一旦開始來往就一輩子分不開的朋友。我們兩個也都調皮得要命。跟泰迪在一起，我終於找到一個跟我旗鼓相當的人。我是我家的魔王，他是他家的魔王，當我們兩個湊在一起，就會世界大亂。我們從學校走路回家，會朝別人家窗戶丟石頭，看窗戶應聲破裂之後，就立馬逃跑。我們一天到晚都一起被罰留校。老師、學生、校長，學校裡每個人都知道：泰迪與崔佛，感情血濃於水。

泰迪他媽媽在一個住在林柯菲的家庭裡幫傭，林柯菲是離學校很近的富裕郊區。從我家走到林柯菲很遠，大概四十分鐘，但是還是走得到。反正那時候我能做的也只有四處走動，我沒有錢做其他的消遣，我也沒有錢用別的方法移動。如果你喜歡走路，你就是我的朋友。泰迪和我一起走遍了約翰尼斯堡，我會走路去泰迪他家，在那裡鬼混；然後我們就會再走回我家，在那裡鬼混。我們會從我家走到市區去廝混，那大概是三個小時的路程，然後再一路走回來。

星期五及星期六晚上，我們會走到購物商場去玩。百富公園購物商場離我家只有幾個路口遠，那不是一個很大的購物商場，但是什麼都有——電玩遊戲區、電影院、餐廳、南非版的塔吉特（Target[13]）、南非版的GAP。因為我們從來沒有錢買東西、看電影或吃東西，我們進到購物商場裡之後就只是在裡面閒晃。

有天晚上我們在購物商場裡，大部分的店家都關了，但是因為電影院還在播電影，所以商場就還開著。我們發現一間賣卡片跟雜誌的文具店沒有門，所以它晚上關店的時候，就只用一個金屬柵欄，類似格子架之類的東西，從入口處一邊拉過去另外一邊鎖住。泰迪和我走過這家店的時候，發現如果我們把手穿過格子架伸進去，可以搆得到裡面不遠的一排巧克力。而且這些可不是普通的巧克力——它們是裡面包酒的酒糖巧克力。我超愛喝酒的，愛死了愛死了愛死了，我小時候只要一逮到機會就一直偷喝大人的酒。

我們把手伸進去，抓了一些，把裡面的酒喝光，然後把巧克力也吞下肚。我們真是挖到金礦了，我們開始一次又一次回去偷拿更多的巧克力。我們會等店家準備關門，就去坐在柵欄邊等，假裝好像我們只是在鬼混。我們會確認四下無人了以後，其中一人就把手伸進

13 Target，美國著名販賣一般日用雜貨的平價商場。

去、抓一顆巧克力、喝光裡面的威士忌；手伸進去、抓一顆巧克力、喝光裡面的蘭姆酒；手伸進去、抓一顆巧克力、喝光裡面的白蘭地……我們每個週末都去偷，偷了至少有一個月，簡直樂斃了。後來我們就有點得意忘形。

那是個星期六的晚上，我們一樣在文具店入口處閒晃，倚在柵欄上。我伸手進去抓一顆巧克力來吃，但就在那個當下，一個商場警衛剛好轉過來，目睹我整支手到肩膀都伸進去店裡面，把抓滿好幾顆巧克力的手伸出來。一切好像電影情節一樣，我看到他，他看到我。他的眼睛突然睜得很大，我試圖逃跑，想假裝沒事，但接著他就大叫：「**嘿！站住！**」

然後警匪大追逐就開始了。我們拔腿就跑，往門口奔馳。我知道如果有警衛在出口把我們攔住，我們就會被困在商場裡，所以真的是夾著屁股狂奔。我們奪門而出，一跑到停車場，商場警衛就從四面八方向我們跑來，至少有十幾個那麼多。我低頭快跑，這些警衛認識我，因為我一天到晚都來商場報到。而且他們也認識我媽，她往來的銀行就在商場裡。如果他們看到我是誰，我就死定了。

我們直直穿過停車場，在停著的車子之間左閃右躲，警衛緊跟在後，大聲叫罵。我們跑到路上的加油站、穿過去、然後左轉跑上大馬路。他們追了又追，我們跑了又跑，那實在太好玩了。調皮搗蛋有一半的樂趣來自於可能會被抓到的風險，現在追逐賽終於開跑了，我真是愛死了。我怕得要命，但也愛得要命。這裡是我的地盤，是我家附近，你在我家附近是不可能抓得到我的。我知道每一條小巷、每一條街、每一道可以翻過去的後牆、每一道有破洞可以穿過去的藩籬。我知道你可以想的出來的每條捷徑。我還小的時候，不管我去哪裡，在任何建築物裡，我永遠都在計畫我的逃脫路線——你知道的，以免突然大禍臨頭。在真實世界裡，我是個幾乎沒有朋友的阿宅，但是在我心裡，我是個重要而危險的大人物，我必須知道所有的攝影機跟出口在哪裡。

我知道我們沒辦法一直跑下去，我們需要一個逃脫計畫。泰迪和我跑經消防局之後，有條往左邊的岔路，那是一條死路，盡頭有個鐵絲藩籬。我知道那個藩籬上有個破洞可以鑽進去，而另外一邊會接到購物商場後方的一塊空地，從這裡可以接回大馬路回我家。大人鑽不過那個破洞，但是小孩子可以。我這麼多年想像自己是祕密探員的訓練終於有了用武之地，現在我需要一個出口，我馬上就想出一個。

「泰迪，這邊！」我大叫。

「不行，那是死路！」

「我們過得去！跟我來！」

他沒有跟來。我轉彎跑進去那條死路，泰迪跟我分開跑向另一邊。有一半的商場警衛去追他，一半來追我。我跑到藩籬下，很清楚知道該如何把我的身體扭過去。頭先過去、然後肩膀、一隻腳、轉身、再換另一隻腳——大功告成。我鑽過去了。警衛卡在我身後的藩籬，沒辦法再尾隨我。我穿過空地跑到另一邊的藩籬，穿過去，然後我就到了離我家三個街口的大馬路上。我把手插進口袋，一派悠閒的走回家，就像一個外出散步的無辜路人。

我一回到我家就開始等泰迪，他沒有出現。我等了三十分鐘、四十分鐘、一個小時，沒有泰迪的身影。

該死。

我跑到泰迪在林柯菲的家，泰迪也不在那裡。

星期一早上我去上學，還是沒有看到泰迪。

該死。

現在我開始擔心了。放學後我回到家再看一次，沒有。再去泰迪他家看了一次，也沒有。然後我就又跑回家。

一小時後，泰迪的爸媽來了。我媽在門口幫他們開門。

「泰迪因為偷東西被逮捕了。」他們說。

我從另一個房間偷聽他們一整段對話。我媽從一開始就很確定我一定也參了一腳。

該該該該死。

「那當時崔佛在哪裡？」我媽問。

「泰迪說他沒有跟崔佛在一起。」他們說。

我媽很懷疑：「嗯，你確定崔佛沒有參一腳嗎？」

「沒有，顯然沒有。警察說泰迪有另一個同夥，但他逃脫了。」

「所以那就是崔佛啊。」

「不，我們問泰迪，他說那不是崔佛。他說是別的小孩。」

「哼……好。」我媽叫我進去：「你知道這件事嗎？」

「什麼事？」

「泰迪因為偷東西被逮捕了。」

「什麼？」我假裝無辜：「不會吧，這太扯了。我真不敢相信。泰迪耶？不會吧。」

「你那時候在哪裡？」我媽問。

「我在家。」

「但是你一天到晚都跟泰迪在一起。」

我聳聳肩：「就這次剛好沒有囉。」

那時我媽一定以為她可以把我逮個正著，但是泰迪給了我一個強而有力的不在場證明。我回到我房間，以為我就這樣逃過一劫。

隔天我在教室裡時，學校廣播傳來我的名字。「崔佛・諾亞，到校長室報到。」所有的小孩都「喔喔喔喔喔喔」。這個廣播每個教室都聽得到，所以現在全校全體師生知道我惹上麻煩了。我站起來走到校長室去，在門外一張很不舒服的木頭長椅上焦急的等待。

終於我們校長費德曼先生走了出來。「崔佛，進來。」在他辦公室裡等著的是商場警衛的主管、兩名身穿制服的正規警察、還有我和泰迪的導師佛斯特老師。一整間沉默、滿臉嚴肅代表權威的白人，站在我這個十惡不赦的年輕黑人男子之前。我的心臟撲通撲通狂跳，我坐了下來。

「崔佛，我不知道你知不知道，」費德曼校長說：「泰迪前幾天被逮捕了。」

「什麼？」我又開始裝傻：「泰迪？噢，不會吧。為什麼？」

「偷東西。他已經被退學了，所以他不會再來上學。我們知道還有另一個男孩涉案，這些警官正在走訪附近的幾間學校進行調查。我們叫你來這邊，是因為佛斯特老師跟我們說你是泰迪最好的朋友，所以我們想知道：你有任何線索嗎？」

我搖搖頭。「不知道，我什麼都不知道。」

「你知道泰迪當時跟誰在一起嗎？」

「不知道。」

「好吧。」他站起來走到房間角落的電視那邊去。「崔佛，警方有這整個事件經過的錄影畫面。我們希望你看一下。」

該該該該該該該該死。

我的心臟仍在我胸腔內狂跳。「**好吧，我這條命，謝謝你給我過過好日子，**」我心想：「**我要被退學了，我要去坐牢了，我的一生就到此結束了。**」

費德曼校長按了錄影機上的播放鍵，錄影帶開始播了。畫質很粗糙，就是監視攝影機的黑白畫面，但是你對事情的經過可以一覽無遺。他們甚至還有各種不同的角度：我跟泰迪把手伸進柵欄、我跟泰迪奪門而出，他們全都錄下來了。幾秒鐘之後，費德曼校長把手伸出來按暫停，電視停格在我出現在螢幕正中央，就在攝影機幾公尺之外的畫面。我心想，這時候他會轉過頭來說：「現在你要俯首認罪了嗎？」但他沒有。

「崔佛，」他說：「你知道泰迪有跟哪個白人小孩來往嗎？」

我幾乎快尿褲子了：「什麼?!」

我看著螢幕才了解：泰迪膚色很黑，我膚色比較淡，我的皮膚是黃褐色的。但是那台攝影機沒辦法同時補強光線與暗影。所以當你在黑白畫面中，把我放在一個黑人身邊時，攝影機不知道該怎麼顯色。如果攝影機必須選擇的話，它會選擇把我呈現為白色，我的膚色被強化了。在這支影片中，你看到的是一個黑人和一個白人。但不管怎麼說：那是我啊。影片畫質不怎麼好，我的五官也有些模糊，但是如果你仔細看——那就是我。我是泰迪最好的朋友，我是泰迪唯一的朋友，我是唯一最有可能的共犯，你好歹也要懷疑一下有可能是我吧！但是他們沒有。他們拷問了我十分鐘之久，只是因為他們很確定我知道這個白人小孩是誰。

「崔佛，你是泰迪最好的朋友。跟我們說實話，這小孩是誰？」

「我不知道。」

「你一點都認不出他來嗎？」

「認不出來。」

「泰迪從沒跟你提過他？」

「從來沒有。」

後來，佛斯特老師就開始念出所有她認為有可能的白人小孩名單。

「是大衛嗎？」

「不是。」

「萊恩？」

「不是。」

「佛德列克？」

「不是。」

我一直等待他們的詭計結束，然後轉過來對我說：「那就是你！」但是他們沒有。在某個瞬間，我感到超級不被正視，我幾乎都想主動居功了。我想要跳起來指著電視跟他們說：「你們這些人是眼睛瞎了嗎?!那是我啊！你看不出來那是我嗎?!」但是當然我沒有這麼做，然後他們也看不出來。這些人已經被他們自己所建構的種族分類徹底洗腦，他們根本看不出來他們在找的那個白人就坐在他們面前。

最後他們讓我回到班上。我那一整天甚至接下來的好幾個禮拜都提心吊膽，等著我媽接到那通電話：「我們抓到他了！我們終於搞清楚了！」但是這通電話從來都沒有打來。

＊＊＊

南非有十一種官方語言。民主制度開實施後，人們說：「好了，我們要如何建立新秩序，同時不讓每個族群感覺他們又被剝奪了權力？」英文是國際語言，也是金錢與媒體的語言，所以我們必須保留。大部分的人都被迫學了點南非語，所以保留南非語也很有用，而且我們也不希望少數白人感到他們被新南非排擠，否則他們會帶著所有的錢離開。

在所有的非洲土語中，以祖魯話為母語的人數最多，但是我們要保留祖魯語的話，就不能不保留科薩語、茨瓦納語跟恩德貝萊語。接下來還有斯威士語、聰加語、文達語、索托語、還有沛迪語。我們試圖要取悅所有的主要族群，於是我們不知不覺就制定了十一種官方語言。而且那還只是使用者眾多而不得不承認的語言而已，另外還有好幾十種其他的語言。

南非是個巴別塔，每一天都是。每天你都會看到人們完全墜入五里霧中，他們試著想跟彼此溝通，但是完全聽不懂對方在說什麼。祖魯語跟茨瓦納語很常聽到，聰加語跟沛迪語就很小眾了。你的母語越多人說，你就越不會去學別的語言；越小眾，你就越有可能多學兩、三個語言。在大城市裡，大部分人都至少會說英文及一些南非語，這樣就夠用了。你去參加人數眾多的熱鬧派對時，常聽到對話裡面有部分夾雜兩三種不同的語言。有些你會聽不懂，有人可能會當場替你重點翻譯一下，其他部分你就得從上下文去猜，自己去摸索。很扯的是，不知道怎麼搞的，這樣居然也行得通，南非社會就這麼運作起來。除了它運作失靈的時候之外。

14 一個年輕男子漫長、彆扭、有時悲劇、經常丟臉的愛情必修課，第三堂：舞會

高中快結束的時候，我已經成了一位商場大亨。福利社飛毛腿的生意已經變成一個小型商業帝國——兼賣我在家盜拷的CD。雖然我媽非常節儉，我還是設法說服她我上學需要用到電腦。但其實根本不是，我是要用它上網，還有玩《幻想空間》[14]。但是我說話很有說服力，所以最後她答應買給我。多虧了那台電腦、網路、還有一個朋友大方餽贈給我的光碟燒錄機，我的事業蓬勃發展。

我建立我自己獨特的定位，正在享受呼風喚雨的滋味；我當局外人的日子超愜意，所以壓根沒想交女朋友的事。我生命裡唯一的女孩就是我電腦上的裸女。我一邊下載音樂跟亂玩聊天室，也三不五時一邊涉足色情網站。當然，那時候沒有影片，只有圖片。現在的色情網站可以讓你馬上就一頭栽進去，但是以前還在撥接上網的時候，下載照片得等到天荒地

---

14 Leisure Suit Larry 是八〇年代末期由 Sierra 公司所推出的獵豔冒險遊戲，玩家跟著主角賴瑞去勾引遊戲中的性感養眼美女。

老。跟現在比起來，以前的好色鬼實在非常有紳士風度。你會花上五分鐘看著她的臉，多多認識她這個人；幾分鐘之後，你才有機會看到一點胸部；等到你看到她的陰道時，你們已經相處了好一段寶貴時光。

十二年級的九月，就是畢業舞會了。這是件大事，我又再次面臨情人節的難題，得去面對一個我毫無所知、莫名其妙的社交儀式。對於畢業舞會我只知道一件事，根據我看過的美國電影，畢業舞會就是那件事發生的時候——你將失去你的貞操。你開著禮車去參加舞會，然後跟你的女孩就在車子裡做那件事。基本上那就是我唯一的了解。但是我知道遊戲規則：只有大帥哥才交得到女朋友，搞笑咖充其量就只能跟大帥哥還有他們的女伴玩在一起而已。所以我認定我不會去參加舞會，或即使我參加，也不會帶女伴一起去。

我的CD事業旗下有兩個受僱於我的中盤商，邦加尼跟湯姆。他們幫我賣我燒的CD，賺取一點利潤。我在百富公園購物商場的電玩遊戲區認識湯姆，就像泰迪一樣，他住在附近是因為他媽媽在白人家庭幫傭。湯姆跟我一樣大，就讀於一所公立學校諾斯非，一間典型的貧民學校。湯姆負責我在那邊的CD銷售。

湯姆很愛講話、精力旺盛、凡事衝衝衝。他也很會騙錢，總是設法談條件、走旁門左道，他有三寸不爛之舌，可以說服任何人去做任何事。是超棒的傢伙，但是野到不行，而且是個大騙子。有一次我跟他一起去漢門村落，那是一個有點像但不完全是黑人家園的屯墾區。就像它南非語名「漢門村落」所指的，它是漢門的村落，以前曾是個白人所有的農場。真正的黑人家園，像文達、加森庫魯和川斯凱，是黑人世代居住的地方，政府只是圈地成牢，對他們說：「你們從此待在這裡。」

類似漢門斯科村的屯墾區是地圖上的空地，政府將被驅逐遣返的黑人移居至此。這就是南非政府的作風。他們會找一塊灰撲撲、沒啥屁用的不毛之地，在地上挖一排又一排的洞口，這就是四千個家庭共用的一千個廁所。然後他們強制驅離非法占據白人區的黑人，給他們一些合成板木架及鐵皮，要他們空降到這些鳥不生蛋的地方。「到了，這就是你的新家，去蓋些房子吧。祝你好運。」有時你會在電視新聞上看到這類新聞。那就好像一部無情的生存實境秀，只是沒有人會贏得任何獎金。

有天下午在漢門村落，湯姆跟我說要去看一場才藝表演。那個時候，我有一雙新買的Timberland短靴，是我全身唯一的高級配件。在那個年代，南非幾乎沒有人穿Timberland，它們很難買得到，但是每個人都想買，因為美國的饒舌樂手都是穿Timberland靴。我縮衣節食，攢下我福利社跑腿跟賣CD的錢去買了這雙靴子。我們要出門的時候，湯姆還跟我說：「記得穿你的Timberland靴。」

才藝表演是在一個小小的社區禮堂裡舉行，那裡前不著村、後不著店。我們到的時候，湯姆開始四處跟每個人握手聊天。那天的表演包含唱歌、跳舞及一些吟詩等。後來主持人上台說：「Re na le modiragatsi yo o kgethegileng. Ka kopo amogelang——Spliff Star!」（我們有個特別的表演者，千里迢迢從美國來的饒舌樂者。讓我們歡迎——史普雷．史達！）

史普雷．史達是當時熱門饒舌歌手巴斯達韻的舞台助場伴唱。我非常疑惑的坐在那裡想：**「怎麼可能？史普雷．史達？在漢門村落？」**接著整個禮堂的人都轉過頭來看我，湯姆走過來小聲跟我說。

「阿呆，上台啊。」

「什麼？」

「上台啦。」

「老兄，你在搞什麼飛機？」

「阿呆，拜託，你會讓我惹上大麻煩。他們已經付我錢了。」

「錢？什麼錢？」

當然，湯姆沒有告訴我，他告訴這些人他會帶一個從美國來的知名饒舌歌手，來參加他們的才藝秀唱饒舌樂，他還要求他們先付款。而我，穿著我的 Timberland 靴，就是他口中的美國知名饒舌歌手。

「去你的，」我說：「我才不要上台。」

「拜託，阿呆，我求求你了。拜託你幫我這個忙，拜託。這裡有個女生我很喜歡，我告訴她我跟那些饒舌歌手都很熟——拜託，我求求你。」

「老兄，我又不是史普雷．史達，我上台要做什麼?!」

「就隨便唱些巴斯達韻的饒舌歌。」

「但是我不知道歌詞啊。」

「沒關係啦，這些人又不會講英文。」

「噢，去你的。」

我跑上台，湯姆則用嘴巴很差勁的做出了一些節奏——「噗吧——咚，噗噗吧——咚」——而我就亂唱一些自己臨時亂編出來的巴斯達韻歌詞。台下觀眾報以熱烈的歡呼及掌聲。一個美國饒舌歌手來漢門村落表演，這是他們所見過最不得了的一件事了。

這就是湯姆。

一天下午，湯姆來我家，我們聊到畢業舞會。我告訴他我沒有舞伴、找不到舞伴、也不想去找舞伴。

「我可以幫你找到一個女生跟你一起去。」

「不，你辦不到吧。」

「我辦得到。我們來談個條件。」

「我不想跟你談條件，湯姆。」

「不，你聽著，這樣好不好？如果你讓我賣CD拿更高的利潤，再給我一些免費音樂，我會幫你找來一個你一輩子所見過最漂亮的女生，她可以當你的舞伴。」

「好啊，一言為定，但這根本就不可能。」

「那我們到底是有沒有說定？」

「一言為定啊，但這根本就不可能發生。」

「所以我們說好囉？」

「就這麼說定。」

「好，那我來幫你找舞伴。她會是你見過最漂亮的女孩，你會帶她去畢業舞會，然後你會變成超級巨星。」

因為距離畢業舞會還有兩個月，我很快就把湯姆跟這個可笑的約定給拋在腦後。但某天下午他跑來我家，把頭探進我房間。

「我幫你找到妞兒了。」

「真的嗎？」

「真的。你得來見見她。」

我知道湯姆滿嘴狗屁，但是一個騙子會成功的原因，就在於他不會兩手空空來騙你，他會給你最基本的回報來讓你繼續願意被他騙。湯姆介紹我認識過很多辣妹，他從來沒跟她們約過會，但是說起她們都說得天花亂墜，而且總是跟她們混在一起。所以當他跟我說有個妞兒要介紹時，我沒有懷疑他。我們兩個就跳上巴士進城去。

這女孩住在市中心一排破爛的公寓裡。我們找到她家所在的那棟建築，一個女孩趴在陽台上揮手示意我們進門。湯姆說，那是女孩的妹妹黎瑞朵。我這才知道湯姆一直想要跟黎瑞朵在一起，所以把我跟她姊姊送作堆，是接近她最好的方法——就說了，湯姆總是在走一些旁門左道。

公寓大廳裡很陰暗，而且電梯壞了，所以我們往上走了好幾層樓。這個叫黎瑞朵的女孩帶我們進她家公寓，在客廳裡有位很大隻，我是說真的非常巨大的胖女人。我心想，**「噢，湯姆。我知道你在玩什麼把戲了。幹得好呀。」**湯姆也是個玩笑開很大的人。

「這就是我的女伴嗎？」我問。

「不，不，不，」他說：「這不是你的女伴，這是她大姊，你的女伴是芭碧姬。芭碧姬有三個姊姊，然後黎瑞朵是她妹妹。芭碧姬剛好出門買東西了，她一下子就會回來。」

我們開始一邊等，一邊跟她大姊聊天。十分鐘之後門開了，然後我這輩子所見過最美的女孩走進門。她真的……我的天啊。美麗的眼睛，美麗的金黃、黃棕色皮膚，她好像全身發著光一樣。在我高中裡的女生沒有人比得上她。

「嗨。」她說。

「嗨。」我答。

我瞠目結舌，不知道要怎麼跟那麼漂亮的女生講話。她很害羞，也不怎麼講話。客廳裡一陣彆扭的沉默，幸好湯姆就是那種講個不停的人。他馬上跳進來救火，把事情擺平：「崔佛，她是芭碧姬。芭碧姬，他是崔佛。」他開始滔滔不絕的稱讚我有多棒，說芭碧姬有多期待跟我去畢業舞會，我什麼時候來接她去舞會等等這些細節。我們待了一會兒，然後湯姆就得走了，所以我們就準備離開。芭碧姬轉過來對我笑，揮手目送我們離去：「掰。」

「掰。」

我們走出公寓大樓，我儼然是地球上最快樂的男人。我難以置信，我是那個在學校都交不到女朋友的傢伙，本來認定自己永遠交不到女朋友了，也沒有想過自己有資格交女朋友，然而現在我居然要跟一個世界上最美麗的女孩去參加畢業舞會？

接下來幾個禮拜，我們又到希爾布好幾次，去跟芭碧姬還有她的姐妹及朋友聚會。芭碧姬她家是沛迪人，南非的一個小族群。我喜歡認識不同背景的人，所以跟他們在一起很好玩。芭碧姬和她的朋友是我們所說的「Amabhujua」。他們跟大部分的黑人一樣窮，但是喜歡假裝他們不窮。他們穿著流行服飾，舉止行為好像他們很有錢一樣。Amabhujua會分期付款買一件襯衫，一件，然後花七個月付清。他們會住在破房子裡穿著花好幾千塊買的義大利皮鞋。很有趣的一群人。

芭碧姬和我從來沒有單獨出去約會過，我們兩個一直都是跟一群人在一起。她很害羞，而我大部分時候也緊張得要命，但是我們相處很愉快，湯姆總是會讓大家很放鬆，玩得很盡興。每次我們道別的時候，芭碧姬會給我一個擁抱，有一次她甚至給我一個輕吻。我簡直上天堂了，心想：**「耶，我終於有女朋友了。酷斃了。」**

隨著舞會的日子越來越接近，我開始緊張了起來。我沒有車，也沒有任何像樣的衣服。這是我第一次跟這麼漂亮的女孩約會，我希望一切都很完美。

我繼父的修車廠關門大吉了以後，我們搬到了海蘭諾，他把他的修車生意搬來家裡頭經營。我們家前面有個大院子，後面有個車庫，基本上就變成了他的新修車廠。不管在任何時候，我們家至少都有十到十五輛車停在車道上、院子裡跟前面路上，有客戶待修理的車，還有亞柏留下來東修西補的破爛車。一天下午，湯姆在我家，跟亞柏提及我的女伴，亞柏突然起了佛心，說我可以選一輛車開去舞會。

我們不久前買了一輛紅色的馬自達，一台爛貨但至少稍堪使用。我借過那輛車，但是我真正想要的車是亞柏的ＢＭＷ。那輛其實跟馬自達一樣很舊又很爛，但是一台破爛ＢＭＷ還是ＢＭＷ，所以我哀求他讓我開那輛去。

「拜託，拜託，我可以開ＢＭＷ嗎？」
「你想都別想。」
「拜託，這是我這輩子最重要的一刻。拜託，我求求你。」
「門都沒有。」
「拜託。」
「不行，你可以開馬自達。」
永遠很會行騙跟談條件的湯姆說話了。
「亞柏老兄，」他說：「我覺得你不了解狀況。如果你看到崔佛要帶去跳舞的那個女生，你就會理解為什麼這件事這麼重要。這樣好了，如果我們帶她來這，然後你承認她是你這輩子看過最漂亮的女生，你就讓他開ＢＭＷ去。」
亞柏想了想：「好，就這麼說定。」
我們跑去芭碧姬她家，跟她說我爸媽想見她，把她帶回我家。然後我們就帶她到我家後面的修車廠，亞柏和他的手下們正在那邊工作。湯姆跟我過去介紹他們認識。
「亞柏，這是芭碧姬。芭碧姬，這是亞柏。」
亞柏笑得很開心，跟往常一樣散發著魅力。
「很高興見到妳。」他說。

他們聊了幾分鐘，湯姆跟芭碧姬就離開了。亞柏轉頭看我。

「這就是你的舞伴？」

「對。」

「你可以開ＢＭＷ。」

車子搞定了以後，我急需找衣服穿。我要帶這個很時髦的女生出門約會，但我除了那雙Timberland 靴子之外，其他的衣服都很不上道。我的服飾選擇很受限，因為我只能在我媽帶我去買衣服的服飾店裡買，而我媽一點都不認為我們應該把錢花在衣服上。她會帶我去特價服飾店，跟我說我們的預算多少，然後我去找衣服穿。

那個時候，我對服飾一點概念都沒有。我對流行的認知是一個叫寶握豪（POWER HOUSE）的品牌，它是那種在邁阿密或威尼斯海灘的舉重選手喜歡穿的衣服，鬆垮的運動褲配上寬大的運動衫。它的商標是一隻超大健身鬥牛犬的卡通圖樣，戴著太陽眼鏡，抽著雪茄，抖動牠的肌肉。在褲子上，他們把鬥牛犬印在整條腿上展現肌肉，印在運動衫的胸前，印在內褲的胯下。我以為寶握豪是世界上最酷的衣服，我根本連反駁我自己都沒辦法——我沒有朋友，我超愛狗，而且肌肉很酷。我就只知道這些。我什麼都買寶握豪的，全套都有，同樣的衣服買五件不同顏色，這樣很簡單。褲子跟上衣是一整套，所以我知道要怎麼搭配。

我CD事業旗下的另一個中盤商邦加尼，得知我找到舞伴了以後，開始自告奮勇幫我改頭換面。

「你必須再更上道一點，」他說：「你不能打扮成你平常那個樣子去參加舞會——這是為她好，不是為你好，我們去買衣服吧。」

我去求我媽給我錢買衣服去，她終於動了憐憫之心，給我兩千塊蘭特買一套衣服，這是我這輩子她過給我最大的一筆錢。我告訴邦加尼我有多少錢可以花，他說我們可以想辦法。他告訴我看起來像有錢人的撇步，就是有一件很貴的單品，其他就買看起來好看的、有質感的基本款就好。那個豪華的單品會吸引大家的目光，你會看起來好像花了比你實際上花的還大筆的錢在打扮自己。

在我心中，沒有什麼比《駭客任務》中每個演員都穿的那件皮大衣更酷了。《駭客任務》在我高中的時候上映，是我那時候最喜歡的電影，我超愛尼歐的。在我心裡我知道：我就是尼歐。他是個阿宅，什麼都不會，但是骨子裡卻是個天殺的超級英雄。我只是在等一個禿頭、神祕的黑人男子來挖掘我，幫我指點迷津。現在有一個黑皮膚、理平頭的邦加尼告訴我：「你辦得到。就是你了。」我心裡當然想：「**沒錯**。我早就知道了。」

我跟邦加尼說我想要買基努．李維穿的皮大衣，長及腳踝黑色的那種，邦加尼卻反對：「不行，那一點都不實穿。看起來很酷，但是你永遠不會再有機會穿第二次。」他帶我去逛街，我們買了一件長及小腿的黑色皮大衣，現在看起來一定很可笑，但是在當年，多虧了尼歐，那可是超酷的款式。光這件大衣就花了我一千兩百塊蘭特，接著我們買了一件簡單的黑褲子、一雙麂皮方頭鞋還有一件乳白色的針織毛衣來搭配，大功告成。

衣服買好了以後，邦加尼看著我那頭爆炸黑人頭看了很久。我一直很想留一頭好看的七〇年代那種麥克．傑克森黑人頭，但是我的比較像電影《一窩小屁蛋》裡蕎麥的那頭亂髮[15]——蓬亂、難以梳理。梳頭髮就像是把一枝草耙叉進一床螃蟹草裡一樣。

「我們得整理你那頭亂髮。」邦加尼說。

「什麼意思？」我說：「我的頭髮就是這樣。」

「不成，我們**得**想想辦法。」

邦加尼住在亞利山卓，他把我拖到那去，然後去跟一些住在他家那條街上，在街角鬼混的女生討論。

「你會怎麼處理這傢伙的頭髮？」他問她們。

這些女孩把我看了看。

15 《一窩小屁蛋》（The Little Rascals）為一九九四年上映的美國電影，蕎麥（Buckwheat）為電影中的主角之一，是個有一頭黑人捲髮的黑人小孩。

「他頭髮好多，」其中一個人說：「他幹嘛不去梳成一排排的小辮子？」

「去你的，對耶，」她們說：「那樣會很好看！」

我說：「什麼？梳成辮子？我才不要！」

「不，不，」她們說：「你去試試看。」

邦加尼拉著我去街上一間理髮廳。我們進去坐下來，那理髮師摸摸我的頭髮，搖搖頭，轉向邦加尼。

「這頭羊我沒辦法做，」她說：「你這頭髮要先處理一下。」

「我們該怎麼處理？」

「你要先把它拉直，我這裡沒有做那種。」

「好。」

邦加尼拉我到第二間理髮廳。我在椅子上坐下來，這女的抓起我的頭髮，開始在上面塗一個白色乳狀的東西。她戴著橡膠手套避免直髮膏的化學物質沾到自己的皮膚，根據這個線索我應該早猜到這不是什麼好東西。我頭髮都塗滿直髮膏之後，她跟我說：「你要讓它沾在頭髮上越久越好。它會開始有灼熱感，當它開始變熱的時候，跟我說，我們就把它洗掉。但是你能撐得越久，你的頭髮就會越直。」

我不想把這件事吹了，所以我就坐在椅子上，盡我所能等了又等。

我等太久了。

她剛剛說有灼熱感再告訴她，其實她應該要跟我說有點刺刺的時候就要告訴她，因為等到它真的開始發燙的時候，它早就燒掉了我好幾層頭皮。我已經感覺刺刺麻麻的好一陣子了以後，我才突然驚醒，大叫：「很燙！很燙！」她快速帶我衝去沖水區，把直髮劑沖掉。但我不知道的是，這個化學藥劑其實是沖掉了以後才真正開始發燙。我感覺好像有人潑了液體燃燒劑在我頭上一樣。她洗好的時候，我頭皮上滿是一塊塊的酸性灼傷。

我是理髮廳裡唯一的男性，其他顧客全是女性。那是一個窺探女性平常為了愛美需要忍受痛苦的窗口。我心想「**她們怎麼會想這麼做？這也太難受了吧？**」但是它真的有用，我的頭髮完全變直了。理髮師把它往後梳，我看起來就像一個皮條客，一個叫「油頭」的皮條客。

接著邦加尼把我拉回第一間理髮廳，理髮師終於願意幫我梳辮子。她梳得很慢，整整花了六個小時。最後終於說：「好了，你看一下鏡子。」她把我的椅子轉過去，我往鏡子看——我從來沒看過自己這副德行。就像看過的美國電影裡那種大改造的情節一樣，他們找來很呆的男生或女生，幫他們弄頭髮、買新衣，然後這些醜小鴨馬上變成天鵝。我以前太認定我一定交不到女朋友，所以從沒有想過要為女生打扮，我不知道原來我可以打扮得很像樣。我的頭髮很好看，我的皮膚沒有很好，但已經大有改善，那些大膿皰退化成一般的痘痘。我看起來——還挺不賴的。

我回到家，我媽一看到我走進門就開始尖叫。

「噢噢噢噢噢噢噢！他們把我的寶貝兒子變成一個漂亮的小女孩了！我現在有個小女孩了！你真漂亮！」

「老媽！拜託，別這樣。」

「你是要藉這個方法跟我說你是同性戀嗎？」

「什麼？沒有啊，你怎麼會這樣想？」

「你知道的，如果你是也沒關係喔。」

「不是，老媽。我不是同志。」

我們學校裡每個人都愛死我的新造型，他們都認為我看起來超棒的，只有我媽把我損到不行。

「新造型真的很棒，」她說：「但實在是把你弄得太漂亮了。你真的看起來像個女孩。」

那個大日子終於到了。湯姆來我家幫我做準備。我的頭髮、衣服，每件事都很完美。我打扮好了之後，我們就去找亞柏拿BMW的鑰匙，整個晚上從那時候開始變了樣。

那是星期六晚上，一個禮拜終於結束的時候，所以亞柏和他的手下正在喝酒。我走去他的修車廠，一看到他的眼神我就知道：他已經喝醉了。**天殺的**。亞柏喝醉的時候會完全變一個人。

「啊，你可真帥！」他帶著大大的笑容說，打量我全身：「你要去哪裡？」

「我要去哪？——亞柏，我要去那個舞會啊。」

「好啊，玩得愉快。」

「呃……我可以跟你拿鑰匙嗎？」

「什麼鑰匙？」

「車鑰匙。」

「什麼車？」

「那台ＢＭＷ。你答應我可以開那台ＢＭＷ去畢業舞會。」

「你先去幫我買些啤酒。」他說。

他給我他的車鑰匙，湯姆跟我就開去商店。我幫亞柏買了好幾打啤酒，開車回家，還幫他扛下車。

「好了，」我說：「我現在可以去開ＢＭＷ了嗎？」

「不行。」

「『不行』是什麼意思？」

「就是『不行』，我今晚要用那台車。」

「可是你有答應我了，你說我可以開那台。」

「是這樣沒錯，但是我臨時要用。」

我整個被打敗。我跟湯姆坐在那，求他求了幾乎半小時。

「拜託。」

「不行。」

「我拜託你。」

「門都沒有。」

最後我們終於死心，開了那輛破爛的馬自達去芭碧姬她家。我整整遲到了一個小時才來接她，她非常不高興，還得出動湯姆去拜託她出來，最後她才終於願意出門。

她穿著一件超美的紅色晚禮服，比之前都還更美麗動人，但是她很明顯心情很糟。我心裡開始默默的驚慌起來，但是我還是對她微笑，試圖保持紳士風度當一個好情人，我幫她開門，稱讚她她有多美。湯姆和她妹妹跟我們道別，然後我們就上路了。

接著我大迷路。畢業舞會在一個我不熟悉的城區舉行，在這個重要時刻我整個搞錯方向，然後就不知身在何處了。我在黑暗中到處亂開，向左轉、向右轉、迴轉。這段期間我也一直在電話上焦急的求救，試圖弄清楚我在哪裡，試圖找到路。芭碧姬全程都面無表情不發一語，很顯然她對我或這個夜晚已經一點感覺都沒有了。我徹底搞砸了。我遲到，又不知道身在何處，我是她人生中最差勁的男伴。

後來我終於弄清楚方向，我們總算到了畢業舞會會場，遲到了幾乎兩個小時。我停好車、跳出來、跑過去她那邊幫她開門。我打開的時候，她就只是僵坐在那邊。

「妳準備好了嗎？」我說：「我們進去吧。」

「不要。」

「不要？妳說『不要』是什麼意思？」

「不要。」

「好……但是為什麼？」

「不要。」

「但是我們必須進去，舞會在裡頭。」

「不要。」

我在那裡站了二十分鐘，設法說服她進會場，但是她一直重複說「不要」。她就是不願意下車。

最後，我說：「好吧，我馬上回來。」

我跑進會場找到邦加尼。

「你跑去哪兒啦？」他說。

「我這不就來了嘛！但是我的女伴在車裡，她不願意進來。」

「什麼意思她不願意進來？」

「我不知道她是怎麼了，拜託幫幫我。」

我們走回停車場，帶邦加尼到我車旁，他一看到她就整個人失去理智。「老天耶穌基督啊！這真是我這輩子見過最漂亮的妞兒了。你跟我說過她很漂亮，但是，崔佛，這太誇張了。」一瞬間他完全忘了要幫我說服芭碧姬進場的事。他轉頭跑回舞會，然後叫那些男生過來：「大夥兒們！你們一定要來看看！崔佛帶了個女伴來！而且她超正的！大夥兒們！快過來啊！」

二十個傢伙跑出來停車場，圍著我的車。

「唷，她真的很正耶！」

「阿呆，這女生是跟崔佛一起來的？」

一群男生傻盯著她看，好像她是動物園裡的什麼動物。他們問可不可以跟她一起拍照，還去叫會場裡更多人出來：「這超扯的！快來看崔佛的女伴！不，不，不，你一定要來看！」

我嚇得六神無主，我在高中花了四年的時間小心避免在任何男女關係上丟人現眼，結果現在，就在畢業舞會這晚，偏偏就在這最重要的一晚，我丟臉丟到變成一個比舞會還受歡迎的馬戲團劇碼——崔佛這個不會約會的小丑，以為他約到了最漂亮的女孩參加畢業舞會，結果搞得一敗塗地，招來奇恥大辱，所以我們趕快出去看。

芭碧姬坐在乘客座上，眼睛直視正前方，仍然拒絕讓步。我在車外焦急踱步。一個朋友拿出一瓶他偷渡進舞會的白蘭地。

「喝吧，」他說：「來點酒吧。」那時候橫豎已經什麼都沒救了，所以我就開始喝酒。我全軍覆沒，反正我的女伴不喜歡我，今晚已經沒戲唱了。

最後大部分傢伙都回到舞會上，我坐在路邊大口大口喝那瓶白蘭地，想灌個爛醉。在某個時刻，邦加尼又回到車旁去試著說服芭碧姬進去裡面。幾分鐘之後他的頭從車身上方探出來，一臉疑惑。

「唷，崔佛，」他說：「你的女伴不會講英文耶。」

「你說什麼？」

「你的女伴，她一句英文都不會說。」

「這怎麼可能！」

我起來走到車旁，用英文問她幾個問題，但是她茫然的瞪著我看。

邦加尼看著我。

「你怎麼會不知道你的女伴不會說英文？」

「我……我不知道。」

「你有沒有跟她講過話啊？」

「當然有啊——還是，等一下……我有嗎？」

我開始回憶所有跟芭碧姬在一起相處的時光：在她家公寓見面，跟她朋友一起聚會，把她介紹給亞柏。我那時候有跟她講話嗎？沒有。我那時候有跟她講話嗎？沒有。這就好像《鬥陣俱樂部》裡的那一幕，當愛德華．諾頓所扮演的角色回想起來，才發現他和布萊德．彼特從來沒有在同一時間跟海倫娜．寶漢．卡特一起在同個房間裡，他才知道原來他一直都在揍他自己，原來他就是泰勒．杜登。

在與芭碧姬見面的所有興奮時刻中，那些我們一起鬼混一起認識彼此的時光中，我們其實從來沒有真正跟彼此講過話，一切都是透過湯姆。

天殺的湯姆。

湯姆承諾他會幫我找到一個漂亮女伴來參加畢業舞會，但是他沒有承諾過這個女伴會有的其他特質。每次我們聚在一起的時候，她都跟湯姆講沛迪語，然後湯姆再翻譯成英文給我聽。她完全不會講英文，而我根本不會說沛迪語。亞柏會說沛迪語，他為了跟他的客人溝通，學了好幾種南非土語，所以當我介紹他們認識的時候，他可以很流利的跟她聊天。但我在停車場的那個當下，才猛然發現我其實從來沒有真正聽過她講英文，除了「好。」「不好。」「嗨。」「掰。」就這樣而已——「好。」「不好。」「嗨。」「掰。」

芭碧姬很害羞，所以本來就不多話，而我對女人根本一竅不通，所以也不知道該跟她聊什麼。我從來沒交過女朋友，我甚至不知道「女朋友」是什麼意思。有人突然就把一個美女交到我手上說：「她是你的女朋友。」我被她的美還有女朋友這個概念沖昏了頭——但根本沒想到我應該跟她聊天，我從來不必跟我電腦裡的裸女們聊天，問她們的意見或問她們的感受。而且我很害怕我一開口就會把這整件事給毀了，所以我只是跟著點頭、跟著笑，讓湯姆負責說話。

芭碧姬的三個姊姊都會說英文，她妹妹黎瑞朵也會說一點點。所以每次我們跟芭碧姬、她的姐妹及他們的朋友聚會時，對話裡面有很大部分都是英文。其他以沛迪語或索托語進行的部分，我就直接左耳進右耳出，但這在南非很正常，所以從沒讓我感到困擾。從英文的部分，我有夠多的資訊去了解大家在說什麼，而且我腦袋對語言的處理是這樣的：即使我聽到的是別的語言，它們也會在把它們聽進去的過程中被過濾成英文。所以在我心裡，我都用英文來儲存這些對話。當我外婆跟曾祖母在瘋狂祈禱上帝摧毀那個在他們廚房地板上大便的惡魔時，全程都是以科薩語進行，但是我以英文儲存這些經過，我以英文在記憶它們。所以當我晚上躺在床上，想著芭碧姬還有我們一起度過的時光時，我感覺那些全都是以英文進行的，因為我的記憶都是英文。而且湯姆從沒有提過她會講或不會講什麼語言，因為他一點都不在意，他只想要拿到他的免費CD，然後追到芭碧姬她妹妹而已。這就是我為什麼會跟一個女生約會了一個月——我一直認定是我第一個女朋友的女生，卻連一次都沒跟她聊過天的原因。

這整晚的經過在我心中重播，從她的角度來看，我很容易明白為什麼她會不想下車。她大概從一開始就不想跟我一起來參加畢業舞會，她或許欠湯姆一個人情，而湯姆有三寸不爛之舌，可以說服任何人做任何事。然後，我放她一個人在家裡坐著等我一小時，這當然讓她很生氣。接著她坐進車裡，這是我們第一次獨處，她卻發現我連跟她講個話都沒辦法，我還開車亂繞，繞到在黑夜中迷路——一個年輕女孩在一個鳥不生蛋的地方，獨自跟一個奇怪的男人在車裡，根本不知道我要載她去哪裡，她大概快嚇死了吧。然後我們就到了舞會，她不會說任何人的語言，她也不認識任何人，她甚至不認識我。

邦加尼跟我站在車外，互瞪彼此。我不知道該做什麼，我試著用所有我會的語言跟她講話，但是一點用都沒有，她只會說沛迪語。我走投無路到開始試圖用手語跟她溝通。

「拜託。妳。我。進去。跳舞。好嗎？」

「不要。」

「進去。跳舞。拜託？」

「不要。」

我問邦加尼會不會說沛迪語，他不會。我跑進舞會四處找會說沛迪語的人來幫我：「你會說沛迪語嗎？你會說沛迪語嗎？你會說沛迪語嗎？」但沒有人會說沛迪語。所以我沒有真正去參加我的畢業舞會，除了進去會場裡那三分鐘找會說沛迪語的人之外，其餘的時間我都在停車場度過。舞會結束的時候，我爬進那輛破爛的紅色馬自達，開車載芭碧姬回家。我們兩個一路上不發一語，尷尬的坐著。

我抵達她位於希爾布的公寓住所前，把車停好，坐了一下，思考該如何既禮貌又有紳士風度的將這晚畫上句點。結果，突如其來的，她靠過來給了我一個吻。那種真正的、正式的吻，那種足以讓我忘卻今晚所有慘劇的吻。這讓我很困惑，我不知道我該做什麼。她坐回去，我深深看進她的雙眼，心想，我真的不知道女生是怎麼想的。

我下車走到她那一邊幫她開門。她拉好她的禮服下車往她家公寓走，她轉身離去前，我向她揮手，給她最後一個道別。

「掰。」

「掰。」

Part 3

第三部

在德國，每個讀完高中的學子都會知道猶太人大屠殺，不只是歷史細節，還有那個事件是為了什麼，並且有多嚴重——它的意義何在？因此，德國人對這段歷史都有足夠的了解並深感愧疚。英國學校也是這樣對待其殖民歷史，至少到某個程度。他們的學童在學帝國歷史時，總是會有個但書懸在那邊：「那真是個恥辱，不是嗎？」

＊＊＊

在南非，種族隔離制度的殘暴卻從來都不是這樣教的。學校沒有教我們評價或恥辱。南非教歷史的方法跟美國一樣。在美國，種族歧視的歷史就是這樣教的：「我們有奴隸制度，接著實施種族歧視法，然後出現了金恩博士，然後現在沒事了。」在南非也是一樣：「種族隔離制度很不好，尼爾森・曼德拉已經被釋放了，我們就把過去忘了吧。」學校教我們事實，但也沒有教很多，而且從來沒有帶到情感及道德的層面。就好像老師們——他們橫豎很多都是白人——有接到這樣的命令一樣：「不管你怎麼教，別激怒那些小孩。」

15 跳！希特勒！

我九年級的時候，有三個中國小孩轉到薩瑞罕來：寶羅、李小龍跟約翰。他們是學校裡一千個學童中唯三的中國人。寶羅這個綽號是因為他長得很像尚克勞・范・達美那部《拳霸天下》裡面的楊寶羅[16]。李小龍的名字真的就叫李小龍，這讓我們樂歪了。學校裡居然來了個中國人。安靜、帥氣、身材健美，然後他的名字還叫李小龍，簡直就是——**這太神奇了。感謝你，基督，給我們帶來李小龍**。約翰本來就叫做約翰，這名字跟另外兩個名字相比，實在有點奇怪。

我認識寶羅，是因為他是我福利社跑腿生意的顧客。寶羅的爸媽是專業級的盜拷專家，他們會盜拷電玩遊戲在跳蚤市場裡販賣。出身盜拷世家，寶羅當然也繼承家業——他開始在學校賣盜錄的PlayStation電玩。小孩會把他們的PlayStation主機給他，幾天後他會把加裝好晶片、可以玩盜版電玩的主機帶回來，然後再賣盜版電玩給他們。寶羅跟一個白人小

16 楊寶羅指的是香港知名功夫演員楊斯，在武打電影中常擔任反派角色，在國際間以其英文名 Bolo Yeung 為人所知。

孩、盜錄專家安德魯是好朋友，他專門賣盜版音樂光碟。安德魯比我大兩年級，他是個真正的電腦專家。他家甚至還有光碟燒錄器，那時候沒有人有那種東西。

有天我在忙福利社跑腿的生意時，我聽到安德魯跟寶羅在抱怨學校裡的黑人小孩。那些小孩已經發現他們可以拿走安德魯和寶羅的貨，然後只需要跟他們說聲「我晚點再付你錢」，就可以不用付錢走人，因為安德魯跟寶羅太怕黑人，不敢去招惹他們。

我加入他們的對話：「聽著，你們不要生氣。黑人沒有錢，所以設法用很少錢去獲取很多東西，這本來就是我們的作風，但是我可以幫忙。讓我來當你們的中盤商，你們給我貨，讓我來賣，我也負責收錢，你們只要讓我抽成當作報酬就好。」他們馬上愛死這個提議，所以我們就成了合夥人。

以我身為福利社飛毛腿的地位來做這行，真的是再適合也不過，因為我早就建立好人脈，只需加以利用就好。我把賣音樂光碟還有電玩遊戲的錢存下來，在我自己的電腦上加了很多配件跟記憶體。電腦高手安德魯教我這些門路：去哪裡買最便宜的零件、怎麼安裝它們、怎麼修理等等。他也讓我看他怎麼做生意：去哪裡下載音樂、去哪裡買大批的空白光碟。我唯一缺的就是一台自己的光碟燒錄器，因為那是最昂貴的配件。那時，一台光碟燒錄器等於是一整台電腦的錢，幾乎要兩千塊蘭特。

我當寶羅和安德魯的中盤商約一年。然後寶羅就離開學校了，謠傳是他的爸媽被逮捕。從那時候起，我就只跟安德魯合夥，但後來因為他也快畢業了，決定要金盆洗手。

他告訴我：「崔佛，你一直是個很忠實的夥伴。」所以，為了謝謝我，他把他的光碟燒錄器送給我。在那時候，黑人幾乎都沒有電腦，我說到這你就懂了。一台光碟燒錄器？那簡直是夢幻逸品的等級，這一切就像做夢一樣。從安德魯把燒錄器給我的那一天開始，他就改變了我的一生。多虧了他，我現在掌控了製作、銷售及發行——我擁有所有的優勢，來稱霸這個盜版生意。

我是個天生的資本家，我很愛賣東西，而且我賣的是大家都想要但是沒有別人可以提供的東西。我的盜版ＣＤ一張賣三十蘭特，約三塊美金。一張正版的ＣＤ在店裡要賣一百到一百五十蘭特。一旦人們開始跟我買，他們就不會再去買正版ＣＤ——我的價格划算太多了。

我很有生意頭腦，但是那時候我對音樂一無所知，這對一個賣盜版音樂的人來說是有點奇怪。我唯一熟悉的音樂還是教會裡的福音歌曲，那是在家唯一可以聽的音樂。安德魯給我的燒錄器是一倍速的，也就是說它燒錄的速度跟播放的速度相同。每天放學後，我就會待在我房間，在那裡坐上五、六個小時來燒光碟。我從亞柏放在院子裡的破爛車內挖出些老舊的汽車音響，把它們放在我房間各個角落接起來，設置了一個環繞式音響系統。但是雖然我得一直坐在那邊聽ＣＤ播放，很長一段時間其實我根本就沒有聽進去。我深知當供應商的黃金法則：永遠不要用你自己的貨自嗨。

多虧網路，我可以幫任何人抓到任何東西。我從來不去評斷任何人的音樂品味。你要超脫樂團的新專輯，我就給你超脫樂團的新專輯；你想要最新的DMX，我就給你最新的DMX。南非本土音樂也很紅，但是大家最想要的是美國黑人音樂，嘻哈跟R&B。鋸齒邊緣合唱團超紅，112合唱團也超紅。我也賣了很多蒙特爾．喬丹的音樂，超多蒙特爾．喬丹。

我開始經營的時候，網路是一台24k的撥接數據機，通常要下載一整張專輯要花上一整天。但是科技越來越進步，我就不斷投資在我的生意上。我升級到一台56k的數據機，我買了速度更快的燒錄器、好幾台燒錄器。我開始下載更多、燒錄更多、賣更多。因此我也僱用了兩個中盤商，就是我的朋友湯姆，他就讀於諾斯非中學，還有邦加尼，他住在亞利山卓。

有一天邦加尼來找我：「你知道什麼可以賺大錢嗎？與其燒一整張專輯，你為什麼不把不同專輯裡最好聽的曲目全部燒在一張光碟裡，因為大家都只想聽他們最喜歡的那幾首。」這主意聽起來實在太棒了，所以我開始製作精選輯，那些賣得超好。幾個禮拜後，邦加尼又來找我：「你可不可以讓音樂從上一首淡入下一首，就是一首接一首不要間斷，繼續有節拍？就像DJ整晚放的一套音樂一樣。」這主意聽起來也很棒。所以我下載了一個叫「分秒節拍」的軟體，它有個看起來好像兩張唱盤並列的圖示界面，我可以混音和淡入淡出每個音軌，基本上就是ＤＪ在現場可以使出的所有伎倆。我開始製作派對音樂，那些也賣得嚇嚇叫。

我的生意蒸蒸日上。到了要畢業的那年，我已經賺到翻，一個禮拜可以賺進五百元蘭特。給你做個參考，直到今日南非仍有女僕一個禮拜賺不到這樣的錢。如果你有家庭要養，這樣的薪水少得可憐，但是對一個才十六歲、住在家裡、不用花什麼錢的青年來說，這簡直像做夢一樣。

生平第一次我口袋裡有錢，這是世界上最令人感到暢快的事了。有錢之後，我學到的第一件事是，錢會讓你得以選擇。人們其實不是想要有錢，他們是想要能有所選擇。你越有錢，你的選擇就越多，這就是金錢帶來的自由。

因為有錢，我開始享受另一個全新等級的自由──我開始吃麥當勞。美國人不會理解，但是每當美國連鎖店在第三世界開賣的時候，人們都會為之瘋狂，直到今日都還是如此。二〇一三年南非開了第一家漢堡王，排隊的隊伍排得整條街都是，完全是件超級大盛事。每個人都在四處談論：「我得去漢堡王吃吃看。你有聽說了嗎？**那是美國來的。**」好笑的是，排隊的其實幾乎都是白人。

白人為之瘋狂，而黑人比較像是「**誰管你啊**」。黑人才不希罕漢堡王，我們的最愛是肯德基跟麥當勞。麥當勞最厲害的是，我們早在它來南非開店之前就從電影裡知道麥當勞了。我們從沒想過它會在南非開店，麥當勞對我們而言就像那種只在美國賣、不會出現在任何其他地方的美國貨。在我們吃到麥當勞之前，我們早就已經知道我們會愛死它，然後我們也真的愛死它。在某段時間，麥當勞在南非的分店比它在世界上其他國家裡開的都還多。曼德拉帶來了自由——而自由帶來了麥當勞。我們搬去海蘭諾不久之後，在離我家兩個路口的地方就開了間麥當勞，但是我媽死都不可能帶我們去那裡吃。現在我自己有錢了，心裡就像是「**放馬過來吧！**」我整個人栽進去。他們那時候還沒有推出「超大」份量，「大」就是最大的了。所以我會走到櫃檯去，覺得自己超厲害的，把錢拿出來說：「我要大份的一號餐。」

我就這樣愛上了麥當勞。對我來說，麥當勞吃起來就是美國的味道，麥當勞就是美國。你看到它的廣告，它看起來很棒，所以你渴望擁有它，你就去買。你第一口咬下去，驚為天人，它比你想像的還要好吃。然後，吃到半路，你發現好像並不是像它說的那麼一回事。再吃幾口，你心裡就會想「**嗯，這裡面其實大有問題**」。然後你就吃完了，又開始對它魂牽夢縈，你就會再回去買。

我一嚐到了這個美國味，就再也不想在家裡吃了。我只吃麥當勞。麥當勞、麥當勞、麥當勞、麥當勞。每天晚上我媽都試著要煮晚餐給我吃。

「今天晚上我們吃雞肝。」

「不了，我要吃麥當勞。」

「今天晚上我們吃狗骨頭。」

「我想要再去吃麥當勞。」

「今晚我們吃雞爪。」

「嗯嗯嗯嗯……好，我吃。但是明天我要吃麥當勞。」

錢源源不斷的湧入，我的財富無窮盡的越滾越大。舉個例子讓你知道我有多有錢：我買了一支無線電話，這是早在每個人都有手機的年代之前。這支無線電話的訊號很強，我可以把基座放在我窗戶外面，走兩個路口去麥當勞點我的大份一號餐，走回家、走上我的房間，打開電腦，整路上都有辦法一直在講電話。我就是那個走在路上，一邊拿著一支天線整個拉上去的巨大電話，一邊跟朋友講話的傢伙：「對，我現在要走去麥當勞……」

我的生活過得很愜意，如果不是因為安德魯，這一切都不會發生。如果沒有安德魯，我永遠都不可能學會盜版音樂世界的眉眉角角，我也永遠不可能過這種一直吃麥當勞的生活。他所做的，雖然很小，卻是讓我看到在壓迫統治之後，賦予窮人及被剝奪公民權的人謀生能力有多麼重要。安德魯是白人，他的家庭有管道可以享受教育、資源跟電腦設備。有好幾個世代，當他的族人在準備上大學，我的族人擠在茅草屋裡唱：「二乘二等於四。三乘二等於六。啦啦啦啦啦。」我的家庭被剝奪了他的家庭視為理所當然的東西。我天生對賣東西給別人很有頭腦，但是如果沒有知識及資源，我的天分又有什麼用呢？人們總是喜歡教訓窮人：「要負起對自己的責任！要成為有用的人！」但是窮人要用什麼原始材料，來形塑自己成為有用的人呢？

人們很喜歡說：「給一個人一條魚，他只能吃一天。教他如何釣魚，他才能一輩子享用不盡。」他們沒有說的是：「如果你能給他一支釣竿，那就更棒了。」跟安德魯共事是我生命中第一次了解到，你需要一個從權力中心來的人來跟你說：「好，這是你所需要的，而這是事情運作的方法。」僅有天分而沒有安德魯的燒錄器不會讓我成功。世人可能會說：「喔，那你的成功就是別人送給你的。」不，我仍然需要努力，才能在他的幫忙下大展鵬途。但是沒有他的幫忙，我一點勝算都沒有。

一天下午，我在我房間製作盜版CD，剛好邦加尼來拿貨。他看到我在我的電腦上混軌。

「這也太神了吧，」他說：「這是你現在弄出來的嗎？」

「是啊。」

「崔佛，我不認為你了解你的潛力：你正坐在一坑金礦上啊。我們可以在一群人面前搞這個啊。你一定要來黑人區做DJ表演，從來沒有人看過在電腦上混音的DJ。」

邦加尼住在亞利山卓。相較於索維托是幅員遼闊、政府規劃的貧民區，亞利山卓狹小而稠密，是種族隔離制度時代以前所留下來的貧民窟。一列又一列用煤渣磚及鐵皮蓋成的房舍，基本上是一間疊在一間上頭。它的綽號是罪惡之城，因為它有最瘋狂的舞會也有最嚴重的犯罪案。

亞利山卓最棒的是大街舞會。你拿個帳篷架設在路中間，霸占街道，舞會就這麼舉辦。沒有正式邀請卡或賓客名單，你就跟幾個人說，然後靠著口耳相傳，自然會有一大群人來。也不用申請許可證，這裡沒有這種東西。只要你有帳篷，你就有權利在你家門前路上辦趴。車子經過這個路口，駕駛看到有人開趴擋住去路，他們就會聳聳肩迴轉，沒有人會生氣。唯一的規則是，如果你在別人家門口開趴，他們可以來喝你的酒。這種趴不到有人被槍殺或有人用酒瓶敲人是不會停的，舞會就是得這麼結束。不然，它就不是舞會了。

在那個年代，大部分的ＤＪ都只能表演幾個小時，他們被所能買到的唱片所限制。有些舞會跳整晚，這樣你就需要五、六個ＤＪ才能讓舞會繼續下去。但是我有個超強大的硬碟，裡面塞滿了數位音樂檔，這就是為什麼邦加尼看到我在混音這麼興奮——他看到了一個稱霸市場的可能。

「你有多少音樂？」他問。

「Winamp 說夠我播一整個禮拜。」

「我們賺定了。」

我們的第一場表演，是我們從薩瑞罕高中畢業那年暑假的跨年晚會。邦加尼和我拿了我的電腦主機、巨大的電腦螢幕，還有所有的電腦纜線、鍵盤、滑鼠，我們把所有東西扛上一輛小巴，載去亞城。我們把他家門前的路占下來，從他家牽電線出來，架好電腦、喇叭，借了一個帳篷，然後人群就出現了。人簡直是爆炸多，到了半夜的時候，那整條街從一頭到另一頭都擠滿了人。那場成為那一年亞利山卓最大的跨年晚會，要能辦成亞利山卓最大的趴可不是開玩笑的。整個晚上，群眾從四面八方跑來參加，人人口耳相傳：「那裡有個淡膚色的傢伙在電腦上播音樂。」我一個人獨撐全場一直到清晨。結束的時候，我跟我朋友都已經累到、醉到倒頭就睡在邦加尼家外的草地上。這場趴辦得超成功，讓我們在街區一夕成名。很快，我們就成了各地方競相邀請的辦趴好手。

這個時機超剛好。

邦加尼和我從高中畢業的時候，我們找不到工作，根本沒有任何我們可以從事的工作。我畢業前唯一賺錢的方法就是盜拷CD跟當DJ，現在我已經離開薩瑞罕了，亞利山卓的小巴司機和街頭小鬼成了我CD生意最大的客源，我畢業前所主持的舞會大部分也在亞城，所以為了繼續賺錢，我就把重心轉移到那裡。我認識大部分的白人小孩都要休息一年再去念大學。

「我要空出一年先去歐洲。」白人小孩會這樣說。

所以我就說：「我也要先空出一年，我要花一年時間去黑人貧民區，在街上鬼混。」我就真的這麼做了。

在亞城，邦加尼的家門口，有片低矮的磚牆在馬路中間，每一天邦加尼和我的團隊就會去坐在那片牆上。我會帶著我的音樂CD，我們會播音樂然後練習跳舞。我們白天忙著叫賣CD，晚上就去主持舞會。漸漸的，別的貧民區，別的街區也開始邀請我們去表演。

多虧了我的電腦跟數據機，我可以獨家下載到很少人弄得到的曲目，但是這也為我帶來了困擾。有時候我會在舞會上播放新音樂，群眾就會站著嚷嚷：「這是什麼？這你要怎麼跳？」舉例來說，如果有個DJ播一首像「來看我（鞭／跳ㄋㄟㄋㄟ舞）」[17]這樣的歌——沒錯，這是一首讓人朗朗上口的歌，但是什麼是鞭？什麼是ㄋㄟㄋㄟ舞？那首歌要紅，聽眾得要知道怎麼鞭、怎麼跳ㄋㄟㄋㄟ舞；唯有群眾知道要怎麼跳那首歌，在舞會裡播新音樂才會成功。所以邦加尼決定，我們需要一個舞團來秀給民眾看怎麼跳我們的歌。因為我們整天都在聽音樂跟想舞步，我們在街頭找來的團隊早就知道我們全部的歌，所以他們就成了我們

17 Watch Me（Whip/Nae Nae）為來自美國亞特蘭大的饒舌歌手 Silentó 在二〇一五年推出的單曲，曲中結合許多流行舞蹈，包含當時非常走紅的ㄋㄟㄋㄟ舞。

的舞團。眾所公認舞團中最棒的、最帥的、最優雅的舞者就是邦加尼的鄰居——希特勒。

希特勒也是我的好朋友，而且我的天那傢伙真的很會跳，看他跳舞會讓人著魔。他有一種不符合物理學原理的柔軟度及流動性——想像一隻可以在陸地上行走的水母。他同時也無敵英俊，又高又輕盈又有肌肉，皮膚完美光滑，牙齒寬大，還有著燦爛的笑容，總是笑臉迎人。他整天就是一直跳舞。他一早起來就開始大放浩室音樂[18]或嘻哈，開始整天練習舞步。

在街區之間，每個人都知道舞團裡最好的舞者是誰，他就像你的地位象徵。你很窮的時候，不會有名車或名牌衣服，但是最棒的舞者身邊都有很多女生圍繞，所以你最好跟著他混。希特勒就是我們的舞王。有的舞會會舉辦跳舞比賽，從每個街區來的小鬼都會帶他們最好的舞者來，我們總是帶希特勒去，而他也總是會贏。

當邦加尼和我幫我們的舞群編舞時，我們都知道誰最具有巨星般的吸睛力，所以我們整支舞其實都是為希特勒編的。我先用幾首歌炒熱氣氛，接著舞者就會出場跳幾首歌。他們一讓舞會活絡起來之後，就會退下去，沿著舞台邊緣排成半圓形的隊伍，在後排中間留一個縫隙給希特勒出場。這時我就會卯起來播紅人的〈我們來搞吧〉（Let's Get Dirty），開始更進一步煽動群眾：「你們準備好了嗎?!我聽不到！讓我聽到你們的聲音！」群眾會開始尖叫，接著希特勒就跳進半圓形隊伍的正中央，群眾馬上陷入瘋狂。希特勒會跳他的舞步，那些圍繞在他旁邊的人則會大聲叫囂鼓譟。

「跳！希特——勒！跳！希特——勒！跳！希特——勒！跳！希特——勒！」而且因為這是嘻哈樂風，舞團會做出那種嘻哈舞姿，把手掌打平手臂往前伸直，隨著拍子打上打下。

「跳！希特——勒！跳！希特——勒！跳！希特——勒！跳！希特——勒！」我們整個舞團至此都已經陷入癲狂，帶著一千多名群眾在街上把手舉在空中吶喊著：「跳！希特——勒！跳！希特——勒！跳！希特——勒！跳！希特——勒！」

希特勒雖然是個不尋常的名字，在南非卻不是從沒聽過，部分原因要歸咎於大部分的黑人選名字的方法。黑人挑他們的傳統姓名時是很慎重的，那些名字有著深遠的個人意義。但是從殖民時代起到種族隔離制度實施期間，每個黑人都被要求要取個英文或歐洲名字——基本上就是一個讓白人知道怎麼唸的名字。所以你就會有你的英文名字、傳統名字，然後加上你的姓氏：像我媽，派翠西雅·諾邦絲·諾亞。十次裡面有九次，你的歐洲名是隨便取的，從聖經或好萊塢名人或新聞裡的知名政客裡頭亂挑。我有認識叫墨索里尼跟拿破侖

18 House music，一種融合經典狄斯可及電子音樂的混音作品類型。

的人。還有，當然，希特勒。

西方人對此非常震驚也很疑惑，但這其實是西方人自食惡果的一個例子。殖民國瓜分了非洲，奴役黑人做苦工，但卻從來沒有好好教育他們。既然白人不屑跟黑人講話，黑人又怎麼會知道發生在白人世界的事呢？因為這樣，很多在南非的黑人並不真正知道希特勒是誰。我的外公就以為「希特勒」指的是一種幫德國人贏得戰爭的軍事坦克，因為那就是他從新聞所聽出來的。對很多南非黑人來說，二次大戰的故事就是有個叫希特勒的人，他是聯軍當時幾乎打輸戰爭的原因。這個希特勒超級無敵，所以在某個時期，黑人甚至要去幫白人打他——如果白人需要降格來拜託黑人幫忙打某人，這個人一定是史上最凶狠的傢伙。所以如果你要你的狗很凶狠，你就叫你的狗希特勒；如果你要你的小孩凶狠，你就叫你的小孩希特勒，很有可能你有個叔叔就叫希特勒。總之那就只是個名字而已。

在薩瑞罕，我們比一般在貧民區長大的黑人小孩多學了點二次大戰，但也只是基本皮毛而已。學校沒有教我們，要批判性的去看待希特勒及反猶太主義及猶太人大屠殺。學校沒有教我們，比方說，種族隔離制度的制定者們是希特勒的粉絲，他們所設下的種族歧視政策，有部分就是發想於第三帝國的種族歧視政策；學校沒有教我們，要如何將希特勒跟我們現在所處的世界做連結；學校沒有教我們要如何思考，簡單來說就是這樣。學校教我們的就只有希特勒在一九三九年進攻波蘭，在一九四一年他進攻蘇聯，在一九四三年他做了另一件事。這些都是史實罷了。背起來，考試裡把它寫下來，然後就把它忘了。

另一個思考的面向是：希特勒這個名字並不會觸怒南非黑人。因為希特勒並不是南非黑人所能想像出來最惡劣的人。每個國家都認為它的歷史是最重要的，在西方更是如此。但如果南非黑人可以回到過去幹掉一個人的話，塞西爾・羅德斯[19]的名字一定會出現在希特勒之前。如果在剛果的人可以回到過去，幹掉比利時國王利奧波德二世[20]一定會出現在希特勒之前。如果美國原住民可以回到過去幹掉一個人的話，那大概會是哥倫布或安德魯・傑克森[21]。

我經常在西方遇到有人堅持猶太人大屠殺是人類歷史上最殘酷的暴行，毋庸置疑，沒錯，那是個可怕的歷史事件。但是我經常在想，像在剛果發生的那些暴行，又有多可怕？非洲人沒有，但猶太人有的是記錄。納粹政權留下了俱細靡遺的記錄，他們照照片，他們拍影

19 Cecil Rhodes 為英國帝國主義者、商人及政客，在十九世紀末期對於非洲南方的殖民政策影響巨大。羅德斯認為安格魯・薩克遜人為世界的領導種族，因此大舉擴張英國在非洲南部的殖民地。許多人認為他的種族歧視為南非的種族隔離制度的開端。

20 King Leopold II 創立及擁有剛果自由邦，統治剛果期間以極其不人道的手法剝削及奴役黑奴，包括採集大量橡膠牟利。在他統治之下，粗估有將近一百萬到一千五百萬名剛果人被屠殺。

21 Andrew Jackson 是美國第七任總統。從軍時期曾大舉領軍屠殺美國原住民，擔任美國總統期間在一八三〇年簽屬《印第安人遷移法》，支持將所有原住民遷往密西西比河以西的政策。

片，這就是重點。猶太大屠殺的受害者們重要，是因為希特勒有細數他屠殺的人數：六百萬人被屠殺。我們都可以看著這個數字，然後理所當然震驚。但是當你讀在非洲所施行的那些暴行的歷史時，那裡沒有數字，只有猜測，而我們很難對一個不確定的數字感到震驚。當葡萄牙跟比利時在掠奪安哥拉與剛果時，他們不會去數他們所屠殺的黑人人數。有多少人死於在剛果採集橡膠？或是在德蘭士瓦的黃金跟鑽石礦坑中？

所以在歐洲跟美國，沒錯，希特勒是歷史上最邪惡的狂人。在非洲，他只是歷史課本中的另一個獨裁者。在我跟希特勒一起鬼混的時光中，我從沒有一次問過我自己：「為什麼他的名字是希特勒？」他的名字是希特勒，就只是因為他媽幫他取名為希特勒。

我跟邦加尼的ＤＪ團隊加入舞者們後就大紅大紫了。我們把團名取為黑白男孩，把我們的舞者稱為跳羚羊男孩。我們開始收到各方的邀約。成功的黑人家庭開始搬去白人郊區，但是他們的小孩仍想要有街頭舞會，並且與貧民區的文化保持連結，所以他們會邀請我們去他們的舞會表演。口耳相傳之下，很快的，我們越來越常被邀請去白人郊區表演，與白人打交道，為白人演出。

有一個我們在貧民區認識的小孩，他媽媽負責為不同的學校設計文化課程。在美國，他們會稱之為「多元課程」，這種課程在南非如雨後春筍般冒出，因為在這個後種族隔離的年代，我們都應該跟彼此學習，並擁抱彼此的文化。這小孩的媽媽問我們想不想在林柯菲某個學校的文化日表演，林柯菲是一個位於薩瑞罕南方富裕的白人郊區，我的朋友泰迪曾住過那裡。那天會有很多不同的舞蹈跟音樂，大家都會聚在一起相處，變得更有文化。她說會付我們錢，所以我們當然就說好。她給我們表演的時間地點等資訊，那學校的名字是：大衛王學校，一所猶太學校。

表演那天，我們訂了小巴，和往常一樣把我們的家當都裝進去，然後就開過去。抵達後，我們就在學校禮堂的後台等候，觀賞在我們之前上台演出的表演，不一樣的團體輪番上陣演出：佛朗明哥舞者、希臘舞者、傳統祖魯樂家。接著就換我們上場了，我們被稱為南非嘻哈舞者。我們在舞台上架設好我們的音效系統，往下看，整個禮堂滿滿都是戴著圓頂小帽的猶太小孩，準備好要狂舞。

我拿起麥克風：「你們準備好要搖滾了嗎?!」

「好了！！！」

「大聲一點！」

「好了！！！」

我開始播放音樂。貝斯碰碰響，我的舞團跳著舞，每個人都樂在其中。老師們、導護們、父母們、好幾百個孩子們——他們全部都瘋狂熱舞。我們的表演設定為十五分鐘，我預計在第十分鐘的時候開始播〈我們來搞吧〉，帶出我的明星舞者，讓他們知道厲害。

我開始播這首歌，舞者們淡出排成半圓形，我拿起麥克風。

「你們準備好了沒?!」

「好了！！！」

「看來你們還沒！你們準備好了沒?!」

「好了！！！！！！」

「好！讓我們拍手歡迎希希希希特特特特特特特勒勒勒勒勒勒勒！！！」

希特勒跳到舞台中央開始賣力演出，他身邊的舞者全都大喊著：「跳！希特——勒！跳！希特——勒！跳！希特——勒！跳！希特——勒！」他們把手舉到身體前方，對著拍子揮舞著：「跳！希特——勒！跳！希特——勒！跳！希特——勒！跳！希特——勒！」而我也在麥克風上帶領他們：「跳！希特——勒！跳！希特——勒！跳！希特——勒！跳！希特——勒！」

整個禮堂的人都呆住了，沒有人在跳舞。老師們、導護們、父母們、好幾百個戴圓頂小帽的孩子們——他們全呆了，不可置信的看著台上的我們。我完全沒發覺，希特勒也沒發覺，我們繼續表演。有三十秒長的時間，禮堂裡唯一的聲音是音樂的節奏，還有我對著麥克風嘶喊：「跳！希特——勒！跳！希特——勒！跳！希特——勒！把你的手舉起來幫希特勒歡呼，呦！」

一位老師跑到我身後，把我整個系統的電源線從牆上拔掉。禮堂裡一點聲音都沒有，她轉向我，怒氣沖天：「你怎麼膽敢這麼做？這令人做噁！你們這些令人髮指、噁心、卑鄙的傢伙！你怎麼敢這麼囂張?!」

我腦中飛快思考，試著理解她在說什麼。然後我就想到了。希特勒有個特別的舞姿叫spana va，意思是「你在搞的時候」，這舞姿非常色情：他的屁股會旋扭並且衝刺，就好像他在跟空氣做愛一樣。這個老師衝過來的時候，他剛好在做這個動作，所以很顯然她是認為這個舞姿很噁心。但這是非洲人一天到晚都在跳的舞姿，這是我們文化的一部分。我們在這裡分享我們的文化來響應文化日，而這女人居然說我們噁心。她非常生氣，而我對於她的怒氣也感到很憤怒。

「女士，」我說：「我認為妳應該冷靜下來。」

「我才不要冷靜下來！你怎麼敢來我們的地盤這樣汙辱我們?!」

「這沒有汙辱任何人。我們就是這樣的人！」

「你們給我滾出去！你們這些人真令人做噁。」

原來如此。**你們這些人**。現在我知道是怎麼回事了：這位女士有種族歧視，她沒辦法接受黑人男性跳有性暗示的舞。我一邊收拾我的設備，一邊跟她爭吵。

「聽著，女士。我們現在已經自由了。我們可以隨心所欲做想做的事，妳阻止不了我們。」

「我要讓你知道我的族人以前曾打敗過像你這樣的人，我們有辦法再打敗你們一次。」

她在講的當然是在二次大戰打敗納粹的事，但是我聽到的卻不是這樣。南非的猶太人就只是白人而已，所以我聽到的就只是一個白人女士大吼白人曾擊潰過我們，然後他們會再擊潰我們一次。我說：「這位女士，你永遠不可能再次擊敗我們。」——我就是在這個時候使出了王牌——「你永遠阻擋不了我們，因為現在我們有曼德拉站在我們這邊！他說我們可以這麼做！」

「你說什麼?!」

她完全摸不著頭緒。我受夠了，我開始對她罵髒話：「去你的，女士。去你的文化課程。去你的學校。去你的全體族人。我們走吧，大夥兒們！我們出去！」

我們不是用走的離開那所學校，我們是跳著舞離開。我們把拳頭舉高跳掉街上去：「跳！希特——勒！跳！希特——勒！跳！希特——勒！跳！希特——勒！」因為希特勒讓他們知道厲害了，希特勒跳了一支超強的舞，而那些白人到現在都還搞不清楚狀況。

* * *

亞力山卓原本是一個白人以他太太來命名的農場。就像索菲雅鎮那樣在種族隔離制度前就分布在白人區的黑人聚集地，亞力山卓一開始是前往約翰尼斯堡找工作的黑人所聚集居住的貧民窟，它比較特別的地方是，這個前地主把土地賣給了那些黑人移居者，雖然在那個時候黑人並不能合法擁有土地。所以種族隔離制度實施後，索菲雅鎮跟其他黑人區被夷平改建成白人郊區時，亞力山卓力爭抵抗，維護了它存在的權利。富裕的白人郊區如桑頓在它周圍興起，但是亞力山卓仍繼續存在。越來越多的移居者來到此，蓋起臨時的棚屋鐵皮屋，它們看起來就像孟買或巴西的貧民窟。我第一次看到里約熱內盧的貧民窟時就說：「沒錯，這就像是在山丘上的亞力山卓。」

索維托很棒，因為民主制度開始後，你看著索維托成長、轉化成一個像樣的城市。人們從只有三個房間的房子，到有五個房間的房子，到最後變成有三間臥房加車庫。索維托有成長的空間，因為它有政府給的那塊地去大興土木，但是在亞力山卓沒辦法這麼做。亞力山卓沒辦法再變得更大了，因為它的四周都已經被包圍，它也沒辦法往上蓋，因為它的建築大部分都是鐵皮棚屋。

民主制度開始之後，人們開始從黑人家園湧進亞力山卓，在別人的鐵皮棚屋後院再加蓋更多的鐵皮棚屋，然後又會有更多的鐵皮棚屋蓋在這些的後院，城市空間越來越被壓縮，有近二十萬人擠在小小幾平方公里的土地上。即使你今日再回去看，亞力山卓仍然沒有改變。它無力改變，它本身的條件讓它不可能改變。它就只能是它現在這個樣子。

16 起司男孩

我朋友邦加尼是個矮小、禿頭、魁武的傢伙。但他並非一直都這樣。他一輩子都很瘦小，但是後來有一本健美雜誌落到他手上，從此改變了他的一生。邦加尼是那種會激發每個人潛力的朋友。他就是那個在還沒有人看出來以前就看到你的潛力、並相信你的朋友，這也就是為什麼很多貧民區的小鬼都死忠於他，為什麼我也死忠於他。邦加尼一直都很受歡迎，但是他的名聲是從他打爆學校裡一個惡名昭彰的惡霸之後才真正開始起飛。那件事鞏固了他的地位，他成為貧民區小孩的領袖兼保護者。

邦加尼住在亞利山卓，但我們還在唸書時，我從來沒有去那裡找過他，總是他來我在海蘭諾的家。我去過亞城幾次，時間都很短，我從來沒有真正在那裡待過一段時間。這麼說好了，我從來沒在晚上去過亞城。白天去亞城跟晚上去是兩件截然不同的事，那個地方被暱稱為罪惡之城是有原因的。

有天放學後，在我們將畢業之前不久，邦加尼跑來中庭找我。

「嘿，我們去黑人街區吧。」他說。

「黑人街區？」

一開始我根本不知道他在說什麼。我從饒舌樂裡學過「黑人街區」這個字，我也知道南非黑人居住在好幾個不同的貧民區，但是我從來沒有用前者來形容後者。

種族隔離制度垮台之時，正值美國嘻哈音樂大紅大紫的年代，嘻哈讓出身黑人街區變成一件很屌的事。在這之前，住在貧民區是一件丟臉的事，那比社會的最底層還不如。後來我們看到《鄰家少年殺人事件》[22]跟《社會的威脅》[23]這些電影，它們讓街區看起來酷到不行。這些電影及歌曲裡面的主角，各個自命非凡。貧民區裡的小孩開始有樣學樣，把街區身分像榮譽勳章一樣戴在身上，你不再是出身貧民區——你是出身街區。出身於亞城比出身於海蘭諾走路起來更有風，所以當邦加尼說：「我們去街區吧。」我很好奇他的意思，就想要知道更多。

邦加尼帶我去亞城的時候，我們跟大部分的人一樣是從桑頓那一側進城。你開車經過約翰尼斯堡最富裕的社區之一，經過宮廷式豪宅還有大把鈔票，接著你就會經過溫貝格這個切割有錢白人跟貧窮黑人的工業城區。在亞城的入口有個超大的小巴轉運站及公車站，跟在詹姆斯·龐德或傑森·包恩電影裡，所看過那些吵雜混亂的第三世界市場一模一樣，那就像是個在戶外的中央車站。所有的一切都是動態的，每件事都在進行。沒有任何東西看起來像是昨天就在這裡，也沒有任何東西看起來明天還會在這裡，但是每天看起來它似乎都不曾改變。

當然，在小巴轉運站的隔壁，就是肯德基。這是南非的一大特色——到處都有肯德基。肯德基打動了黑人，它不跟你擺姿態，它早在麥當勞、漢堡王或任何人願意來到街區之前就來了。就好像肯德基跟你說：「喲，我們在這裡挺你。」

過了小巴轉運站之後，你就到了正宗的亞城。我去過的城市裡有亞城那種旺盛電力的不多，那是一個持續不斷有人類在活動的蜂巢，一整天，人們來來去去，幫派混混沿街叫賣，街角傢伙無所事事，毛頭小鬼四處奔跑。那些精力無處可去，無法消散，所以它不時會從激烈的暴力事件及瘋狂派對中爆發出來。它可以前一分鐘還是慵懶的下午，人們廝混，做他們自己的事情，而下一分鐘就聽到警車追逐幫派歹徒，飛車穿越街道，啟動槍戰，直升機在空中盤旋。然後，十分鐘之後，一切就又好像從沒發生過一樣——大家又回去廝混，回去行騙叫賣，來來去去，四處奔跑。

亞城是棋盤式的城市，有一整系列的大道。街道鋪著柏油路，但是人行道大部分都是

---

22 Boyz n the Hood，又譯為「街區男孩」，是年輕美國導演約翰·辛格頓（John Singleton）在一九九一年所推出一鳴驚人的處女作，處理美國黑人貧民窟中所隱藏的青少年問題。該片並入圍當年奧斯卡的最佳導演獎及最佳劇本獎。

23 Menace II Society，由黑人休斯兄弟檔導演（The Hughes Brothers）在一九九三年推出的劇情片，描繪了美國黑人絕望無助的生存環境。

泥土路。城市看起來是煤渣磚與鐵皮的顏色，灰色與深灰色，偶爾穿插幾筆亮色。可能有是人把一面牆漆成檸檬綠，或者是外帶專賣店上頭有個亮紅色的看板，更或者只是有人幸運找到了一片亮藍色的鐵皮。城市裡公共衛生系統幾乎蕩然無存。四處都是垃圾，小巷道裡有垃圾著火稀鬆平常，街區裡總是有什麼東西在燃燒。

你走在路上，會聞到各種你想像得到的味道。人們在煮飯，在路邊吃外賣。有個家庭把他們的鐵皮屋隨便架在另一個家庭的鐵皮屋正後方，他們沒有任何自來水，所以他們得用水桶去接戶外水龍頭的水來洗澡，然後把髒水倒在街上，髒水就流到早已經湧到街上的汙水灘裡，因為下水道又堵塞了。有個在修車的人以為他知道怎麼修，但其實他不知道。他把舊機油倒在街上，舊機油就跟洗澡水一起變成一道汙流流上街去。

你可能會看到有山羊在附近——山羊總是無所不在。你在走的時候，各種聲音會向你襲來，一種人類活動持續不斷發出的嗡嗡聲，人們講著一大堆不同的語言，聊天，殺價，爭吵。而且總是有人在播音樂。你會在一個街角聽到傳統黑人音樂，下一個街角聽到桃莉·巴頓，接著會有人開車呼嘯而過，沿街大放聲明狼藉先生。

街區對我來說完全是感知的爆炸，但是在那樣的混亂中其實自有一套系統，根據你住在何處來取決你社會地位。第一大道一點都不優，因為它就在喧鬧的小巴轉運站旁邊。第二大道挺不錯的，因為它有一些在亞城還算是正式定居地時期所建造的像樣房子。第三、第四及第五大道就又更好了——以貧民區標準來說，這裡住的是從舊時代傳承下來的那些算有頭有臉的家庭。接著從第六大道往下就真的變得很破爛了，很多鐵皮屋跟棚屋。這裡有幾間學校、幾個足球場，還有幾間旅社，是政府興建來安置移工的大型建案。你永遠不會想要到那邊去，那裡的幫派分子是來真的。你只有在需要買衝鋒槍的時候才會去那裡。

過了二十大道之後就是雅克斯凱河，過了羅斯福路橋之後的對岸就是東岸，是亞城街區中最新也最好的區。東岸是由政府介入整治過的區域，他們清除臨時搭建的鐵皮屋，興建起一些像樣的房舍。雖然仍然是提供給低收入戶的住家，但這些有兩個臥房，還有個小後院的房舍已經相當不錯了。住在那邊的家庭手頭算是有點錢，他們通常會把他們的孩子送出街區，去就讀較好的學校，像薩瑞罕。邦加尼他們家就住在東岸，在羅斯福及跳羚街的角落，我們從小巴轉運站那頭一路穿越街區之後，就回到他家，在他家門口那道位於跳羚街正中央的低矮磚牆那裡鬼混，無所事事，隨便胡扯。我當時還不知道，我會在那個地方度過我接下來三年的歲月。

我十七歲時從高中畢業，那時候我的家庭生活已經因為我的繼父變得苦不堪言。我不想再住在那裡，我媽也同意我應該搬出去住。她幫我搬到在同條路上的一棟大樓，一間滿是蟑螂的便宜公寓。如果勉強說我有什麼計畫的話，我當時想進大學念電腦程式設計，但是我們付不起學費，我得需要先賺錢。我唯一熟悉的賺錢方式就是賣盜版光碟，而賣盜版光碟最棒的地方就是街區，因為那裡有小巴轉運站。小巴司機永遠都在尋找新音樂，因為他們可以利用好音樂來吸引乘客。

街區還有另一個好處，就是它物價超級便宜，過日子不用花幾個錢。街區有一種食物叫kota，就是用四分之一條的吐司，把裡面的麵包挖開，放進炸馬鈴薯、一片大香腸，還有一種醃芒果做成的佐料叫achar，這樣只賣幾塊蘭特。你花越多錢，就可以升級加越多料。如果你有多一點錢，你可以加一條熱狗；如果你有再多一點錢，你可以加一條真正的香腸，像德國香腸，或者是一顆炒蛋。最豪華的版本，把全部的好料都加進去，夠填飽三個人的肚子。

對我們而言，最終極的升級是加一片起司。起司永遠是最了不起的好料，因為它很貴。不用跟我們講什麼金本位制——在街區我們講的是起司本位制。在任何東西上加上起司就是有錢的象徵。如果你點一份漢堡，那很不錯，但是如果你點一份起司漢堡，那就代表你比只點漢堡的那傢伙有錢。三明治裡加起司、冰箱裡有起司，這就代表你日子過的不錯。在任何南非的黑人區，如果你有點錢，大家就會說：「喔，你是起司小子。」簡單來說，這樣你就不算是街區小子了，因為你家買得起起司。

在亞城，因為邦加尼跟他的同夥住在東岸，所以他們被視為起司小子。諷刺的是，因為他們住在過河後的第一條街，人們其實視他們為東岸的人渣而看不起他們，住在東岸更上頭、房子更好的那些小孩，才是更起司的起司小子。邦加尼和他的同夥絕對不會承認他們是起司小子，他們會堅稱：「我們不是起司，我們是街區小子。」

但是真正的街區小子會說：「喂，你才不是街區，你是起司。」

「我們不是起司，」邦加尼一幫人會這麼說，一邊指著東岸上頭：「他們才是起司。」

總之就是一幫人可笑的為了當街區或當起司裝腔作勢。

邦加尼是他那夥人的頭頭，就是有辦法讓大家同心協力的人。然後還有米茲，他是邦加尼的死忠跟班，個頭很小，很愛跟著別人瞎攪和。貝基是我們的酒保，總是找得到酒喝，也總是想得出喝酒的藉口。然後有卡科茨，我們叫他G，一個爛好人，唯一的興趣就是女人。如果有女生跟我們一起混，他整個人就活了起來。最後就是希特勒，舞會之神，希特勒一心就只想跳舞。

當種族隔離制度結束時，起司小子的處境變得無比難堪。若你生長在街區，明瞭一輩子離不開街區那也就罷了。但是起司小子看過外面的世界，他的家庭狀況還可以，他們有房子，去念不錯的學校，他可能甚至還畢業了。他被給予更多的潛力，但是沒有被給予更多的機會。他知道外面的世界是什麼樣子，但是卻沒有被給予在那個世界生存的方法。

技術上來說，種族隔離制度實施時，南非的失業率比種族隔離制度結束時還低，這很容易理解。以前有奴隸制度——這是大家都有工作的原因。民主制度開始後，每個人都必須被支付最低基本工資，勞力成本提高的結果，就是瞬間上百萬人都丟了飯碗。種族隔離制度結束後，年輕黑人的失業率竄高，有時甚至高達百分之五十。很多年輕人從高中畢業，沒有經濟能力進大學，而且如果你是從街區來的，做事或講話有某種街區調調，你甚至會連一個當店員的小工作都找不到。因此，對很多住在南非黑人區的年輕人來說，自由的面貌就像這樣：每天早晨起床，父母可能有上班也可能沒有。他們走到外面在街角混一整天，講些廢話。他們是自由了，他們是學到了如何釣魚，但是卻沒有任何人願意給他們一根釣竿。

我在街區學到的第一件事，就是平民與罪犯其實只有一線之隔。我們喜歡相信我們住在好人與壞人壁壘分明的世界，在富裕郊區你很容易信此為真，因為在郊區要認識一個專職罪犯是件困難的事。但是你一到街區，你就會看到好人壞人之間的分層色譜。

在街區，幫派分子是你的朋友跟鄰居，你認識他們，你在街角跟他們聊天，在舞會上看過他們，他們是你世界的一部分，你在他們成為幫派分子之前就已經認識他們了。你不會說：「嘿，那是個毒販。」你說的是：「喔，小吉米現在賣起毒品了。」這些幫派分子最奇怪的地方，就是他們乍看之下都一模一樣。他們開著同樣紅色的跑車，跟一樣十八歲的辣妹們約會。這很奇怪，好像他們沒有自己的個性一樣，他們是共享某一種個性。這個人可能是那個人，那個人也可能是這個人。他們都研究過要如何成為某一種特定類型的幫派分子。

在街區，即使你不是絕對的罪犯，犯罪也一定在你生命中以某種樣式存在，只是程度的問題而已。不論是購買從卡車上掉下來的食物來餵飽她家人的母親，或是賣軍事武器及硬體設備的黑幫，每個人都是有罪之身。街區讓我了解到犯罪之所以會成功，是因為犯罪做了一件政府沒做的事——犯罪在乎你。犯罪是一個基層的活動，犯罪會去找需要維持生計與援助的年輕孩童，犯罪提供實習規畫、暑期打工及晉昇機會，犯罪深入社區經營，犯罪從不歧視。

我的犯罪人生從很小的事情開始，就是在街角買盜版音樂光碟。那本身是個犯罪，我現在總覺得好像我虧欠了這些樂手一大筆錢，因為我竊取了他們的音樂，但是就街區標準來說，這根本連違法都還搆不上。在那個時候，沒有任何一個人想到我們做的事是錯的——如果盜拷光碟是不對的，那他們幹嘛賣光碟燒錄機？

邦加尼他家的車庫正好面向跳羚街，每天早上我們會打開門，牽一條延長線到街上，架好桌子，開始播音樂。人們會走過來問：「那是什麼？我可以買一片嗎？」這個街角也剛好是很多小巴司機開完一趟，要轉回去小巴轉運站的地方。他們會開過來、下訂單、開回來、取貨。開過來、下訂單、開回來、取貨。我們一整天就是跑出去接訂單，回車庫製作更多的精選輯，然後再拿出去賣。附近有個改裝過的貨櫃，如果我們在磚牆那邊待得無聊，就會改去貨櫃鬼混，那裡有個我們會拿來亂打的付費電話。生意清淡的時候，就會在貨櫃與磚牆之間遊蕩，跟同樣大白天就無所事事的人聊天鬼混。我們會跟毒販聊天、跟幫派混混聊天，然後三不五時警察會來突襲。這就是街區生活的日常，隔天再繼續上演同樣的戲碼。

光碟買賣慢慢的變成了勒索行騙，因為邦加尼看得到所有的眉角，也深知如何利用這些來謀利。就像湯姆一樣，邦加尼是天生的騙徒。但是湯姆短視近利，而邦加尼卻是深謀遠慮——如果我們這樣做，就會得到那個，然後我們再以小搏大把那個翻一倍，得到更多好處。

舉例來說，有些小巴司機有可能沒辦法當場付清：「我現在沒錢，因為我這次輪班才剛開始，」他們會這麼說：「但是我需要新音樂。我可以先賒賬嗎？拜託讓我先欠個人情，我這個輪班一結束就來付錢，這個週末可以嗎？」所以我們就開始讓司機賒賬，再跟他們收取一些利息。

我們開始賺進更多錢，不會多超過幾百塊，或許一次最多多賺一千蘭特，但那些都是熱騰騰的現金。邦加尼很快就發現我們的優勢，街區裡大家最需要的就是現金。每個人都在找短期貸款來付帳單、付罰款、或只是讓日子能過得下去，所以大家開始來找我們借錢。邦加尼會先談好條件，然後來找我。

「嘿，我們要跟這個傢伙談筆交易。我們先借他一百塊，這禮拜結束的時候他會還我們一百二十塊。」我會說好。然後這傢伙就會回來付我們一百二十蘭特。然後我們就再幹一票，幹更多票。我們的錢開始成倍數成長，兩倍，接著三倍。

現金也讓我們在街區以物易物的經濟市場中有利可圖。大家都知道，只要你站在街區裡任何大街、任何角落，馬上就會有人來跟你推銷東西。「嘿，嘿，嘿，老兄。你想買點大麻嗎？」「想買台錄放影機嗎？」「需要ＤＶＤ播放器嗎？」「嘿，我要賣一台電視。」街區就是這樣運作的。

舉例來說，我們可能看到兩個人在一角討價還價，有個毒蟲想賣一台ＤＶＤ播放器，一個上班族老兄想買但是沒有錢，因為還沒有發薪水。他們你一言我一語，但是毒蟲現在就想要拿到錢，毒蟲是等不及的，他們不會跟你來分期付款這一套。這時候邦加尼就介入了，他把那個上班族拉到一邊。

「聽著，我知道你現在沒錢付ＤＶＤ播放器，」邦加尼說：「但是你願意付多少錢？」

「我願意付一百二十塊。」他說。

「好，沒問題。」

接著邦加尼把毒蟲拉到一邊。

「你ＤＶＤ播放器想賣多少錢？」

「我想賣一百四十元。」

「好，你聽著。你急需錢吸毒，而且這台DVD機一定是偷來的。我付你五十元。」

毒蟲會小抗議一下，但是他最後還是會拿錢，因為他是毒蟲，而且我們給他現金，毒蟲滿腦子想的只有當下而已。接著邦加尼再到上班族那邊。

「敲定了，我們就賣一百二十元。這是你的DVD播放器，現在是你的了。」

「但是我現在沒有一百二十元。」

「沒關係。你可以先拿去，等到你發薪水的時候再付給我們一百四十元就可以了。」

「好主意。」

就這樣我們投資了五十元蘭特付錢給毒蟲，然後從上班族那邊收回一百四十元。但是邦加尼還會看到將獲利再翻一倍的方法。比方說這個買了DVD播放器的傢伙可能是在鞋店上班。

邦加尼會問他：「你用店員價買一雙Nike球鞋多少錢？」

「我可以用一百五十塊買到一雙Nike。」

「太好了，那你不用還我們一百四十元了，我們給你十元，你幫我們用你的折扣搞來一雙Nike就好。」

所以這傢伙就會帶著一台DVD播放器跟十元蘭特回家，他一定感覺他走了好狗運。他會幫我們拿來一雙Nike球鞋，我們就把它拿去給東岸上頭那些更起司的起司小子說：「嘿，老兄，我們知道你想要一雙新喬登球鞋。這雙在鞋店裡賣三百元，我們賣你兩百元就好。」我們把球鞋賣給他，轉眼我們就把六十蘭特變成兩百蘭特。

這就是街區。有些人總是在買東西，有些人總是在賣東西，行騙就是在這整個狀況中當中間人。這當然完全不合法，沒有人知道任何東西是從哪裡來的。給我搞來Nike球鞋的那傢伙，真的有「店員價」嗎？你不知道，你也不過問。整個過程就只是：「嘿，你看我這裡有什麼？」然後「太棒了，你要賣多少？」這就是共通語言。

一開始我不知道問不得。我記得有一次我們收購了一台汽車音響之類的東西。

「但這到底是誰的啊？」

「唉，別想那麼多，」我們其中一個同夥跟我說：「白人都有保險。」

「保險？」

「對啊，白人東西不見的時候，他們有保險會付他們現金賠償他們弄丟的東西，所以他們根本沒差。」

「喔，原來如此，」我說：「這樣就好。」

我們對這件事就只有想到這麼多：當白人掉東西的時候，他們會收到賠償，這又是當白人的另一個好處。

當你住在一個富裕到可以遠離犯罪的世界裡時，要批評犯罪很容易。但是街區教會我，每個人對於是非的認知不同，對於什麼構成犯罪的定義是不同的，對於他們願意加入犯罪到什麼程度也是不同的。如果一個毒蟲從超市倉庫偷了一大箱玉米片在街上販賣，一個貧窮的媽媽不會想「**我如果買這些玉米片是在幫忙並助長一個罪犯**」。她不會這樣想，她想的是「**我的家人需要食物，而這傢伙有玉米片**」，然後她就會買這些玉米片。

我自己的老媽，我那超級虔誠、奉公守法、經常訓誡我不要違法要守規矩的老媽，我永遠不會忘記有一天我回家時，在餐桌上看到一大盒「黑色航行」的冷凍漢堡肉，大概有兩百片這麼多。「黑色航行」是一間專做外賣的餐廳，他們一個漢堡要賣至少二十蘭特。

「這什麼鬼啊？」我說。

「喔，我們公司有個傢伙拿這個來賣，」她說：「超划算的。」

「但他是從哪裡搞來的啊？」

「我不知道。他說他認識一個朋友——」

「媽，這他偷來的。」

「我們哪知道。」

「我們當然知道。不然他還能從哪搞來這些漢堡肉？這是隨便就能到手的嗎？」

當然，我們把漢堡肉都吃了，我們還感謝上帝賜給我們食物。

邦加尼一開始跟我說「我們去街區」的時候，我以為我們會是在街區賣音樂光碟跟主持舞會，結果我們變成利用賣光碟跟主持舞會的所得，在街區經營了一個發薪日預支借貸以及當鋪。很快的，這就變成了我們最主要的收入。

在街區的每一天都大同小異。我會很早起床，邦加尼會來公寓接我，我們就帶著我的電腦，一整路扛著我那巨大的主機跟同等巨大且沉重的螢幕，搭小巴去亞城。我們會在邦加尼家的車庫把生財工具都架設好，然後開始製作第一批光碟。接著我們就會走路去第十九大道跟羅斯福大道的十字路口那邊吃早餐。如果你想要讓你的錢用久一點，吃東西就要特別小心。你要有計畫，否則你會吃光你的獲利。所以每天早上我們都吃verkoek當早餐，簡單說就是炸麵包。它很便宜，大概一個五十分錢。我們會買一大袋，讓我們有足夠的力氣可以撐到晚一點再吃下一餐。

然後我們就會坐在街角吃，一邊吃一邊收路過的小巴司機下的訂單。接著我們就走回邦加尼家的車庫，聽音樂，練舉重，燒光碟。大約十點、十一點左右，司機就會開完他們的早班，我們就把光碟拿出去街角讓他們取貨。接下來我們就是待在街角混時間，認識人，看誰來，看這一天會為我們帶來什麼驚喜。這傢伙需要這個，那個傢伙在賣那個，你永遠不知道這一天會有什麼。

午餐時間總是我們生意的尖峰時段，我們會在整個亞利山卓神出鬼沒，突襲各個商家跟街角，跟每個人做買賣。我們會搭免費小巴在街區裡移動，因為我們會跳上去，假裝要利用這個機會跟司機討論他所需要的音樂，但私底下只是想坐霸王車。

「嘿，我們想要來收訂單，你一邊開車我們一邊聊。你需要什麼呢？你在找什麼樣的音樂呢？你需要麥斯威爾的專輯嗎？沒問題，我們有麥斯威爾的新專輯。好，那我們晚點再聊，我們先在這裡下車。」接著我們就會跳上另一輛小巴，去任何我們想去的地方。

午餐過後，生意就會漸漸清淡，我們會去吃午餐，通常是吃最便宜的東西，像是微笑餐加上玉米粥——微笑餐就是山羊頭，餐廳會把山羊頭用水滾熟、灑上滿滿的紅辣椒。我們把這個叫微笑餐，因為當你把肉吃完的時候，山羊的頭骨看起來就好像在餐盤上跟你微笑一樣。臉頰肉及舌頭還蠻好吃的，但是眼睛很噁心，它們會在你嘴裡爆開。你把眼球放進嘴裡，然後咬下去，它就像一顆會爆開的膿球，不脆也不Q，沒有任何好吃的味道。

吃完午餐我們會回到車庫去休息，睡午覺，然後燒更多光碟。下午我們會有很多媽媽顧客，媽媽們都很愛我們，她們是我們最好的客人。因為媽媽們負責家務，她們就是那種會買卡車上掉下來那盒肥皂的買家，而且與其跟毒蟲買，她們比較喜歡跟我們買。跟毒蟲打交道並不是很愉快，而我們是老實、談吐得宜的東岸小子，我們甚至還可以收取較高的費用，因為跟我們交易多了一點質感。媽媽們通常是最需要短期借貸的客人，來支付家庭裡的各種開銷。同樣，她們寧可來跟我們借也不會去找放高利貸的幫派分子，因為她們知道即使還不出錢，我們也不會去打斷任何人的腿。我們不來這套，我們也做不出這種事——別忘了這點。但邦加尼厲害的地方就在這裡，他總是知道如果某個人付不出錢來，他可以提供給我們什麼替代品。

我們談過各種超級扯的交易。街區的媽媽都很保護她們的女兒，特別是如果她女兒很漂亮的話。在亞城，有些女孩是會被關起來的，她們去上學，放學後馬上回家，她們不准離開家裡，男生也不准跟她們講話，不准在她們家附近徘徊——這些全都不行。有些傢伙成天就是夢想某個被關起來的女孩：「她超漂亮的，我願意做任何事只求能認識她。」但是他沒辦法，沒有人有辦法。

接著這女孩的媽媽可能需要貸款。我們一旦借錢給她，在她還錢之前，她都不敢把我們從她家趕出來。所以我們會去拜訪一下、聊聊天、寒暄一下。她女兒就在那邊，但是這個媽媽不能說：「別跟那些男生講話！」因此貸款讓我們得以跟這個媽媽建立良好的關係，我們還會被邀請去吃晚餐。一旦這個媽媽知道我們是很乖、老實的孩子，她就會同意讓我們帶她女兒去參加舞會，只要我們保證會安全帶她回家。接著我們就去接洽那個想這女孩想到失心瘋的傢伙。

「喂，我們來談個條件。我們會把這女孩帶去你的舞會，讓你可以跟她認識認識。你要付多少錢？」

「我沒有錢，」他可能會說：「但是我有好幾箱啤酒。」

「成交，我們今晚就去這個派對，你給我們拿兩箱啤酒來開趴。」

「太棒了。」

然後我們就去參加派對。我們會邀請這個女孩，她們通常都迫不及待想逃出她們母親的牢籠。而那個傢伙會帶酒來，他得以跟這女孩私會，我們會把這媽媽的貸款核銷來表示我們的感激，然後賣掉啤酒把錢賺回來。總是會有辦法皆大歡喜，這通常是做生意最有趣的部分：考慮這些眉眉角角，解開謎團，該去哪裡？誰需要什麼？我們應該跟誰搭上線？最後誰又能給我們錢？

在我們生意的巔峰時期，我們大概手頭有一萬蘭特現金在週轉，有貸款出去，也有利息入帳，有一整堆買來準備轉賣的喬登球鞋跟DVD播放器，也需要買空白光碟，僱用小巴載我們去主持派對，餵飽五個職員的每日三餐。我們把每件事都記在電腦裡面。因為看過我媽的工作，我知道要怎麼做電子表單，我們有一個微軟試算表在記錄一切：每個人的姓名、他們欠多少錢、什麼時候還錢、什麼時候還不出錢。

下班期間又是生意興隆的時候，來拿最後一次訂貨的小巴司機、下班回家的男人。這些男人不買肥皂或玉米片，他們想要的是3C產品——DVD播放器、CD播放器、PlayStation電玩遊戲。也有更多人會過來賣東西，因為他們已經在外面行騙偷竊的一整天。可能會有個來賣手機，一個來賣皮外套，一個來賣鞋子。曾經有個長得很像《辛普森家庭》

裡那位布朗先生的傢伙，他總是在下班之後來賣一些亂七八糟、一點用都沒有的廢物，比方說沒有充電器的電動牙刷。有一次他賣給我們一個電動刮鬍刀。

「這是什麼鬼東西？」

「不是電動刮鬍刀嗎？」

「電動刮鬍刀？我們是黑人，你知道這玩意兒對我們的皮膚會有多傷嗎？你有看過這裡有人有辦法用電動刮鬍刀嗎？」

我們從來不知道他的東西都是從哪來的，因為你不會過問，但是後來我們有拼湊出一個答案：他在機場工作，所以那些東西全都是他從乘客的行李裡偷的。

生意慢慢變冷清，這時我們就準備收工了。我們會做最後一次的收購，數數我們的光碟存貨，計算本日收支。如果當晚要主持舞會，我們就會開始準備。沒有的話，我們就會買些啤酒坐下來喝，聊聊這一天的經過，聽著遠方傳來的槍聲。每天晚上都會有槍聲，我們總是會猜那是什麼槍。

「那是九厘米。」

也經常會有警民追逐戰，警車飛奔追著開贓車的傢伙。然後大家就會回家吃飯，我會帶著我的電腦，坐上小巴回家，睡覺，然後隔天再回來做同樣的事。

一年就這樣過去了，然後兩年。我已經不再計劃要繼續唸書了，反正也還是沒錢可念。街區最恐怖的地方在於你總是一直在工作、工作、工作，你感覺好像有什麼事正在發生，但事實上什麼事都沒有發生。我每天從早上七點到晚上七點都在工作，每天都在想：我們怎麼把十蘭特變成二十蘭特？怎麼把二十蘭特變成五十蘭特？怎麼把五十蘭特變成一百蘭特？一天結束後，我們可能已經把獲利都花在食物或啤酒上，然後我們就回家，再回來繼續想：我們怎麼把十蘭特變成二十蘭特？怎麼把二十蘭特變成五十蘭特？成天想的就是怎麼把那些錢翻倍。你得要遊走、要行動、要想，你得要去見某個人、找某個人、遇到某個人。很多時候我們到頭來只是打平，但是我總感覺我做了很多事。

行騙之於工作，就如同上網之於閱讀一樣。如果你把你一年在網路上所讀的東西加起來——推特、臉書文、各種清單排行榜，你大概已經等於看了一大票的書了，但事實上這一年內你一本書都沒看。我現在回頭看，行騙也是同樣的道理。那是用最大的努力去賺取最小的所得，那是天竺鼠的轉輪。如果我把這所有的力氣花在唸書上，我早就念完ＭＢＡ了，但我卻選擇主修行騙，一個沒有任何大學會頒給我學位的科目。

我一開始去亞城的時候，是被它的爆發力與刺激感所吸引，但是更重要的是，我在那裡被接受，比我在高中或任何地方都還被視為一分子。我剛開始出現在那裡，有些人有點吃驚：「那個有色小鬼是誰？」但是街區不會評斷你，如果你想在那裡，你就可以在那裡。因為我不住在街區，我應該算是街區的外來者，但是在那裡，是我人生第一次感覺不像個局外人。

街區生活同時也是低壓力而舒適的。你所有的腦力都花在怎麼把日子過下去，所以你不需要問自己任何其他的大問題，比如我是誰？我應該成為什麼樣的人？我夠努力嗎？在街區，你可以四十歲還住在老媽家跟別人伸手要錢，而不會被看不起。你在街區從不會認為自己很失敗，因為總是有人狀況比你更糟，你也不覺得需要更努力，因為在街區所能達到的最大成就也沒有比你現在好到哪裡去。它讓你存在一種不會前進的動態當中。

街區當然也有一種很棒的社群意識。從毒蟲一路到警察，每個人都認識每個人，大家互相照顧彼此。街區的運作模式是，如果有個媽媽差遣你去做任何事，你都要說好。「我可以拜託你嗎？」是基本台詞，就好像每個人都是你老媽，而你是所有人的小孩一樣。

「我可以拜託你嗎？」

「可以，你需要什麼？」

「我要你去買牛奶跟麵包。」

「好，沒問題。」

然後她就會給你一點錢，你就去買牛奶跟麵包。只要你沒在忙，這差事也不會讓你少塊肉，你不會說不。

街區裡最重要的就是你必須分享，你不能自己一個人當有錢人。你有錢？那你怎麼沒有幫助別人？住同條街上那位老太太需要幫忙，大家都會出錢出力。你要買啤酒，就要買給每個人。你得分配你的財富，你必須讓每個人都知道你的成功某方面有在回饋社區，否則你就會成為箭靶。

街區也會自我管理。如果有人被抓到偷東西，街區會自行處置他們。如果有人被抓到闖入民宅，街區也會自行處置他們。如果你被抓到強暴女人，你要向老天禱告警察比街區鄉民先抓到你。如果有個女人被打，街區人則不會介入，因為毆打牽涉到太多的問題——是在打什麼？誰該負責？誰先動手？但是強暴就是強暴，偷竊就是偷竊，你褻瀆了整個社區。

在街區的生活莫名其妙會讓你感到很舒適，但舒適很可能是危險的。舒適安逸的生活會給你立足之地，但也會給你一面上不去的天花板。在我們這夥人中，我們的朋友G本來跟我們一樣沒工作，整天無所事事，後來他在一間體面的服飾店裡找到工作。每天早上他去工作，大家就會揶揄他變成個上班族，我們會看到他梳妝打扮出門上班，然後大家就會笑他：「噢，G，看看你穿這身高級服裝的樣子！」「噢，G，你今天要去見白人啊？」「噢，G，別忘了從圖書館帶幾本書回來！」

G在那間服飾店工作了一個月以後，一個早上，我們在磚牆那鬼混，G穿著他的拖鞋跟襪子跑來，他沒有穿上班的衣服。

「唷，G，怎麼了？你上班上得怎樣？」

「喔，我已經沒去那上班了。」

「為什麼？」

「他們誣賴我偷東西，所以我被炒魷魚了。」

我永遠不會忘記，當時我心想，他感覺好像是故意被炒魷魚的，他是自砍前程以期能重新被街區的人接納。

街區有一種難以逆反的拉力。它永遠不會棄你於不顧，但也永遠不會允許你離開。因為一旦做出離開的決定，你就汙辱了那個養育你、塑造你、永不離棄你的街區，它會跟你反目成仇。

你一旦在街區闖出了點什麼名堂，就是離開的時候，否則街區會把你拉回去，它總是會找到某個方法拉住你。可能會有個傢伙偷了東西放在你的車裡，然後被警察發現——任何事都有可能。你不能留下來，雖然你以為你可以。你或許開始飛黃騰達了，然後你招待你的街區朋友去豪華舞廳，接下來可能有人就會來挑釁，你的朋友就會拿出槍來，某個人就會被射殺，你會站在那邊想：「現在到底發生了什麼事？」

街區發威了。

一天晚上我在主持一個舞會，不在亞城，而是在在亞城外頭一個比較富裕、中產階級的黑人社區東蘭巴蒂。有人叫警察來管制噪音，結果他們就穿著鎮暴裝備，拿著機關槍衝進舞會。南非的警察就是這樣，我們沒有分大事小事，美國人所謂的特種部隊就是我們的一般警察。他們來找噪音的來源，而噪音的來源當然就是我。所以一個警察跑來電腦這邊，拿出一隻超大的衝鋒槍。

「你現在把音樂關掉。」

「好，好，」我說：「我馬上關掉。」

但是我那時是用Windows 95的作業系統，Windows 95關機超慢。我關掉視窗，關掉應用程式，我的硬碟是一顆容量超大但很容易壞的Seagate硬碟，所以我不想直接拔掉電源把它弄壞。但很顯然這警察才不鳥這些。

「把它關掉！把它關掉！」

「我在關了！我在關機了！我必須關閉應用程式！」

底下的群眾開始躁動，這警察也開始緊張起來。他把槍從我身上移開，朝電腦開槍。只是他顯然對電腦一點概念都沒有，因為他射中的是螢幕。螢幕整個爆裂，但是音樂還是繼續在播。現在一切陷入混亂——音樂震耳欲聾，群眾聽到槍聲開始四處逃竄、驚慌失措。我把主機的電源線拔掉強制關機，接著警方就開始朝群眾丟催淚瓦斯。

催淚瓦斯跟我或音樂都沒有關係，催淚瓦斯是警方用來終結黑人區嗨趴的方法，就好像舞廳把燈關掉叫大家回家一樣。

我的硬碟就這麼毀了。雖然警察射的是我的螢幕，但是那個爆炸也把我的硬碟給炸了。電腦還是會開機，但是無法讀取硬碟裡的資料。我的音樂收藏就這麼沒了。雖然我有錢可以買一顆新硬碟，但是我得要花上好幾年的時間，才可能再搜集那麼多的音樂。我們沒有任何替代方案，所以主持晚會的工作吹了，賣盜版音樂的工作也吹了，突然之間我們失去了主要的現金來源。我們只剩下招搖撞騙可做。所以我們騙得更兇，用我們手中的現金試圖翻倍，買進這個翻倍賣出再去買別的。我們開始動用到我們的存款，不到一個月就徹底山窮水盡。

有天收工之後，我們的機場朋友，那位黑人版的布朗先生跑來。

「嘿，你看我這裡有什麼。」他說。

「你有什麼？」

「相機。」

我永遠不會忘記那台相機，那是一台數位相機。我們買下來以後，我把它打開，裡面充滿了一個白人家庭快樂的家庭旅遊照，我感到無地自容。我從來沒在乎過我們以前收購過的所有東西。Nike球鞋、電動牙刷、電動刮鬍刀，誰在乎呢？對啦，有個傢伙可能會因為超市裡被偷了一整櫃玉米片而被炒魷魚，但是那離你很遙遠，你不會去想這種事。可是這個相機裡有一張張的臉。我把全部的照片都看過一回，我知道我自己的家庭照，對我而言是多麼重要。我心想，我偷了一台相機，我偷走了別人的回憶，我偷走了他們生命中的一部分。

說來奇怪，在我兩年的行騙生涯中，我從不認為那是一種犯罪行為，我真的不認為那是一件壞事。我們就只是變賣別人找到的東西，反正白人有買保險。我們用任何方便的理由來合理化我們的行為。我們對彼此做出殘忍的事，因為我們不會看到被我們所傷害的人，我們不會看到他們的臉，我們不把他們當人看。這也正是政府一開始規劃街區的原因，把種族隔離制度的被害者隔開，眼不見為淨。如果白人曾經把黑人當人看，他們就會知道奴隸制度是泯滅良心的。在我們的世界裡，我們看不到我們的所作所為會對他人造成什麼後果，因為我們沒有跟他們住在一起。如果一個投資銀行家得跟他所剝削的人同住在一個屋簷下，他就會很難用次級房貸來剝削他們。如果我們可以看到彼此的痛苦並感同身受的話，我們從一開始就不會認為犯罪是值得的。

雖然我們急需要錢，但我從來沒有賣掉那台相機。我感到巨大的罪惡感，好像這會帶來惡報一樣，我知道這聽起來很愚蠢，這個家庭也不會因此就能拿回他們的相機，但我就是做不出來。那台相機讓我面對事實，領悟到在我所作所為的另一端有其他個體被傷害，我所做的一切是錯的。

一天晚上，我們的團隊被邀請到索維托與另一個團隊比賽跳舞。希特勒要與他們最好的舞者赫克特飆舞比賽，赫克特是當時南非最棒的舞者之一。這個邀請很不得了，因為我們是代表我們的黑人區去那裡比賽，亞城和索維托總是彼此敵對，索維托被認為是自以為了不起的黑人區，而亞力山卓被認為是屹立不搖的破爛黑人區。赫克特來自迪克羅夫，索維托一個上流富裕的區域。民主制度開始之後，迪克羅夫是第一個蓋起百萬蘭特豪宅的地方。

「嘿，我們不再是黑人區囉。我們現在蓋起豪宅了。」這就是他們的高姿態，這就是我們要打敗的對手。希特勒練習了整整一個禮拜。

跳舞比賽的前一晚，我們搭著小巴到迪克羅夫，我、邦加尼、米茲、貝基、G還有希特勒。赫克特贏得了比賽，然後G被抓到偷親他們的女孩，這演變成一場大戰，情況陷入一場混亂。我們大約凌晨一點準備回亞城，就在我們正要離開迪克羅夫上高速公路時，幾個警察把我們的小巴攔下來。他們叫所有人下車，搜查那輛小巴。我們站在外面，沿著小巴排成一列，不久之後一個警察走了過來。

「我們找到一把槍，」他說：「是誰的槍？」

我們全都聳肩。

「我們不知道。」我們回答。
「不成，一定有人知道，那是某人的槍。」
「警官，我們真的不知情。」邦加尼說。
他打了邦加尼一個耳光。
「你別跟我睜眼說瞎話！」
他沿著隊伍，在我們每個人臉上打了一記又一記的耳光，痛罵我們持槍。我們什麼也不能做，只能站在那裡被打。
「你們這些人真是垃圾，」警察說：「你們是哪裡來的？」
「亞城。」
「喔喔喔喔，難怪，那我懂了。你們是亞城來的賤狗。你們來這裡搶劫又強暴女人又偷車。一群該死的混混。」
「不，我們是舞者，我們真的不知道──」
「我管你是誰。你們全都被捕入獄，直到你們願意坦誠槍是誰的。」
在某個時刻，我們才了解這是怎麼回事。這個警察是要逼我們賄賂他，大家委婉一點的說法是「汙點費」。你開始跟警察玩迂迴戰術，雙方不直接把話說明白。
「我們真的沒有別的方法嗎？」你問警官。

「你要我怎麼做呢？」

「我們真的很抱歉，警官。我們可以做什麼來彌補嗎？」

「你說啊。」

接著你就會編出一個故事，暗示警察你身上有多少錢，但是我們根本沒得迂迴，因為我們一毛錢都沒有，所以他就把我們丟進大牢。我們坐的是公共汽車，那有可能是任何人的槍，但是只有從亞城來的傢伙被逮捕，車上其他的人都被允許離開。警方把我們帶到警察局，丟進一間牢房裡，然後把我們一個一個拉出來拷問。當他們把我揪出來時，我必須給他們我家住址：海蘭諾。這個警察給了我一個相當困惑的表情。

「你不是從亞城來的，」他說：「你跟這些騙子混在一起幹嘛呢？」我不知道該說什麼。他狠狠的瞪著我：「聽著，富小子，你以為跟這些傢伙鬼混很好玩嗎？這已經不是玩玩而已了。你跟我說關於你的朋友還有那把槍的老實話，我就讓你走。」

我跟他說想都別想，他就把我再丟回牢房。我們在牢裡待了一晚，第二天我打電話給一個朋友，他說他可以跟他爸借錢來保我們出獄。那天稍晚，他爸就來付錢了。警方一直說這是「保釋金」，其實那就是賄賂。我們從來沒有正式被逮捕或跑法律程序，我們的案子沒有任何書面資料。

我們出了獄，一切都沒事了，但這件事動搖了我們。每天我們在街上行騙，試圖假裝好像我們是幫派混混，但事實上我們永遠都是起司小子，不夠格當街區硬漢。我們給自己建立了硬漢形象當作一種防衛系統，讓我們得以在所身處的那個世界裡生存。邦加尼和其他東岸小子，因為他們的生長地，他們的長相——他們沒有太多希望。在那樣的狀況中只有兩個選擇：如果你夠幸運的話，可以找個當店員的工作，或到麥當勞煎漢堡之類的。再不然就是咬緊牙關，繼續演這場幫派硬漢的戲碼。既然你無法離開街區，你就得依照街區的遊戲規則生存。

我選擇生活在那個世界中，但我並不從那個世界而來。如果真要說的話，我只是個冒牌貨。日復一日，我跟每個人一樣認真活在那個世界中，但不同的是，在我內心深處我永遠都知道我有別的選擇。我可以選擇離開，但他們不行。

* * *

我十歲時，有一次去優歐維爾找我爸，我的玩具需要電池，但我媽拒絕買新電池給我。因為，想當然爾，她認為那浪費錢，所以我就溜到店裡去偷了一盒。我在開溜的時候被保全逮到，他把我拉進他辦公室，打電話給我媽。

「我們抓到你兒子偷電池，」他說：「你必須過來帶走他。」

「不用了，」她說：「帶他去坐牢吧。如果他不聽話，他就必須承擔後果。」

然後她就把電話掛了。保全看著我，非常困惑。最後他可能想說我是個不知從哪來的孤兒就讓我走了，因為哪有母親會送她自己十歲的小孩去坐牢？

17 這世界並不愛你

我母親從來沒對我讓步，每次我惹麻煩，她都是嚴格以對，訓誡、處罰跟鞭打。每一次只要我不守規矩都是這樣的下場。很多黑人家長都是這樣，他們想在這個系統教訓你以前先把你教好。「我必須在警察對你這麼做之前就先這麼對你。」因為打從你大到可以走到街上的那天起，黑人父母心裡想的就只有一件事，法律會在某個地方逮到你。

在亞城，被逮捕是家常便飯。因為實在太常發生，我們還有個手勢，像速記法一樣，把兩隻手腕輕敲靠在一起，就好像你被扣上手銬一樣。大家都知道那是什麼意思。

「邦加尼跑哪去了？」

手腕輕敲。

「天殺的。什麼時候？」

「星期五晚上。」

「該死。」

我媽痛恨街區，她也不喜歡我在那裡的朋友。如果我帶他們回我家，她甚至不想要讓他們進門。

「我不喜歡那些傢伙。」她說。她並不是痛恨他們這些人，她只是痛恨他們所代表的一切。「你和那些傢伙闖下了太多麻煩，」她會這麼說：「你一定要注意你跟什麼人同夥，因為你身在何處會決定你的身分。」

她說她最痛恨街區的一點是，街區不會激勵我成為更好的人。她希望我去我表哥就讀的大學跟他混在一起。

「我在大學混跟我在街區混有什麼兩樣？」我會說：「反正我又念不起大學。」

「沒錯，但是你會感受到大學給你的壓力。我很了解你，你絕不會坐著不動任那些傢伙混得比你更好。如果你有一個正面且上進的環境，你也會變成那樣的人。我一直告誡你要改變你的生活，你不聽。總有一天你會被警察逮捕，等到發生的時候，你不用打電話給我，因為我會叫警察把你關起來給你個教訓。」

有些黑人家長真的會這麼做，不付保釋金、不幫他們的孩子請律師——嚴格到最高點，但這並不總是會有好的結果，因為你對你的小孩嚴格以對，但他很可能只是需要愛；你或許只是想要給他一個教訓，但那個教訓很可能就是他的一輩子。

一天早上我在報紙上看到一個廣告，有間店在舉辦手機清倉大拍賣，他們賣得超便宜，我知道我跟邦加尼一定能在街區翻一倍來獲利。這間店在很偏遠的郊區，走路太遠，搭小巴又太偏僻，幸好我繼父的修車廠跟一堆舊車就在後院裡。

我從十四歲開始就偷過亞柏的破爛車來代步。我會開玩笑跟他說我只是拿來試開看看，確定它們都修好了，亞柏一點都不覺得好笑。我被抓過很多次，每次被抓到就要會被我媽修理一頓，但是那從來沒能阻止我做任何事。

大部分這些破車都不能合法上路，它們沒有合法登記也沒有車牌。幸運的是，亞柏也有一大疊舊車牌放在修車廠後方，我很快就發現，我把車子隨便放上一個舊車牌就可以開車上路。我當時十九歲或二十歲，從沒想過這麼做會衍生出什麼後果。我在沒人的時候跑到亞柏的車庫，挑了一輛車，那輛我開去畢業舞會的紅色馬自達，隨便掛上一個舊車牌，然後就出門去買特價手機。

我在希爾布被警察攔下來。南非的警察攔你是不用跟你說原因的，警察把你攔下來因為他們是警察，他們有權利攔你下來，就這麼簡單。我曾經看那些美國電影裡面，警察把人攔下來還會跟他們說：「你沒有打方向燈。」或「你車燈沒開。」我總是很納悶，美國警察為什麼還要費心說謊？我很欣賞南非的一點是，我們還沒有精良這個警察系統到我們感到需要說謊粉飾太平的地步。

「你知道我為什麼攔你下來嗎？」

「因為你是警察，而我是黑人嗎？」

「沒錯。請拿出駕照跟行照。」

當警察攔我下來的時候，我很想說：「喂，我知道你們這些傢伙有種族歧視的偏見！」但是我沒有立場爭辯，因為那時我的確做了違法的事。警察走到我窗邊，問我一些警察會問的問題。你要去哪裡？這是你的車嗎？這是誰的車？我回答不出來，我完全呆若木雞。

那時我還年輕，所以好笑的是，比起法律會對我的處罰，我心裡比較擔心的是惹我爸媽生氣。我曾經在亞利山卓、索維托跟警方交手過，但那通常多是因為情勢使然——舞會被迫結束，警方突擊小巴之類的。執法公權力就在我的周遭，但從來還沒有對我下手過。當你沒有太多與執法威權交手的經驗，法律實行似乎是理性的——儘管警察大部分都是混球，但是你同時也理解他們就是依法行事。

但相反的，你的父母就一點都不理性。他們在你的童年中扮演了法官、陪審團及劊子手的多重角色，感覺好像一點小罪就會被判無期徒刑一樣。在那個當下，當我理應害怕警察的時候，我滿腦子裡只想著：**該死，該死，該死，我回家麻煩可大了**。

警察查了車牌登記發現與車子不符，現在他開始認真剿我了：「這車子不在你的名下！這車牌是怎麼回事？下車！」到這時候我才回過神來：**噢老天，完蛋了，我現在真的惹上麻煩了**。我下車，他幫我銬上手銬，跟我說我因為涉嫌開贓車而被捕。他把我帶走，把車子扣押。

希爾布警察局就像南非的任何一個警察局一樣，它們都是在種族隔離制度的全盛時期由同一個承包商所興建——就是一個警察國家的神經系統中不同的神經元。如果你蒙住眼睛從一個警局到另一個警局，你很有可能甚至不會意識到已經換了地點。它們都同樣冰冷、制式化，有螢光色的燈光和廉價的瓷磚，就像醫院一樣。我的警察帶我進去，叫我坐在報到櫃檯前，我正式被起訴也壓了指紋。

在同一時間，他們在盤查那輛車，這也對我不利。每次我在亞柏的修車廠借車，我都盡量拿破車而不是真正客人待修的車，我以為這樣我就比較不會惹上麻煩。但我大錯特錯。那輛馬自達是亞柏的破車，所以沒有清楚的所有權記錄。如果這車有個車主，警方就可以打電話給車主，車主就會解釋這輛車是放在修車廠修理，整件事就真相大白了。現在既然這輛車查不到車主，我就無法證明它不是偷來的。

在那個時候，劫持汽車在南非很常見，常見到當它發生時你已經一點都不會感到驚訝了。你可能有個朋友本來要來參加晚餐聚會，然後你接到一通電話。

「抱歉，車子被劫走了，要晚點才到。」

「啊，真慘。嘿，各位！大衛被劫車了。」

「真可憐啊，大衛！」

然後聚會就會繼續進行，這還是那個人有活下來的情況，通常時候他們會在劫車中被幹掉，人們一天到晚因為搶車而被槍殺。我非但沒辦法證明我沒有偷車，也沒有辦法證明我沒有殺人搶車。警察一直拷問我：「你有殺人去搶那輛車嗎，小子？喂？你是殺人兇手嗎？」

我這個妻子真的捅大了，我現在只有一線希望：我爸媽。一通電話就可以解決所有的事：「這是我繼父，他是修車師傅，我在不應該的時候借了他的車。」這樣就沒事了，我頂多只會因為開未登記的車輛而受到點小處罰。但是我回家後又要面臨什麼風暴呢？

我坐在警局，涉嫌竊車被捕，還是個劫車及謀殺的嫌疑犯——我考慮要打電話給我爸媽還是去坐牢。對於我繼父，我想的是，他很有可能會殺了我。在我心中，那是一個非常有可能發生的情景。對於我媽，我想的是，**她只會讓現在的情況更糟，她不是我現在需要的人格保證人，她不會幫我**。因為她早就告訴過我她不會幫我。

「如果你有天被逮捕，不用打電話給我。」我需要一個會同情我遭遇的人，我不認為我媽是那樣的人。所以我沒有打電話給我爸媽，我決定我不需要他們，我已經長大了，我可以獨自處理這件事。我把我的通話權用來打給我表哥，叫他在我想辦法處理這件事的期間，先不要告訴任何人發生了什麼事——然後我得自己想辦法了。

我是在傍晚左右被逮捕的，所以等到程序都完成之後天色已晚。我得在牢裡住一晚，不管你喜不喜歡。就是在這時候，警察把我拉到一邊，跟我解釋我的情況。

南非的司法制度是這樣運作的：你被逮捕後，會被關在警察局的牢房中羈押，直到開你的保釋聽證會。在聽證會中，法官會看你的案件，聽反方的論證，然後他就會決定要駁回起訴或是交保後傳。如果你可以付得起保釋金的話，你就付錢回家。但是保釋聽證會有很多出差錯的可能：如果你請的是法院指派的律師，他們通常都還沒看你的案子，也不知道現在是怎麼回事，或是你家人付不起保釋金，或是法庭待審案件太多。

「抱歉，我們太忙，今天已經停止聽證了。」什麼理由都有可能。你一旦離開羈押，就不能再回到羈押，如果你的狀況不能在那天解決，你就會被送進監獄等待審判，在監獄裡，你會跟那些等待審判的人關在一起，而不是跟真正在坐牢服刑的罪犯，但是即便是在等待審判的那一區也非常危險，因為那裡什麼人都有，從違反交通規則到真正的冷血罪犯。你跟他們一起關在那裡，可能好幾天、好幾個禮拜、可能好幾個月。這跟在美國是一樣的，如果你很窮，如果你不知道系統運作的潛規則，你就會掉進這樣個缺口中，不知不覺身處在一個莫名其妙的地獄，你還沒有鋃鐺入獄，但是你也並不是沒有在坐牢。你還沒有被判定任何罪名，但是你已經被關進大牢不得脫身。

這個警察把我拉到一邊對我說：「聽著，你不會希望馬上舉行保釋聽證會，他們會指派給你一個完全狀況外的公家律師，他根本沒時間處理你的案件，他會跟法官要求延期，然後你可能會重獲自由，也可能不會。相信我，你不會想要這麼做。你有權在這裡不限期滯留羈押，你最好請一個好律師，把事情處理好，再去上法庭見法官。」他給我這些建議當然不是出自好心，他跟一個辯護律師有內線交易，他靠介紹客戶給律師來收取回扣。他給我那個律師的名片，我打電話給他，他同意接下我的案子，叫我安心待在那邊，把所有的事都交給他。

現在我需要錢，律師人雖然很好，但並不是做慈善事業的。我打電話給一個朋友，問他可不可以請他爸借我點錢。他說他可以去處理，他跟他爸說了之後，律師隔天就收到了他的聘請費。

律師敲定了以後，我感覺好像事情都在掌握之中，我覺得自己很行，我把事情都搞定了，而且最重要的是，就算是老媽跟亞柏也不會有我這麼厲害。

要熄燈的時候，一個警察來拿走我的個人物品，我的皮帶、錢包和鞋帶。

「你們為什麼要拿走我的鞋帶？」

「這樣你才不會上吊自殺。」

「最好是。」

即使當他這麼說，我都還沒真正意識到我所處情況的嚴重性。走到警局的羈留牢房時，我看著在那裡的另外六個人，我心想，這沒什麼大不了的，每件事都會搞定的，我會離開這裡。我一直這麼想，直到牢房大門在我身後喀嚓關上，然後警衛大喊：「熄燈！」到那時候我才覺悟，**該死，這次是來真的了。**

警衛給我一個墊子和一條刺刺的毛毯，我把它們鋪在地上，試圖把自己弄舒服些。我腦中飛快想著所有我曾看過的恐怖監獄電影，心想，我會被強暴，我會被強暴，我會被強暴。但是當然沒有，因為這裡不是監獄，這是看守所，這兩者之間的巨大差異我很快就會了解。

我第二天起床時，有一陣短暫的錯覺，以為這全部都是一場夢。接著我環顧四周，就記起所有發生的事。早餐來了，我準備好開始等我律師。

看守所裡的每一天，除了經過的警衛有時會對你罵髒話、點點名之外，大部分都在寂靜中度過。在羈押牢房裡沒有人會講話，沒有人會在走進羈押牢房時大聲說：「嗨，大家好！我是布萊恩！」因為每個人都非常害怕，但是沒有人想表現出脆弱的一面。沒有人想要招惹別人，因為你不想成為那個被幹掉的人。我不想讓任何人知道，我只是個因為違反交通規則才被拘留的小鬼，所以我在腦中挖出所有的刻板印象——就是在我想像中監獄裡的服刑人應該有的樣子，然後設法依樣畫葫蘆。

在南非，大家都知道有色人的黑幫分子是最無情、最兇猛的，那是你一輩子都被灌輸的刻板印象。最惡名昭彰的有色人幫派是那些數字幫派：二十六幫、二十七幫、二十八幫，他們占據了所有的監獄，而且是出了名的殘暴——截肢、凌虐、強暴、砍首……不是為了要賺錢，只是為了要證明他們有多無情兇猛，就像墨西哥的販毒集團一樣。事實上，這些幫派很多是以墨西哥幫派的行徑作為藍本。他們看起來都一樣：Converse的帆布球鞋、Dickies的工作褲，搭配只扣最上面，下面敞開的襯衫。

從青少年時期開始，每次我被警察或警衛盯上，通常都不是因為我是黑人，而是因為我看起來像有色人。有一次我跟我表哥還有他朋友去一個舞廳，門口的圍事搜了搜馬朗紀，就揮手叫他進去，他也搜了搜我們的朋友，叫他進去。接著換我被搜身，他卻當著我的面對我挑釁。

「你的刀子在哪裡？」

「我沒有刀子。」

「我知道你一定把它藏在某個地方，在哪裡？」

他搜了又搜，最後終於放棄讓我進去，好像我是個大麻煩一樣盯著我看。

「你別給我亂來！聽到了嗎？」

我心想如果我在看守所，大家一定會假設我是那種犯下大罪進看守所的有色人，鐵定是個暴力的狠角色。所以我就照著這個劇本走，我假裝是這樣的角色，我演出所有的刻板印象。每次警察問我問題，我就用破爛的南非語配上很重的有色人腔調來回答。想像在美國，一個膚色夠深足以被認為是拉丁裔人的白人，在看守所裡瘸腳的講著從電影裡學來的墨西哥幫派分子口條：「你他媽的要倒大霉了。」我基本上就是這麼做——南非版本。這是我設法從牢獄中全身而退的完美計畫。結果這麼做真的很有用。跟我關在同牢房裡的傢伙，他們可能是因為酒醉駕車或家暴或小偷竊罪進來的，他們根本不知道真正的有色人歹徒是什麼樣子，所以大家都離我遠遠的。

大家都在玩遊戲，只是沒有人知道我們都只是在假裝。當我第一晚走進去的時候，每個人都給我這個表情：「我很危險，你別來惹我。」所以我心想：「該死，這些人都是窮凶惡極的罪犯，我不應該在這裡，因為我不是壞人。」接著第二天，局勢很快就逆轉，牢裡的人一個一個去他們的聽證會，我留在看守所等我的律師，開始有新的人進來。現在我變成了老鳥，上演我是有色人大壞蛋的戲碼，給這些新進來的人同樣的表情：「我很危險，你別來惹我。」他們看著我心裡一定在想：「該死，這些人都是窮凶惡極的罪犯，我不應該在這裡，因為我不是壞人。」就這樣不斷重複。

在某個時刻，我想到其實在牢房裡的每個人可能都是在裝腔作勢，我們都是從好地區好家庭來的好人，只是因為沒繳停車費或其他小違規才被盯上，我們其實可以一起吃飯，大家同樂、玩牌、談論女人和足球。但是當然實際情況並非如此，因為每個人都裝出危險的樣子，沒有人敢講話，因為每個人都很害怕另一個人所佯裝出來的兇惡。那些人最後會出獄回到他家人身邊，然後說：「噢，親愛的，那真是恐怖。看守所裡都是些正格的歹徒，裡面有個有色人，老天，他可真是個狠角色。」

我一旦把遊戲規則摸清楚，就放心，放輕鬆了。我又開始想「**我搞定了，這沒什麼大不了。**」牢裡的伙食其實還不錯，早餐他們給你吃塗在厚片土司上的花生醬三明治，午餐吃雞肉配飯，茶有點太燙了，而且太稀沒什麼茶味，不過還堪能下嚥。而且還有些比較老、服刑已久快假釋出獄的受刑人會來打掃看守所，還會帶書籍跟雜誌來借你讀。一切都很舒適。

我記得有一次我在吃飯，心想「**這一點都不差，我跟一堆呆瓜混在一起，也不用做牢務，不用付帳單，沒有人一天到晚嘮叨告訴我要做什麼。花生醬三明治？拜託，我一天到晚都吃花生醬三明治。這裡蠻好的，我待在這裡也行。**」我超怕回家屁股會被打爆，所以我很認真的在考慮去坐牢。有那麼一瞬間，我還真的想出一個計畫來——我就坐個幾年牢，然後回家跟他們說我被綁架了，反正媽永遠不會知道，她只會很高興看到我……

第三天，警察帶了一個我這輩子看過最高大的男人進來，這傢伙超龐大，巨大的肌肉、黑色的皮膚、堅毅的表情，他看起來像是可以把我們全都殺了一樣。我和其他囚犯本來還在那邊互演硬漢的戲碼，他一走進來，我們那些彆腳演出都不必了。每個人都嚇壞了，我們全盯著他看：「這下完蛋了……」

不知道為什麼，這傢伙被警方逮捕的時候是半裸的，所以他穿著警察在警局幫他隨便湊合的衣服，那件已經破掉的白色背心穿在他身上實在太小件了，褲子也太短，看起來像七分褲，他看起來就像個黑人版的綠巨人浩克。

這傢伙進來，自己一個人坐在角落，沒人敢說半句話，每個人都緊張的觀察、等待，看看他會有什麼動作。接著有個警察過來叫浩克過去，他們需要他提供一些資訊。警察開始問他很多問題，但是這傢伙不斷搖頭說他聽不懂。警察用的是祖魯語，浩克講的是聽加語，黑人對黑人，但是誰也聽不懂誰——對，南非的巴別塔。南非講聽加語的人不多，但是因為我繼父是聽加人，我一路學了不少。我偷聽到警察跟這傢伙你一句我一句完全沒有交集，所以我介入幫他們翻譯，把事情搞定。

曼德拉曾經說：「如果你跟一個人講他聽得懂的語言，你的話會進到他的腦裡。如果你跟一個人講他的母語，你的話會進到他的心裡。」他說的對極了。當你努力去講他人的母語時，即使只是這一點那一點的基本詞彙，你就是在跟他們說：「我了解你有一個與我不同的文化與身分，我把你當人看。」

這就是發生在我和浩克之間的事，我一跟他說話，他那張原本看起來很有威脅性又凶悍的臉馬上亮起感激：「Ah, na khensa, na khensa, na khensa. Hi wena mani? Mufana wa mukhaladi u xitiela kwini xiTsonga? U huma kwini?」（噢，謝謝，謝謝，謝謝。你是誰？一個有色人怎麼會講聽加話？你從哪裡來的？）

我們一開始聊天，我就明白他一點都不是浩克，他是一個最善良的傢伙，一個溫和的巨人，世界上最大隻的泰迪熊。他很單純，沒有受過什麼教育，我本來以為他是殺了人被抓進來的，可能徒手把一家人活活壓扁，但是實際情況並非如此。他是因為偷PlayStation電玩遊戲而被捕。他失業，又需要錢寄回家給他的家人，所以當他看到這些遊戲賣多貴的時候，就想可以偷一些轉賣給白人小孩來大賺一筆。他一跟我說這件事，我就知道他不是什麼罪大惡極的人，因為我了解盜版光碟這門生意——偷出來賣的電玩遊戲一點價值都沒有，因為去買盜版比這更便宜也更沒有風險，這就是寶羅他父母之前就在做的生意。

我試著幫他一點忙，告訴他我的撇步——延緩聽證會並把辯護律師準備好，所以他也決定繼續留在看守所，等他的羈押時間到。我們兩個一拍即合，一起度過好幾天，相處得很愉快，也認識了彼此。牢房裡沒有人知道要怎麼看待我們兩人的交情，那個無情的有色人黑幫跟他那位凶狠的浩克朋友。

他告訴我他的故事，那是一個我太熟悉的南非故事：他在種族隔離制度下長大，在一個農場工作，基本上那就是勞工奴隸制度的一部分，他過得很辛苦，但至少生活還過得去。他的所得少得可憐，但至少他有薪水。他每一天裡醒著的每一分鐘，都有人會支使他去哪裡、做什麼事。然後種族隔離制度結束了，他甚至連這份爛工作都沒有了。他輾轉來到約翰尼斯堡找工作，設法餵飽留在家鄉的孩子們。但是他迷失了，他沒有受過教育，他沒有一技之長，他不知道要做什麼，也不知道要去哪裡。這世界被教導要害怕他，但事實是他才害怕這個世界，因為他沒有任何面對這個世界所需的工具。所以他能做什麼呢？他什麼都幹，他成了一個可悲的小偷，成了牢獄的常客。後來他幸運找到建築工人的工作，但不久又被炒魷魚，幾天之後他在店裡看到一些PlayStation的遊戲，他順手牽羊，但他根本沒有足夠的常識知道他偷的東西根本一點價值都沒有。

我為他感到很難過。我在看守所裡越久，就越清楚法律一點都不合理。它就像玩樂透一樣，你是什麼膚色？你有多少錢？誰是你的律師？誰是你的法官？偷PlayStation遊戲的罪比起開車牌不明的贓車還要輕微，他是犯了法，但是他並不比我有罪。我們的不同只是他沒有任何朋友或家人可以幫他一把，他只請得起公家指派的律師。他會站在被告席，不會講英文也聽不懂英文，任憑法庭中每個人對他做出最壞的評判，他會入監服刑一陣子，然後再一無所有的被釋放，就如同他一無所有的入獄一樣。要我猜，他大概三十五歲、四十歲左右，他會再過著下一個三十五年或四十年同樣毫無出口的人生。

我出席聽證會的這一天終於來了。我跟我的新朋友說再見，給他最好的祝福，然後我就被戴上手銬，坐進警車後座，前往法院去面對我的命運。在南非法庭，為了把你曝光及脫逃的可能性降到最低，你等待聽證的拘押房就位在法庭正下方的一個大型監獄裡，你往上走幾個階梯就可以到被告席，不用一路從走廊被護送過去。在這個拘押房裡，你跟那些已經進監獄好幾個禮拜或好幾個月在等待審判的人關在一起。那是個很奇怪的大雜燴，從白領罪犯、到違反交通規則被捕的傢伙、到全身刺滿刺青的正港匪徒都有。這就好像星際大戰裡面小酒館裡的那一幕一樣，樂隊在彈奏音樂，韓．索羅躲在角落，宇宙間所有的壞人跟賞金獵人都在那裡廝混——一個聚集不堪與邪惡的爛地方，只是這裡沒有音樂也沒有韓．索羅。

我只跟這些人相處一段很短的時間，但是在那段期間，我看到了監獄與看守所的不同，我看到了真正的罪犯與無心觸法者的不同，我看到人們臉上的冷肅，想到我幾個小時前實在是太天真了，還以為入獄也不差，我可以搞定一切。我現在是真的開始害怕大禍臨頭了。

走進那個拘押房的時候，我是個皮膚光滑、臉蛋清新的年輕男子，那時候我留著黑人爆炸頭，唯一能夠整理我那頭亂髮的方法是把它在腦後綁成馬尾，那看起來很女孩子氣，我看起來像麥斯威爾。警衛一在我身後把門關上，馬上就有個令人毛骨悚然的老男人在房間後頭用祖魯語大叫：「Ha, ha, ha! Hhe madoda! Angikaze ngibone indoda enhle kangaka! Sizoba nobusuku obuhle!」（唷，唷，唷！去你的，大夥兒們。我從來沒看過這麼漂亮的男人。今天晚上有樂子了！）

該死！！！！！！

我走進去時，就在我身旁有個年輕男子整個精神崩潰，他自言自語、不時大聲嘶喊。他往上看，剛好跟我的眼神對上，我猜他大概覺得我看起來像是個可以聽他傾訴的好人。他朝我走來，開始哭訴他是怎樣被逮捕入獄，牢裡的黑幫偷了他的衣服和他的鞋子，每天都強暴他、毆打他。他不是什麼暴徒，他說話得體、受過教育。他已經等他的審判等了一年了，他真的想一了百了。那傢伙讓我害怕到了極點。

我往拘押房裡看，裡面少說也有一百個人，他們全部都清楚無誤的按照種族類別分開聚首：一大堆黑人在一個角落，有色人在另一個角落，印度人自己成一群，然後幾個白人聚在一邊。我們一走進去，那些跟我一起坐警車來的人，就憑直覺自動的走去加入他們所屬的那個族群。我呆住了。

我不知道要去哪裡。

我看了看有色人的角落，我看到的是南非最惡名昭彰、最暴力的監獄黑幫。我長得像他們，但是我不是他們。我不能走過去假裝我是黑道，然後最後被他們發現我是假貨。不成，不成，不成。那個遊戲已經結束了，我最不需要的就是跟有色幫派分子結仇。

但是如果我走去黑人的角落呢？我知道我是黑人，而且我也自我認同為黑人，但是我外表並不是黑人，所以黑人能了解為什麼我要走去他們那邊嗎？而且我走過去會引起什麼大戰？因為像我這樣一個看起來是有色人的人，走去加入黑人的角落，很有可能比起我假冒自己是有色人去加入有色人的角落，還更容易讓有色人黑幫不爽，這在我這輩子中已經發生過太多次了。只要有色人看到我跟黑人混在一起，他們就會來挑釁，想跟我打架。我可以預見我可能會大舉引發拘押房裡的種族戰爭。

「喂！你為什麼跟黑人搞在一起？」

「因為我是黑人。」

「不，你才不是。你是有色人。」

「啊，對，老兄，我知道看起來好像是這樣，但是讓我解釋一下。事實上這是個很有趣的故事。我老爸是白人，我老媽是黑人，而且種族是一種社會建構，所以……」

這絕對行不通，在這裡沒辦法。

所有這些考慮都在我腦中瞬間冒出，飛快運轉。我在做困難的算計，看著人群，掃描房間，評估變數。如果我去這裡，會這樣；如果我去那裡，會那樣。我的一生在我眼前飛逝而過——學校的運動場、索維托的雜貨店、伊登公園的街上……每個我必須當一個變色龍、在不同種族團體之間行走、解釋我是誰的時刻與地點。這就像是在高中的學校餐廳，不同的是這是在地獄的學校餐廳，如果我選錯桌，我可能會被痛毆、刺殺或強暴。我一輩子從沒這麼害怕過，但是不管如何我還是得選。因為種族歧視存在，你必須選邊站。你可以說你不要選邊站，但是生命終究會逼著你做出選擇。

那一天我選擇加入白人。至少他們看起來不會傷害我，那是幾個很平常、中年的白人傢伙。我走到他們那邊去，鬼混了一會兒、聊了一下。他們大部分都是因為白領犯罪被捕，金錢圈套、騙局和敲詐。如果有人過來找麻煩，他們這些人一點用也沒有，他們也會一起被打爆。但是至少他們不會來惹我，我在這區很安全。

幸好時間過得很快。我只在裡面待了一個小時就被叫去上法庭，然後法官就會判決讓我離開，或是再送我進監獄等候審判。我離開的時候，一個白人叫住我。

「確保你不會再下來這裡，」他說：「在法官前哭訴，使出任何你想得出來的方法。因為如果你上去又被送下來這裡，你的人生將會永遠改變。」

走上法庭裡，我看到我的律師在等我，我表哥馬朗紀也在那裡，坐在旁聽席，如果聽證進行順利的話，準備馬上交付我的保釋金。

法警念出我的案件號碼，法官抬頭看著我。

「你好嗎？」他說。

我整個人崩潰。我已經把自己裝成硬漢裝了將近一個禮拜，我再也裝不下去了。

「我，我不好，法官閣下。我不好。」

他看起來很困惑：「你說什麼？」

我說：「我不好，長官。我真的受了很多苦。」

「你幹嘛跟我講這些？」

「因為你問我我好不好。」

「誰問你？」

「你啊。你剛剛問我的。」

「我不是問『你好嗎？』我問的是『你是誰？』我幹嘛浪費時間問你『你好嗎？』這是監獄。我當然知道在下面的每個人都受了很多苦。如果我問每個人『你好嗎？』我們這案子可以審一天都審不完。我說『你是誰？』報出你的姓名好做記錄。」

「崔佛·諾亞。」

「好，那現在我們可以繼續了。」

整個法庭的人都笑出來，所以我也笑了出來。但是我現在更害怕了，因為我不想讓法官認為我不把他當一回事，只因為我還笑得出來。

結果其實我根本就不需要擔心，接下來的程序只花了幾分鐘。我的律師跟檢察官已經談妥了，所有的事都已經安排就緒。律師提呈了我的案件，我沒有前科，我不是危險分子，也沒有從反方來的抗議。法官排定我的審判日期，然後裁定我的保釋金，我就重獲自由了。

我走出法院，白天的陽光射在我的臉上，我說：「親愛的耶穌，我永遠再也不要進去那裡了。」只有一個禮拜，我待在一個堪稱舒適的牢房，伙食也不差，但是在牢房裡待一個禮拜是一段非常漫長的時間；一個禮拜沒有鞋帶是一段非常漫長的時間；一個禮拜沒有時鐘、沒有陽光可以讓你覺得是一輩子。想到有更糟糕的情況，想到真正入獄服刑，這些我實在想都不敢想。

馬朗紀開車載我去他的住處，我洗澡，睡了一覺，第二天他就送我回我媽家。我走上車道假裝稀鬆平常，我的計畫是說我在馬朗紀那邊睡了幾天。我好像沒事一樣走進家門。

「嘿，老媽！你好嗎？」我媽沒說話，沒問我任何問題，我心想，**好，太棒了，看起來沒事。**

我那一整天幾乎都待在家裡，下午的時候我們坐在餐桌上聊天。我對我媽編出一堆故事，講馬朗紀跟我那一個禮拜都在做什麼，然後我看到我媽給我一個眼神，然後慢慢的搖搖頭。那跟她以前會給我的眼神不一樣。那不是「有天我會抓到你」那種眼神，那不是憤怒或譴責。那是失望，她很傷心。

「怎麼了？」我說：「那是什麼意思？」

她說：「小伙子，你以為是誰付了你的保釋金？嗯？你以為是誰付了你的律師？你認為我是白痴嗎？你以為沒有人會告訴我嗎？」

接著事情發生的經過就水落石出。當然她早就知道了——車子是線索。在這段期間，車子都無影無蹤。我全副心神都花在搞定監牢跟藏匿我的行蹤上頭，我早忘了我犯罪的證據就在我家後院裡，那輛從車道消失的馬自達。而且當然我打電話給我朋友，他去向他爸要錢來支付我律師費的時候，他爸就質問他借錢的用途，然後同樣身為父母，他馬上就打了電話給我媽。是我媽給我朋友錢付律師費，是我媽給我表哥錢付保釋金。我整個禮拜都在監牢裡面，自以為自己很行，但其實我媽一直什麼都知道。

「我知道你認為我是個神經兮兮、成天嘮叨的老媽子，」她說：「但是你忘了我對你這麼嚴格跟給你這麼多處罰的原因是因為我愛你。我所做的一切，都是出自於愛。如果我不處罰你，這世界會更嚴厲的教訓你，這世界一點都不愛你，當警察抓你的時候，他們一點都不愛你。我打你是想要救你，他們打你是想要毀了你。」

* * *

我小時候最喜歡吃的東西，也是我一直以來最愛的甜點，是卡士達加果凍，就是美國人說的吉利丁果凍。有個星期六，我媽要舉辦一個盛大的家庭聚會，她做了一大碗卡士達果凍放在冰箱裡。那裡面什麼口味都有：紅色、綠色和黃色，我無法抗拒，所以那整天每次我經過冰箱，我就拿著湯匙把頭探進去偷吃一口。那很大一碗，是準備給一大家子吃一個禮拜的，我只花一天就自己一個人把它給吃光光。

那天晚上我上床睡覺時被蚊子毒咬。蚊子很喜歡喝我的血來飽餐一頓，我小時候這個情況很嚴重，牠們一個晚上可以把我給整個吸乾。我早上起來就會全身都是蚊子叮、很想吐、渾身發癢。這個禮拜天早上就是這樣的情形，我全身紅腫，胃裡脹滿了卡士達跟果凍，幾乎下不了床，感覺就快要吐出來了。就在這時，我媽走了進來。

「趕快換衣服，」她說：「我們要去上教堂。」

「我不太舒服。」

「這就是為什麼我們要去教堂，在那邊耶穌會治癒你。」

「呃，我不確定這樣有用。」

我媽跟我對於耶穌的做事方法有不同的意見。她相信你必須先向耶穌禱告，然後耶穌才會接手去達成你想要的事。我對耶穌的看法比較實事求是。

「我為什麼不先吃藥，」我說：「然後再向耶穌禱告，謝謝祂給我們發明藥物的醫生，因為吃藥才會讓你痊癒，不是耶穌。」

「如果你有耶穌，你就不需要吃藥。耶穌會治癒你，向耶穌禱告就好。」

「但難道藥物不是耶穌所賜的嗎？如果耶穌給我們藥物，我們卻不吃，那我們不就否認了祂賜給我們的恩典嗎？」

就像我們所有對於耶穌所進行的辯論一樣，這場對話沒有得到任何結論。

「崔佛，」她說：「如果你不去上教會，你會變得更嚴重。你在星期天生病算你好運，因為我們剛好要去上教會，你就可以向耶穌禱告，祂會讓你痊癒。」

「聽起來還不錯，但是我為什麼不能就待在家裡？」

「不行。換衣服。我們要去教會。」

18

我媽的人生

自從我為了參加畢業舞會，把頭髮綁成辮子以後，生平中第一次開始有女生注意到我，我真的去約會過幾次。有時候我認為這是因為我看起來比較像樣了，有的時候我認為這是因為女生很感激我，像她們一樣願意歷經痛苦來改善外表。不管是為什麼，一旦我發現這樣做有用，我就再也不想改變成功公式。我每個禮拜都回去光顧那家理髮廳，一次花上好幾個小時的時間把頭髮拉直，編成辮子。我媽都會對我翻白眼：「我永遠不會跟一個要比我花更長的時間整理頭髮的男人在一起。」

星期一到星期六，我媽都穿得像遊民一樣去辦公室上班、在花園裡勞動。然後星期天早上為了去上教堂，她就會整理頭髮，穿上一件體面的洋裝及高跟鞋，搖身一變像貴婦一樣。每次她打扮完了之後，都不忘揶揄我，說些話來刺我一下，我們總是這樣互酸樂此不疲。

「現在誰才是這個家裡面最好看的人啊，咦？我希望你這整個禮拜當漂亮寶貝當得開心，因為現在女王回來了，寶貝。你得花四個小時在理髮廳才能見人，而我只需要洗個熱水澡。」

她只是在跟我鬧著玩，沒有兒子喜歡談論他母親有多辣。因為，說老實話，她真的很美，不但外表很美，內心也很美。她有一種我從沒擁有過的自信，即使她只是在花園裡勞動，穿著工作服全身沾滿泥巴，你還是可以看出來她有多吸引人。

我只能想像我媽在她年輕的時候，一定傷過不少人的心，但是打從我出生開始，她的生命中就只有兩個男人，我爸和我繼父。在我爸位於優歐維爾的房子不遠處，有間修車廠叫萬能修車。我們的福斯汽車一天到晚有問題，我媽就會把它牽去那裡。我們在那裡遇見一個很酷的傢伙叫亞柏，他是修車廠裡的修車師傅。每次我們去拿車，我就會看到他，因為車常常故障，所以我們就常常光顧修車廠。後來，即使車子沒事，我們也會去那裡找他。我當時六、七歲左右，不是很懂發生了什麼事，我只知道突然之間這傢伙就常常出現。他很高、細長而精瘦，但是他很強壯。他手臂很長、手掌很大，可以徒手舉起汽車引擎跟變速機箱。他很迷人，但是他其實長得並不好看。我媽就喜歡他這點，她曾說有一種醜陋是很吸引女人的。她叫他亞比，他喊她邦兒，諾邦絲的簡稱。

我也喜歡他，亞比很迷人又很好笑，他有個簡單親切的笑容。他也很喜歡幫助他人，特別是有困難的人。如果有人的車在高速公路上拋錨了，他會停下來看幫不幫得上忙；如果有人大喊：「小偷，不要跑！」他就是那個會去追小偷的人；隔壁老太太需要有人幫忙搬箱子？找他準沒錯。他喜歡被全世界的人喜歡，這讓他的暴力傾向更讓人難以接受。因為如果你認為某個人是惡魔，但全世界都說他是聖人，你會開始懷疑是不是其實你才是壞人。你唯一能得出的結論是：**一定是我的錯才會發生這樣的事**。否則為什麼只有你會遭致他的怒氣？

亞柏對我一向很好，他從沒試圖要當我的父親，而且因為我爸也還在我的生命中，我並不需要找人來取代他。我對他的觀感是：那是我媽的酷朋友。他有時來跟我們過夜，有時候會希望我們去奧蘭格羅他那間從車庫改裝而來的小公寓裡過夜，而我們也會去。結果後來我把他白人主人的房子給燒了，他被白人給踢出來。從那時候開始，他就跟我們一起同住在伊登公園。

有天晚上我媽跟我在參加禱者聚會，她把我拉到一邊。

「嘿，」她說：「我想要告訴你一件事。亞柏跟我要結婚了。」

下意識的，我想都沒想就說：「我覺得這樣好像不太好。」

我沒有生氣或怎樣，我只是對這傢伙有種感覺、有種直覺。我在桑樹事件發生之前就感覺到了。桑樹事件發生那晚沒有改變我對亞柏的感覺，它只是實實在在的讓我見識到亞柏可以做出什麼樣的事。

「我了解這不好受，」她說：「我了解你不想要一個新爸爸。」

「不是，」我說：「不是那樣。我喜歡亞柏，我很喜歡他，但是你不應該嫁給他。」

我那時候不知道「邪惡」這兩個字，但如果我當時知道，我很有可能會用這個字：「這個人有什麼地方不太對，我不相信他，我不認為他是個好人。」

我對於我媽跟亞柏約會一向沒有意見，但是我從沒有考慮過他成為我們家固定成員的可能。我喜歡跟亞柏相處，就像我第一次去老虎庇護所時喜歡跟小老虎玩一樣。我喜歡牠，我跟牠玩得很愉快，但是我永遠不會想帶牠回家。

如果你對亞柏的本性還有所懷疑，真相其實一直就在我們面前，就在他的名字裡面。他叫亞柏，那個好手足，好兒子，從聖經裡來的名字。而他也真的人如其名，他是長子，負責任，照顧他的母親，照顧他的手足，他是他家人的驕傲。

但是亞柏是他的英文名字。他的聰加文原名是紀薩維，意思是「為人所懼」。

老媽跟亞柏結婚了，他們沒有舉行婚禮、沒有交換戒指，只是去簽了些文件，就這樣。一年左右以後，我弟弟安德魯就出生了。我只隱約記得我媽消失了好幾天，然後她回家的時候家裡就多了這個只會哭、拉和吃的小鬼，但是如果你比你的手足大九歲，他們的出生對你的生活所帶來的改變其實並不大。我沒有在家幫忙換尿布，而是繼續在外面店裡玩電動遊戲機，或在社區裡亂跑。

安德魯的出生，讓我印象最深刻的就是那年聖誕節我們第一次去見亞柏的家人。他們住在加珊庫魯區的一個叫聽寧的城市，那裡是種族隔離制度下聽加人的黑人家園。聽寧有熱帶氣候，又熱又潮溼。他們附近的白人農場可以生產出超好吃的水果——芒果、荔枝、還有你一輩子看過最漂亮的香蕉。我們外銷到歐洲去的水果都是從那個地區來的。但是僅在二十分鐘車程之遙的這塊黑人區土地，卻被年復一年的過度農耕及過度放牧給徹底毀了。亞柏的母親跟姐妹都是傳統的全職家庭主婦，家裡就靠亞柏和他擔任警察的弟弟來養家。他們都很善良慷慨，馬上就接納我們成為他們家的一分子。

我後來才知道，聽加文化非常父權至上，我們說的是那種女人跟男人打招呼時必須鞠躬的世界。男人和女人的社會互動非常有限，男人宰殺動物，女人負責煮飯，男人甚至還不被允許進廚房。身為一個九歲的男孩，我當時覺得這棒呆了——我不被允許做任何事。在家我媽一天到晚都叫我做家事，洗碗、掃地——但是當她要在聽寧想這麼做時，卻被那裡的女人阻止。

「崔佛，把床鋪好。」我媽會這麼說。

「不，不，不，不，」亞柏的母親會抗議：「崔佛必須去外面玩。」

所以我得以去玩耍，而我的堂姐堂妹卻得要整理家務、幫忙煮飯。我簡直樂得像上天堂一樣。

我媽痛恨在那裡的每一分每一秒。對亞柏來說，身為長子的他帶著他自己的長子回老家，這趟旅行意義極其重大。在黑人家園，因為爸爸在大城裡工作，長子幾乎都自動成為父親及先生。長子是家裡的一家之主，他帶大他的手足，而且身為爸爸的替身，他的母親對待他也會有某種程度的尊敬。由於這是亞柏帶安德魯回家的盛大返鄉之旅，他當然期待我媽扮演傳統的女性角色。但是她斷然拒絕。

聰寧的女人一整天都有數不完的家事要做。她們準備早餐、準備茶、準備午餐、又洗碗洗衣服又打掃。男人一整年都在城市裡工作養活家裡，所以這對他們來說或多或少像是回家度假。他們悠閒的讓女人伺候，他們可能會宰一隻羊之類的，做任何男性所該完成的工作，接著他們就會去一個男人專屬的地方，鬼混喝酒，讓女人去煮飯打掃。但我媽也是一整年都在城市裡工作，而且派翠西雅．諾亞才不會甘願待在別人家的廚房，她是個我行我素的人，她堅持也要去村裡，去男人廝混的地方，跟男人平起平坐的聊天。

那個女人要向男人鞠躬的傳統，我媽覺得很扯。但是她並沒有拒絕，相反的，她還故意做得很超過，藉此來嘲笑它。其他女人會稍微屈膝在男人面前鞠個躬，我媽會整個縮身跪下去，趴在泥地上像在跪拜神明一樣，而且她會匍匐在那裡很長一段時間，真的很久，久到每個人都不知所措。那就是我媽，她不反抗制度，但她嘲笑制度。對亞柏來說，這看起來就好像他老婆不尊敬他一樣。幾乎每個男人都是娶村裡的溫馴女人，而亞柏卻帶回這個現代女性，而且還是科薩人，科薩女人總被認為講話特別大聲、特別淫蕩。整趟旅行中他們兩個不斷吵架和鬥嘴，回鄉一次之後我媽就拒絕再去第二次了。

我這輩子，一直到那個時候，都是生活在女人當家的世界，但是我媽跟亞柏結婚之後，而且特別是安德魯出生之後，我看他試圖建立他的主導地位，塑造他認為家庭應有的樣子。

有一件事從很早的時候就很清楚，那就是他心目中的家庭群像裡並不包括我。我的存在只是提醒他，在他之前我媽有過另一段人生，我甚至跟他沒有共同的膚色。他的家庭是他、我媽、還有那個剛出生的小嬰兒。我的家庭是我媽跟我。我其實很感謝他做這樣的區隔，有時候他是我好朋友，有時候他不是，但是他從沒假裝過我們的關係比實際的情況更密切。我們會一起開玩笑，一起大笑，我們會一起看電視，他三不五時會塞零用錢給我，即使我媽說我的錢已經夠多了。但是他從來沒有給過我生日禮物或耶誕禮物，他從來沒有給我過父愛，因為我從來都不是他的兒子。

亞柏存在我家，帶來了新的規則。他所做的改變其中之一是把噗吠跟小豹踢出屋內。

「狗不准進家裡。」

「但是我們一直都讓牠們住在家裡。」

「從今以後不行。在非洲人家裡，狗睡在外面，人才睡在裡面。」

把狗趕到院子裡是亞柏的接管宣言：「從現在開始這個家要按照正常規矩來運作。」

他們還只是在約會的時候，我媽還是我行我素，做她想做的事，去她想去的地方。漸漸的，這些自由被束縛了，我可以感覺到他正在箝制我們的自主性，他甚至連我們去教會都會生氣。

「妳不能去教會去一整天，」他說：「我老婆一整天都不在，別人會講什麼閒話？『為什麼他老婆都不在？她去哪裡？有誰會去教會去一整天？』不成，門都沒有，這是對我的不敬。」

他設法阻止她花這麼多時間在教會，而最有效的方法就是不再幫我媽修車。車子如果壞掉，他就會故意把它放著不修。我媽買不起新車，她也不能把車拿去別的地方修。妳嫁了一個修車師傅，結果妳把妳的車帶去給別的修車師傅修？這比偷吃還糟糕。所以亞柏就變成了我們唯一的交通工具，他會拒絕載我們出門。叛逆如我媽，我們就會去搭小巴上教堂。

沒有車，同時也讓我們失去與我爸的聯繫。我們必須拜託亞柏載我們進城，但他不喜歡我們進城去的目的，這對他的男性尊嚴是一種侮辱。

「我們必須去優歐維爾。」

「你們為什麼要去優歐維爾？」

「要去找崔佛他爸。」

「什麼？門都沒有。我怎麼能載著我的老婆跟她的小孩把他們放在那裡？妳這是在侮辱我。我要怎麼跟我朋友講？我要怎麼跟我家人講？我老婆在別的男人家？那個跟她一起製造出這個小屁孩的男人？不行，不行，不行。」

所以我越來越不常見到我爸，不久之後，他就往南搬到開普敦了。

亞柏想要的是跟一個傳統的女人經營一個傳統的婚姻，有很長一段時間，我一直納悶為什麼他要娶像我媽這樣的女人，因為她在各方面都跟傳統女人背道而馳。如果他想要一個會跟他鞠躬的女人，聽寧有一大票女孩生以此為志。我媽一直以來的解釋是，傳統男人都想要女人溫馴聽話，但是他永遠不會愛上溫馴聽話的女人，他總是被獨立自主的女人所吸引。

「他就像奇鳥珍禽的收藏家，」她說：「他只會追求自由自在的女人，因為他的夢想就是將她關進牢籠。」

我們剛認識亞柏的時候，他抽很多大麻。他那時也喝酒，但是最主要是吸大麻。回想起來，我幾乎懷念起他當癮君子的日子，因為大麻會讓他放鬆。他吸大麻、放輕鬆、看看電視，然後睡覺，我想潛意識裡他知道他需要大麻來削平脾氣裡的稜角。但他跟我媽結婚後就不再吸大麻了，我媽持著宗教理由叫他戒掉——你的身體是一個聖殿之類的理論。但是我們沒有人預見的是，他戒掉大麻以後，取而代之開始酗酒。他越喝越多，下班回家時從來沒有清醒過。平常就是下班後喝啤酒，週間的晚上他每晚都喝醉，有時候星期五和星期六他根本就連家都不回。

亞柏喝酒的時候，他的眼睛會變成紅色，充滿血絲，那是我學會讀取的線索。我總是認為亞柏像響尾蛇：冷靜、靜止不動、然後下一秒馬上爆衝。你不會看到大聲咆哮或狂暴怒吼，沒有拳頭緊握，他會很安靜，然後無緣無故暴力就會突來乍至。他的眼睛是提醒我要遠離他的唯一線索，他的眼睛會告訴你一切，那是惡魔的雙眼。

有天深夜我們醒來，發現房子裡煙霧彌漫，我們稍早上床睡覺時亞柏還沒回來，所以我跟我媽、及還是小嬰兒的安德魯一起睡在我媽房間裡，後來我被我媽的搖晃和尖叫聲吵醒。

「**崔佛！崔佛！**」房間裡煙霧彌漫，我們以為房子著火了。

我媽穿過走廊，跑向廚房，發現起火點是廚房。原來亞柏醉醺醺回到家，喝茫到不行，比我們以前看過更醉得不省人事，他肚子餓，想要在爐子上熱東西來吃，結果食物還在煮他就在沙發上睡死了。鍋子整個燒焦，還把爐子後的牆壁也燒了，濃煙四竄。她把爐火關了，打開門和窗戶通風驅散濃煙。接著她就跑到沙發那去把他叫起來，開始痛罵他差點把房子給燒了，他醉到根本一點感覺都沒有。

她回到臥房，拿起電話，打給我外婆，她開始不斷抱怨亞柏酗酒的行為：「這個男人，他有天會把我們全都給殺了，他剛剛差點就把房子燒了……」

亞柏走進臥房，非常冷靜，非常安靜。他的眼睛充滿血絲，他的眼皮很重。他把他的手指放在電話話筒架上，把通話切斷。我媽徹底發飆。

「你居然敢這麼做！你不准掛我的電話！你以為你這是在做什麼?!」

「家醜不可外揚。」他說。

「喔，拜託！你還在擔心別人會怎麼想嗎？擔心別人！你先擔心你家人作何感想吧！」

亞柏高站在我媽前方，他沒有提高音量，也沒有生氣。

「邦兒，」他輕聲說：「你沒有尊重我。」

「尊重?!你差點把我們的房子給燒了。尊重？喔，拜託！尊重是爭取來的！你要我把你當男人一樣尊重你，那就當個像樣的男人啊！把你的錢在街上喝個精光，那你小孩的尿布要從哪來?!尊重?!尊重是爭取來的——」

「邦兒——」

「你不是男人，你根本就長不大——」

「邦兒——」

「我不能嫁個長不大的老公——」

「邦兒——」

「我還有我自己的小孩要養——」

「邦兒，閉嘴——」

「每天回家都醉醺醺的男人——」

「邦兒，閉嘴——」

「還差點把房子連他的小孩一起燒掉——」

「邦兒，閉嘴——」

「你還算是個父親嗎——」

然後毫無預警，晴天霹靂，砰！他往她臉上重重打了一巴掌，她整個人彈到牆上，然後像一落磚塊一樣沉重的坍塌在地，我從來沒看過這樣的情景。她趴在地上不動，有三十秒那麼久。安德魯開始尖叫，我不記得我有過去抱他起來，但我清楚記得在某個時刻他在我懷中。我媽從地上爬起來，掙扎著站穩之後，就朝他撲過去。她顯然受到很大的打擊，但是她還是試圖表現出比她實際還很沉著的樣子，我可以看到她臉上那難以置信的表情，她這輩子從沒遇過這種事。她重新回到他面前，開始大聲咆哮。

「你剛剛打我嗎？」

在這整個過程中，我腦裡想的跟亞柏所說的一樣，**閉嘴，老媽。閉嘴。你只會讓事情更糟糕**。因為我從被打過的多次經驗知道，回嘴一點幫助都沒有。但是她就是不閉嘴。

「你剛剛打我嗎？」

「邦兒，我已經警告妳——」

「沒有任何男人膽敢打我！你不要認為你可以控制我如果你控制不了——」哐！他又打她一巴掌。她踉蹌往後退，但是這一次她沒有倒下。她迅速爬過來，抓住我，抓起安德魯。

「我們走。我們離開這裡。」

我們衝出門外跑到街上，那時候是半夜，外面很冷，我只穿了T恤和運動褲。我們走到伊登公園的警局，離我家超過一公里遠。我媽大步走進去，有兩個執勤的警官坐在櫃檯。

「我來報案。」她說。

「你是要報什麼案？」

「我要來控告打我的那個男人。」

直到今日，我都還忘不了他們跟她講話那種傲慢、自以為是的樣子。

「冷靜下來，女士。冷靜一下。是誰打你？」

「我老公。」

「妳老公？妳幹了什麼好事？妳是不是讓他生氣？」

「我是不是……你說什麼？沒有。他打我。我來這裡控告他——」

「不，不，女士。妳為什麼要立案呢？妳確定妳要這麼做嗎？回家去跟妳老公溝通溝通就好了吧。妳知道妳一旦報案就不能撤銷了嗎？這樣他就會有犯罪記錄，他的一生就會完全改變。妳真的希望妳老公去坐牢嗎？」

我媽一直堅持要他們錄口供立案，但他們居然拒絕——他們拒絕寫報案單。

「這是家務事，」他們說：「你不會希望警方介入，或許妳先好好想一想，隔天早上再回來。」

老媽開始對他們破口大罵，要求要見警局的指揮官，就在那時候亞柏走進警局。他是開車過來的，他酒有稍微醒了一點，但還是醉醺醺的，他就這樣開進警局，但這根本沒差，他一走到警察那邊，警局就變成了男孩俱樂部。

「嘿，兄弟，」他說：「你也知道的，你知道女人有時候就是這樣，我剛剛只是有點生氣而已，就這樣。」

「沒關係啦，老兄。我們了解，難免的，別擔心。」

我從來沒遇過這種情形，我當時才九歲，仍然相信警察是好人。你遇到麻煩，打電話給警察，然後那個紅藍閃爍的車燈就會來救你。但我記得我站在那裡看著我媽，驚訝又害怕的發現這些警察一點都不想幫助她。首先他們是男人，然後他們才是警察。

我們離開警局之後，我媽帶著我跟安德魯去索維托跟我外婆住了一陣子。幾個星期之後，亞柏開車過來道歉。亞柏道歉時總是非常誠懇而真心，他不是故意的，他知道他錯了，他絕對不會再犯了。我外婆說服我媽給亞柏第二次機會，她的論點基本上就是：「所有的男人都會打女人。」我外公唐柏也打過她，離開亞柏並不保證她永遠就不會再被別的男人打，至少亞柏還願意道歉。所以我媽決定再給他一次機會。我們一起開車回伊登公園，有好幾年的時間都相安無事——有好幾年亞柏都不敢再碰她一根汗毛，或我。一切自此恢復常態。

亞柏是個很了不起的修車師傅，大概是那時最好的修車師傅之一。他去念過技術大學，從他們班第一名畢業。汽車大廠如BMW或賓士都曾經網羅過他，他的生意靠著口碑蒸蒸日上。人們會大老遠從約翰尼斯堡的各個角落帶車子過來，因為他可以在車子上創造奇蹟。我媽真的對他很有信心，她認為她可以拉拔他一把，幫助他好好發揮潛力，不只是當一個修車師傅，而是擁有他自己的修車廠。

雖然我媽很固執又很獨立，她私底下是個會奉獻自己的人，她給人恩惠會一給再給，那就是她的天性。雖然她在家拒絕服從於亞柏，但是她確實希望他可以成為一個成功的男人。如果她可以讓他們的婚姻成為一個平等的婚姻，她會很樂意將她自己完全奉獻於其中，就像她將自己完全奉獻給她的孩子一樣。有一天，亞柏的老闆要賣掉萬能修車退休去，我媽存了一點錢，她就幫亞柏買下了修車廠。他們把修車廠從優歐維爾搬到工業區溫貝格，就在亞城的西側，萬能修車從此成了我們的新家庭企業。

你第一次開業的時候，很多事不會有人告訴你，而且當你是兩個年輕黑人，一個祕書加一個修車師傅，並且剛脫離一個黑人不被允許擁有任何自己公司的時代，情況就更是如此。其中一件沒有人告訴他們的事就是，當你買下一間公司的時候，你同時也買下了它的債務。我媽跟亞柏翻開萬能修車的財務帳冊之後，他們才真正了解到他們到底買了什麼，這間公司其實早已面臨了嚴重的財務危機。

修車廠開始主宰我們的生活。我下課後會從瑪麗維爾學院走五公里回到修車廠，在那坐上好幾個小時，設法在運作的機械與修車的工程中做功課。難以避免的，有時候亞柏會進度落後，既然他是我們的交通工具，我們就必須等他修完車才能回家。一開始是：「我們會晚一點，你先去車子裡小睡一下，我們要走的時候會告訴你。」我就爬進某輛房車的後座，他們會在半夜叫醒我，然後我們就會一路開回伊登公園睡覺。很快的情況就變成：「我們會晚一點，去車子裡睡覺，我們明天早上會叫你起床去上學。」我們開始睡在車庫裡。一開始是一週有一、兩晚，接著三、四晚。後來我媽乾脆把房子賣掉，把那些錢再投資到修車廠上。她是全賭進去了，她為他放棄了一切。

從那時候開始，我們就住在修車廠裡。基本上那是一間倉庫，而且不是那種豪華、浪漫、潮客們有天可以把它變身為時髦公寓的倉庫。不是，不是，那是一個冰冷、空曠的空間。灰色水泥地上沾著機油和油漬，老舊破爛車跟汽車零件四處堆放。在靠近前門，面對街上的鐵捲門旁邊有個用石膏牆板搭成的小辦公室，用來處理文書之類的工作，在後面有個小廚房，只有一個洗碗槽、一個攜帶式的電磁爐還有一些櫥櫃。要洗澡的話，只有一個開放式的洗臉槽，就像清潔工洗拖把的深水槽一樣，上面裝了個蓮蓬頭。

亞柏、我媽跟安德魯睡在辦公室裡，他們會在地板上鋪一張薄床墊。我則睡在車子裡。我變得很會睡在車子裡，我知道哪種車最好睡。最難睡的就是那些便宜車，福斯汽車、低價位的日本房車，車座幾乎無法躺平，沒有頭墊，廉價的假皮革椅套，我得花上大半晚的時間避免從椅子上滑下來。我醒來時會膝蓋酸痛，因為我無法伸展拉直我的腳。德國車就超棒的，特別是賓士。又大又豪華的皮革座椅，就像沙發一樣，你一開始躺進去的時候它們很冷，但是它們的隔溫效果很好，很快就會舒服的溫暖起來。我只需要蜷著身體，鑽進我的學校外套底下，我就可以在賓士車裡面睡得很舒適。但是最好睡的是美國車，真的沒話說。我以前都會祈禱有客人會帶一台有長凳車座的大別克車來修，如果我看到有那種車，我就會想「**太棒了！**」但是我們很少遇到美國車進廠維修，如果有，老天，我就跟上天堂一樣。

既然萬能修車現在是家庭企業，而我是家庭的一分子，我也就必須幫忙。我再也沒有時間玩，甚至也沒有時間做功課。我一放學回家，就把學校制服脫了，穿上工作服，然後我就會鑽進某輛房車的車蓋底下。我已經到可以獨力做完基本汽車保養的地步，而我通常也就是幫忙做這些。亞柏會說：「那輛本田，基本保養。」我就馬上鑽進汽車蓋下。日復一日，白金座、栓塞、打火頭、濾油器、空氣濾清器。安裝新座椅、換輪胎、換大燈、修尾燈。去汽車零件商店、買零件、回修車廠。我才十一歲，那就是我的生活。我在學校進度落後，什麼事都沒時間完成，我的老師們經常責罵我。

「你為什麼沒有做作業？」

「我沒辦法做功課，我在家裡要工作。」

我們一直工作一直工作一直工作，但是不管我們投入了多少時間，修車廠就是一直虧錢，我們什麼都賠進去了，我們甚至沒有錢買真正的食物。我永遠不會忘記有一個月，我生命中最慘的一個月，我們窮到有好幾個禮拜只能吃一碗一碗的marogo，就是野生菠菜煮毛毛蟲。這種毛毛蟲叫可樂豆木毛蟲，可樂豆木毛蟲基本上是最窮的人吃的最便宜的東西。我出身貧窮，但是窮是一回事，「等等，我在吃蟲」又是另一回事。可樂豆木毛蟲是連在索維托的人都會說「呃……不要」的食物。牠們是那種有尖刺、顏色鮮豔的毛毛蟲，大概你手指大小，牠們不像法式蝸牛，拿蝸牛來煮還會給它取個好聽的名字，可樂豆木毛蟲就是該死的毛毛蟲。牠們的黑色尖刺會在你吃的時候刺到你的上顎，而且當你咬下可樂豆木毛蟲的時候，它那黃綠色的大便常常會在你嘴裡噴出來。

有一陣子其實我還蠻喜歡吃毛毛蟲的，那就像食物探險一樣，但是好幾個禮拜每天都吃，一天接著一天，最後實在讓我受不了了。我永遠不會忘記有一天，我把一隻可樂豆木毛蟲咬成兩半的時候，那個黃綠色的糞汁整個流出來，我心想「我在吃毛毛蟲大便！」簡直噁心死了。我整個崩潰，跑去我媽那大哭：「我再也不想吃毛毛蟲了。」那天晚上她攢出了一點錢，給我們買了一隻雞。我們以前雖然也很窮，但是我們從來沒有沒東西吃過。

那是我這輩子最痛恨的一段時光——徹夜工作，在車子裡睡覺，起床，在深水槽裡盥洗，在小小的金屬洗碗槽裡刷牙，在某輛豐田汽車的後照鏡裡梳頭髮，然後換衣服的時候還要小心不要讓學校制服沾到機油和油漬，這樣學校裡的小孩才不會知道我住在車庫裡。噢，我真的痛恨那一切到了極點。我痛恨車子，我痛恨在車子裡睡覺，我痛恨維修車子，我痛恨把手弄得髒兮兮的，我痛恨吃毛毛蟲。我痛恨所有的一切。

但有趣的是，我並不痛恨我媽或亞柏，因為我看得出來每個人都很辛苦。一開始我不知道是經營層面犯下的錯誤才使得情況這麼艱困，所以感覺起來只像某個辛苦的階段而已，但是漸漸我開始看出為什麼我們的生意一直在虧錢。我常去幫亞柏買汽車零件，後來才知道他是用賒帳的方法來買零件，並且這些商家跟他收很高的定價，他的債務嚴重傷害了我們的生意，而且他非但不用他賺得的一點小錢來還債，還把它全拿來喝酒。他是個優秀的修車師傅、糟糕的經營者。

為了設法挽救修車廠的營運，我媽把她在埃西亞公司的祕書工作辭了，一腳踏進來幫他經營。她把她坐辦公桌的技能拿來投入在修車廠，開始記帳，安排時間表，平衡收支。公司情況逐漸改善，直到亞柏開始認為變成我媽在經營他的事業。大家也開始評論起公司的改變，客人現在能準時拿回車子了，商家能準時收到錢了，他們就會說：「嘿，亞比，現在換你老婆管了以後，你的修車廠比以前好太多了。」這卻讓情況更糟。

我們在修車廠住了將近一年，然後我媽就受夠了。她很樂意幫助他，但不是在他把所有的利潤都拿去買酒的狀況下。她一直都很獨立、自給自足，但是她把自己的那部分犧牲在另一個人失敗的夢想上。有一天她說：「我再也沒辦法幫下去了，我想退出，我能做的都做了。」她去找到一份在房地產公司的祕書工作，然後不知道怎麼辦到的，用她的薪水再加上用亞柏修車廠僅剩的那些資產去借貸，幫我們弄到了海蘭諾的房子。我們搬家，修車廠被亞柏的債主們接收。這個階段就此結束。

在我成長過程中，我受過很多我媽那種老派、聖經舊約式的鞭策，她相信孩子不打不成器。但是對安德魯就不是這樣。他一開始也會被打屁股，但是次數漸漸減少，後來完全停止。我問她，為什麼我被打那麼多次但安德魯都沒有，就像她對每件事都幽默以對一樣，她開一個玩笑來回答我。

「我會那樣打你是因為你承受得了，」她說：「我沒辦法用同樣的方法打你小弟，因為他是一隻瘦小的木棍，他會斷掉。但是你，上帝給了你那個屁股就是拿來打的。」雖然她跟我開玩笑，但是我可以看得出來她不打安德魯的原因，是因為她徹底的改變對打小孩這件事的態度，而說來奇怪，這點其實是她是從我身上學到的。

我在一個暴力的世界中長大，但是我自己一點也不暴力。沒錯，我會惡作劇、放火、打破窗戶，但是我從來沒攻擊過任何人，我從沒打過任何人，我也從來不生氣，我就是不認為我是那樣的人。我媽讓我暴露在一個跟她所長大的世界非常不同的環境，她買給我她從沒機會看過的書，她讓我去上她從沒機會就讀的學校。我讓我自己沉浸在那些不同的世界中，然後我用不一樣的眼光看待我所生長的世界。我看到並不是所有的家庭都很暴力，我看到暴力的無用，那是個只會不斷重複的惡性循環，暴力只會在人身上加諸傷害，繼而讓他們轉而傷害別人。

最重要的是，我看到一段關係不是用暴力來維持，而是用愛。愛是一個有創造力的行為，當你愛一個人的時候，你會為他們創造一個全新的世界，我媽為了我而這麼做。隨著我的成長與我學到的知識，我反回來為她創造了一個新的世界和新的體認。這之後，她就再也沒有對她的孩子動過手。不幸的是，就在她停止體罰的時候，換亞柏開始了。

雖然我媽打過我無數次，我從來沒有怕過她。當然我不喜歡被打，每次她說「我是出自於愛才打你」的時候，我也不見得同意她的想法，但是我了解她是在訓練我守規矩，是有所為而為。亞柏第一次打我的時候，我卻感受到一種我從來沒有過的感覺，我感到恐懼。

我那時六年級，是我在瑪麗維爾學院的最後一年，我們那時已經搬去海蘭諾，我在學校因為在某個文件上假冒我媽的簽名而惹上麻煩，那是一個我不想參加的活動，所以我就在同意書上偽造簽名來脫身。學校打電話給我媽，那天下午我回家的時候，她問我怎麼一回事，我本來很確定她一定會懲罰我，但是那一次恰巧她不是很在意。她說我早跟她說就好了，她會幫我簽名。接著，一直跟我們坐在廚房，目睹這整個經過的亞柏說：「嘿，我可以跟你聊聊嗎？」然後他就帶我進去廚房邊放食物的小房間，在我們身後把門關上。

他站在我跟門的中間，但是我根本不把這當一回事，我還沒有想到要害怕。亞柏以前從來沒有試圖教訓過我，他甚至從來沒有訓斥過我。他一直以來都是跟我媽說：「邦兒，你兒子幹了這件好事。」然後我媽就會接手管教。而且那時候才下午，他還非常清醒，這讓接下來發生的事更讓人害怕。

「你為什麼假冒你媽的簽名？」他說。

我開始亂編一些藉口：「喔，我，呃，忘記把那張單子帶回家——」

「不要跟我說謊。你為什麼假冒你媽的簽名？」

我開始結結巴巴吐出更多屁話，沒有意識到風雨欲來，然後毫無預警事情就發生了。

第一記打在我的肋骨上，我馬上意識到：**這是個陷阱！**

我從沒有打過架，從沒學過要如何打架，但是我的直覺告訴我要趕快往他靠近。我看過他那修長雙手的威力，我看過他掠倒我媽，更重要的是，我也看過他掠倒其他成年男子。

亞柏從不用拳頭打人，我從來沒看過他用握緊的拳頭打人，他有這個威力可以用張開的雙手往成人臉上一揮，他們就會整個癱倒在地，他就是這麼強壯。我看著他的手臂，我知道，不要在那兩隻手可以揮到的地方。所以我彎下腰往他靠近，他不斷打了又打，但是我離他太近，所以他沒辦法紮實的打到我。後來他改變策略，不打我了換成試圖抓我跟摔我。他使出一招抓住我手臂上的皮膚，用他的大拇指跟食指捏住使勁扭轉。天啊，那超痛的。

那是我這輩子最害怕的一刻，我從來沒有那麼恐懼過，從來沒有。因為他的毆打毫無目的——這就是它可怕的地方，那不是管教，也不是出自於愛。這頓毆打不會在我學到教訓，不再假冒我媽簽名的時候結束，它只會在亞柏甘願結束的時候結束，只會在他發洩完怒氣後才可能結束。感覺像是他的心裡有個想毀掉我的惡魔。

亞柏比我高大並強壯多了，但是那個充滿侷限的空間給了我優勢，因為他沒有太多可以運用的餘地。他在扭打我的時候，我設法掙扎繞過他溜出門外，我很快，但是亞柏也很快。他緊追在後，我跑出家裡跳過大門，我跑了又跑，跑了又跑，跑了又跑。我最後一次轉頭看他的時候，他正繞過大門從院子裡跑出來抓我。一直到我二十五歲，我都還會不斷做惡夢，夢到他繞出來那時候臉上的表情。

我一看到他就把頭低下去，埋頭就跑，我跑得像有惡魔在追我一樣。亞柏很高大也跑很快，但這裡是我的地盤，你在我的地盤上不可能抓得到我的，我知道每一條小巷、每一條街、每一道可以跳過去的牆、每一道可以鑽過去的藩籬。我穿過車輛，穿過院子，我不知道他什麼時候放棄的，因為我再也沒有往後看。我一直到了布萊利才停下來，這已經離我家有三個鄰區那麼遠。我在樹叢裡找到一個藏身之處，爬進去躲在裡面躲了好幾個小時。

你不需要教訓我第二次。從那天開始直到我離開家，我在家都像小老鼠一樣戒慎恐懼。如果亞柏在房裡，我就會離開；如果他在一角，我就會在另外一角；如果他走進房間，我就會起來假裝我要去廚房，然後當我再進房的時候，我會確保我就在出口旁邊，即使在他心情最好、最友善的時候都一樣，我再也不會讓他擋在我跟門中間。可能有幾次我警戒心鬆懈，又在我能躲開前就讓他打了幾拳、踢了幾腳，但是我再也不信任他，門都沒有。

安德魯的處境就跟我完全不同。安德魯是亞柏的兒子，他的骨肉，所以即便他比我小九歲，安德魯才是這個家真正的長子，亞柏的長子，這讓他得到一份我、甚至我媽都無福得到的尊敬。而且不論亞柏的眾多缺點，安德魯對他只有愛，因為那份愛，安德魯是唯一一個不怕他的人。他是馴獅者，因為他為獅所養——雖然他知道那頭獅子的威力，他也無法少愛他一些。而我，只要感受到亞柏閃出一丁點怒氣或發狂，我就已經逃之夭夭了，安德魯則會留下來設法安撫亞柏，他甚至會介入亞柏和媽之間的爭執。我記得有一晚亞柏朝安德魯的頭丟了一瓶傑克．丹尼爾威士忌，酒瓶沒打中安德魯，打碎在牆上，也就是說安德魯居然站在那邊直到酒瓶朝他丟過來——我才不會在那邊等到亞柏有瞄準我的機會。

當萬能修車關門大吉的時候，亞柏必須把他的車牽出來，有人要接手那塊地，他的資產必須要被變賣。總之情況很複雜。所以他開始在我們家院子裡經營他的修車廠，我媽也在這個時候跟他離婚。

非洲文化有分法律婚姻跟傳統婚姻，你跟你的配偶在法律上離婚，並不代表他就不再是你的配偶。當亞柏的債務跟他錯誤的經營決定開始影響我媽的信用，以及她撫養兩個兒子的能力之後，她就提議離婚。

「我不要負債，」她說：「我沒有不良信用，我不要跟你一起下水。」但我們還是一家人，就傳統上而言他們還是夫妻，但是她決定跟他離婚來區隔他們的財務狀況，她也重新冠回自己原本的姓氏。

因為亞柏開始在住宅區經營沒有營業執照的生意，有個鄰居提出陳情書要把我們趕走，我媽就去申請了一個執照，讓亞柏得以在我們的地產上營業。修車廠得以繼續開業，但是亞柏一再把它經營得一敗塗地，把錢全拿來酗酒。那個時候，我媽在她工作的房地產公司慢慢往上爬，接下更多的責任，也賺了更高的薪水，但亞柏的修車廠幾乎成了他的興趣而已。他應該負責支付安德魯的學費和生活費，但是他開始連那筆錢都沒辦法準時付出來。很快的，什麼費用都是我媽在支付。她付電費，她付房貸。他真的一點貢獻都沒有。

那就是事情的轉捩點。當我媽開始賺更多錢，重新掌握她的獨立之後，我們同時看到一隻猛獸的崛起。亞柏的酗酒問題越來越嚴重，他變得越來越暴力，亞柏在儲物間打我不久之後，他就打了我媽第二次。我忘了細節是什麼，因為這次毆打已經跟之後陸續發生的暴力事件都混在一起了。但我清楚記得警察有介入，這次是他們來到我家，但是男孩俱樂部的情節再次上演。

「嘿，兄弟。這些女人，你知道她們就是這樣。」

沒有調查報告，沒有提出告訴。

每當他打她或打我以後，我媽就會發現我在哭，她會把我拉到一旁，每次都跟我說同樣的話。

「為亞柏禱告吧，」她說：「因為他恨的不是我們，而是他自己。」

這對一個小孩來說一點道理都沒有。

「如果他恨他自己，」我會這樣說：「那他為什麼不踢他自己就好？」

亞柏一旦喝茫了，你看他眼裡，就會看到一個完全不一樣的人。我記得他有一次回家醉到不行，步履蹣跚的走進家裡，搖搖晃晃進到我房間，自言自語，我醒來看到他掏出他的老二，在我房間地上開始撒尿。他以為他在廁所，他就是醉到這種地步——醉到根本不知道這是家裡的哪個房間。有很多個晚上，他會踉蹌走進我房間，以為是他的房間，把我踢下床自己睡死過去。我會對他破口大罵，但那跟和殭屍講話沒什麼兩樣，我只能摸摸鼻子去睡沙發。

每天晚上下班以後，他都會跟他的手下在後院裡喝得爛醉，通常他最後都會跟其中某個人打起來。可能某個人會說些亞柏不喜歡聽的話，他就會把這個人揍得屁滾尿流。這傢伙可能星期二或星期三就不會來上班，但是到了星期四他就又會回來，因為他需要工作賺錢。每幾個禮拜都上演同樣的故事，就像時鐘一樣。

亞柏也會踢狗，大部分是踢噗吠。小豹很聰明，知道要快閃，但是又蠢又惹人愛的噗吠總是試圖當亞柏的朋友。牠總是在亞柏多喝了幾杯之後碰到他或是擋住他的去路，亞柏就會把牠狠狠踢開，然後牠就會跑去躲起來躲一陣子。噗吠被踢，就是警告我們快要大事不妙了，狗狗們跟院子裡的員工們通常都是首批被他的怒氣掃到的對象，然後我們其他人就知道要去避避風頭。我通常都是去噗吠躲起來的地方找牠，跟牠躲在一起。

很奇怪的是，每次噗吠被踢，牠都從來沒有叫喊過。獸醫檢查出牠耳聾的時候，同時也發現牠的觸覺沒有完全發展，牠感覺不到疼痛。這也就是為什麼牠總可以好像完全沒事一樣跟亞柏重修舊好，他會踢牠，牠會去躲起來，然後隔天早上牠總是會再回去搖搖牠的尾巴：「嘿，我在這裡，我會再給你一次機會。」

大家總是給亞柏第二次機會。那個受人喜愛、迷人的亞柏從來沒有消失。他有酗酒問題，但他還是個好人，我們還是一家人。在一個暴力的家庭長大，你會在愛與恨中掙扎，因為你會愛一個你恨的人，或是恨一個你愛的人。那是一種很奇怪的感覺，你想要活在一個好人壞人清楚分明的世界，這樣你不是恨他們就是愛他們，但是人性並非如此。

在家裡雖然有一股恐懼的暗流，但是實際上毆打並沒有那麼頻繁。我想如果當時次數更頻繁的話，這個狀況或許就可以提早終結。諷刺的是，毆打的間隔期間中我們所享有的快樂時光，正是讓這個情況得以歹戲拖棚、越演越烈的原因。他打了我媽一次，下一次打是三年以後，打得比上次再慘烈一點。然後是兩年以後，再更激烈一些。然後再隔兩年，再慘一點。它發生的次數夠零星，讓你每次都會認為以後似乎不會再發生，但是也夠頻繁，讓你絕對不會忘記它有再度發生的可能。

它有某種節奏。我記得有一次劇烈的家暴事件以後，有超過一個月的時間沒有人跟他說話。不發一語，沒有眼神交流，沒有對話，什麼都沒有。我們在家裡如陌生人般、在不一樣的時區裡過日子。完全沉默以對。接著可能有一個早晨你在廚房裡，彼此點個頭了。

「嘿。」

「嘿。」

然後一個禮拜以後可能開始說話了：「你有在新聞上看到這個嗎？」

「有啊。」

然後再一個禮拜以後，開始講個笑話一起笑了。慢慢的，慢慢的，生活逐漸恢復常態。六個月以後，一年以後，再全部重來一次。

一天下午我從薩瑞罕放學回家，我媽非常生氣、情緒激動。

「這男人真是太荒唐了。」她說。

「怎麼了？」

「他買了一把槍。」

「什麼？一把槍？妳說他『買了一把槍』是什麼意思？」

在我的世界裡，有槍是一件荒謬至極的事，我認為只有警察和歹徒才會有槍。亞柏卻去買了一隻九釐米的史密斯&威森手槍，光滑漆黑，瀰漫著危險之氣。它看起來不像在電影裡那麼酷，它看起來充滿殺氣。

「他為什麼買槍？」我問。

「我不知道。」

她說她已經當面質問過他了，他說出一些什麼在這世界你需要槍才能讓別人尊重你的鬼話。

「他自以為他是世界的警察，」她說：「這就是這世界的問題，我們有這些控制不了自己的人，所以他們想要去控制他們周遭的所有人。」

那之後不久，我就搬離家裡了。那時家裡的氣氛對我來說已經變得難以忍受，我已經長得跟亞柏一樣高大了，夠大到我可以反揍他一頓。一個父親不會害怕他兒子跟他反目成仇，但是我並不是他兒子，他很清楚這一點。我媽的比喻是，現在家裡有兩隻公獅子了。

「每次他看著你，他就看到你的父親，」她說：「你永遠提醒他另外那個男人，他恨你，所以你必須離開。你必須在你變成像他一樣之前離開。」

而且那也是我該離家的時候了。撇開亞柏不談，我跟我媽的計畫一直都是我畢業後就應該搬離家裡。我們都不希望我變成像我舅舅一樣——那些沒有工作、一輩子跟母親同住的男人。她幫我找到了一間公寓，然後我就搬走了。我的公寓離我家只有十分鐘距離，所以我總是可以隨時回家幫忙跑腿，或三不五時回家吃晚餐。但是最重要的是，不管亞柏在搞什麼鬼，那永遠都與我無關了。

後來，我媽搬到家裡面一間獨立的臥房，從那時起他們就變成名義上的夫妻，他們甚至不算同居了，只是共存。情況就這樣維持了一年，或者兩年。那時安德魯已經九歲了，在我心裡一直在倒數他滿十八歲的那一天，我想只要他一成年，我媽就可以逃離這個家暴男的魔掌。結果一天下午，我媽打電話來叫我回家一趟。幾個小時後，我回到家了。

「崔佛，」她說：「我懷孕了。」

「抱歉，什麼？」

「我懷孕了。」

「妳說什麼?!」

老天，我怒不可遏，我生氣到了極點。她自己看起來倒是非常堅毅，如往常一樣固執，但是多了一抹我以前從沒在她身上看過的淡淡悲傷，像是這個消息一開始也摧毀了她，但是她已經說服好自己去面對現實。

「妳怎麼能讓這種事發生？」

「亞柏和我，我們和好了。我搬回去我們的臥房，就只有一個晚上，然後就……我就懷孕了，我不知道怎麼會這樣。」

她真的不知道，她那時已經四十四歲，而且她在生完安德魯之後，就把她的輸卵管結紮了。連醫生都說：「這不應該發生啊，我們不知道怎麼會這樣。」

我氣得快爆炸了。本來我們只要等安德魯長大，就可以結束一切，而現在好像她又簽了一紙合約一樣。

「所以妳要跟這個男人生這個小孩？妳要再跟這個男人相處十八年？妳瘋了嗎？」

「上帝有對我開示，崔佛。祂跟我說：『派翠西雅，我做的事情絕對不會有錯，我不會給妳妳無法承受的考驗。』我懷孕是有原因的，我知道我可以養出什麼樣的小孩，我知道我可以養出什麼樣的兒子。我可以養這個小孩，我會養這個小孩。」

九個月以後，以撒出生了。她把他取名為以撒，因為在聖經裡面原本無法生育的撒拉在一百歲的時候懷孕，以撒就是撒拉為兒子取的名字。

以撒的出生把我從這個家推得更遠，我越來越少回家。有天下午，我回家就看到家裡一片混亂，警車停在門口，又發生了另一場家暴。

這次他用腳踏車打她。亞柏本來在院子裡咒罵他的一個手下，我媽試圖介入，亞柏很氣我媽在他的員工面前跟他作對，所以他就拿安德魯的腳踏車來毆打我媽。她又打電話報警，結果這次出現的警察居然正好認識亞柏，他是亞柏的客戶，他們根本是哥兒們。沒有提出任何控告，警方什麼事都沒做。

這次我直接找他理論，我現在已經夠大了。

「你不能一直打我媽，」我說：「這樣是不對的。」

他說他很抱歉，他總是這麼說。他不會做出挺起胸膛為自己辯護那類的行為。

「我知道，」他說：「我很抱歉，我也不喜歡做出這樣的事，但你知道你媽。她會說個不停而且不聽別人說話，我有時候覺得好像她不尊重我。她這次過來在我員工面前羞辱我，我不能讓其他這些男人認為我不知道怎麼控制我老婆。」

腳踏車事件過後，我媽僱用了一個她透過房地產公司認識的承包商，幫她在後院裡蓋了一間獨立的房子，就像一間僕人房一樣，然後她就跟以撒搬進去住。

「這是我看過最誇張的事。」我告訴她。

「這是我唯一能做的，」她說：「警察不願意幫我，政府不願意保護我，只有上帝能保護我。但是我能做的是用他唯一在意的事來對抗他，就是他的自尊。我這樣住在自家外面的小棚屋裡，每個人都會去問他：『為什麼你老婆住在你家外面的棚屋裡？』他就得要回答那個問題，而不管他說什麼，大家都會知道他這個人有問題。他喜歡為了別人而活，我就要讓別人看看他是一個什麼樣的人。他在街上當聖人，在這個家裡當惡魔，我要讓別人看到他的真面目。」

當我媽決定生下以撒的時候，我幾乎已經快跟她斷絕關係了，我實在再也無法忍受那樣的痛苦。但是看到她被腳踏車海扁，像囚犯一樣住在她自己家的後院，那是壓倒我的最後一根稻草。我的心徹底碎了，我受夠了。

「這種生活？」我告訴她：「這種不健全的生活？我不要參與，我無法和妳一起過這種日子，我拒絕。妳已經做出了妳自己的選擇。我祝妳生活順遂，但我要去過我自己的人生了。」

她了解，她一點都沒有感覺被背叛或是拋棄。

「親愛的，我知道你所經歷的一切，」她說：「在我人生中的某個時刻，我也曾必須背離我的家人出去過我自己的人生。我了解為什麼你也必須這麼做。」

所以我就走了。我離她而去。我沒有打電話，沒有回家。以撒來了，我走了，我完全無法了解為什麼她不跟我做一樣的選擇：離開。就離開就好。你天殺的就一走了之就好。

我當時不懂她所經歷的一切，我不了解家庭暴力，我不了解成人的感情關係如何運作，我那時候甚至連一個女朋友都還沒交過。我不懂她怎麼能跟一個她既痛恨又懼怕的男人上床，我不知道原來性愛與憎恨與恐懼可以那麼糾結。

我很氣我媽。我痛恨亞柏，但是我責怪的人是她。我視亞柏為一個她所做的選擇，一個她不願意改變的選擇。我從小到大，當她告訴我她在黑人家園長大、被她父母所拋棄的故事時，她總是說：「你不能因為你所做的事去責怪任何人，你不能責怪你的過去讓你成為現在的你，你必須為你自己負責，你必須做出你自己的選擇。」

她從來不讓我視我們為受害者。我們的確是受害者，我和我媽，安德魯和以撒，我們是種族隔離制度的受害者，我們也是家暴的受害者。但是我媽從不允許我這樣看待我的人生，而我也從沒有這樣看待她的人生。切割我的生父來取悅亞柏，那是她的選擇，投資亞柏的修車廠是她的選擇，生下以撒是她的選擇。有錢的人是她，不是他，她並不需要依賴他。所以在我心中，做這些選擇的人是她。

從一個局外人的角度，我們太容易把罪怪在女人頭上，然後說：「妳就離開就好。」

但我家並不是唯一一個有家庭暴力的家庭，家暴我從小看到大，在索維托的街上，在電視上，在電影裡四處都看得到。一個女人在這個視家暴為常態的社會能到哪裡去？當警察也不幫她的時候？當她自己的家人也不幫她的時候？當她離開一個會毆打她的男人，只會再遇到另一個同樣也會毆打她的男人，而且搞不好還更嚴重的時候，一個女人能去哪裡？一個單身帶著三個小孩的女人，在這個視沒有男人的女人為賤民的社會裡，她又能去哪裡？在這個離開她的男人就會被視為淫婦的社會裡，她能去哪裡？她又能做出什麼選擇？

但是我那時完全不了解這一切。我是個男孩，對世事的了解只有男孩程度。我清楚記得我們最後一次爭論這件事的情景。那是腳踏車事件之後沒多久，或是她搬到後院的棚屋裡去的時候。我那時已經準備要離她而去，哀求她第一千次。

「為什麼？你為什麼不能就一走了之？」

她搖搖頭：「噢，我的寶貝。不行，不行，不行。我不能走。」

「為什麼不行？」

「因為如果我走了，他會把我們全殺了。」

她沒有戲劇化，她沒有提高音量，她完全平靜而就事論事的說出這句話，我就再也沒有問過她這個問題。

後來她終究還是離開了。是什麼促使她離開，最後的決裂點是什麼，我一點概念也沒有。我那時已經走了。我忙著變成一個喜劇演員，在全國巡迴演出，在英國表演脫口秀，主持廣播節目，主持電視節目。我跟我表哥馬朗紀住在一起，過著與她完全沒有交集的生活。我已經沒有辦法再參與她的人生了，因為那會讓我整個人成為無數的碎片。但是有一天，她在海蘭諾買了另一棟房子，遇到了一個新的人，她的人生終於往前踏出了一步。安德魯跟以撒還是會去看他們的老爸，他那時候已經跟行屍走肉沒有兩樣，仍然持續酗酒及打架的循環，仍然住在他前妻所買的房子裡。

很多年過去了。日子就這麼一直繼續。

然後有一天早上，大概十點鐘，我還在床上，我的電話響了。那是一個星期天。我知道那天是星期天，是因為家裡其他人都去上教堂了，只有我樂得不用去。那種不斷來來回回去教堂的日子已經不再是我的煩惱了，我很慵懶的躺在床上。我一生中最邪門的事就是，只要跟教堂有關的日子，就是出差錯的日子，比方說被暴力的小巴司機綁架。我也一直拿這來跟我媽開玩笑：「妳上教堂這件事，跟崇拜耶穌這檔事，到底為妳帶來了什麼好處？」

我看著我的手機。上面顯示我媽的號碼，但是我接起來的時候，在電話另一頭的人是安德魯。他聽起來非常平靜。

「嘿，崔佛，我是安德魯。」

「嘿。」

「你好嗎？」

「很好。怎麼了？」

「你現在忙嗎？」

「我算是還在賴床。為什麼？」

「媽中槍了。」

好，這通電話有兩件非常奇怪的事。首先，為什麼他要問我是不是在忙？我們從這裡開始討論。

當你媽被槍打到，你嘴巴裡吐出的第一句話，應該是「媽中槍了！」而不是「你好嗎？」也不是「你在忙嗎？」這讓我很困惑。第二件奇怪的事是，當他說「媽中槍了。」我沒有問：「是誰開的槍？」我根本不需要問。他說：「媽中槍了，」我心裡就會自動補足剩下的資訊：「亞柏對媽開槍。」

「你在哪裡？」我說。

「我們在林柯菲醫院。」

「好，我馬上來。」

我從床上跳下來，跑下走廊去敲馬朗紀的房門。「老兄，我媽中槍了！她現在在醫院。」他也跳下床，我們坐上車衝去醫院，幸好醫院只有離我們十五分鐘車程。

在那時，我很生氣但是並不害怕。安德魯在電話上聽起來非常平靜，他沒有哭，聲音裡也沒有驚慌，所以我心想，她一定沒事，情況一定沒有那麼糟糕。我坐進車子後又回電給他問細節。

「安德魯，發生了什麼事？」

「我們在從教堂回家的路上，」他說，一樣非常平靜：「老爸在家門口等我們，他從車子裡走出來，開始開槍。」

「但是射到哪裡？他射到她哪裡？」

「他射到她的腳。」

「喔，好。」我說，鬆了一口氣。

「接著他就射中她的頭。」

當他說出這句話，我的身體就整個癱了。我還清楚記得那個十字路口，有那麼一瞬間，聲音彷彿成為真空狀態，然後我像我以前從來沒哭過一樣痛哭失聲，我哽咽啜泣、號啕到完全崩潰。我哭得好像我這輩子以前所哭的都是在浪費眼淚。如果我可以回到過去看到以前為了其他事痛哭的我，會打自己一個耳光然後說：「那個狗屁不值得你哭。」我的哭不是因為悲傷，也不是為了淨化，不是因為我覺得我自己很可憐。我哭是表達一種赤裸裸的痛苦，一種我的身體沒有辦法用任何其他方法、形狀或形式所表達出來的痛苦。她是我媽，她是我的隊友，一直以來我跟她都站在同一陣線，我跟她一起對抗這個世界。當安德魯說「射中她的頭」，我也簡直斷成了兩半。

綠燈了。我甚至連路都看不清楚，但是我還是強忍淚水開車，心裡只想著，**趕快去**，**趕快去**，**趕快去**。我們抵達醫院，我跳下車。在急診室門口有個戶外的座位區，安德魯就在那裡站著等我，自己一個人，他的衣服沾滿了血跡，他看起來還是非常冷靜，堅忍自持。但是他一抬頭看到我，就徹底崩潰開始嚎啕大哭，就好像他已經強忍了一整個早上，突然之間所有的情緒都同時潰堤，他徹底失去控制。我跑向他、抱住他，他哭了又哭、哭了又哭。但他的哭跟我的不同，我的哭是來自痛苦與憤怒，他的哭則是來自於無助。

我轉身跑進急診室，我媽躺在檢傷區的輪床上，醫生們正在穩定她的生命跡象。她整個身體都是血，她臉上有一個洞口，在她嘴唇上方一個很大的創口，她的鼻子有一部分已經沒了。

她跟往常一樣冷靜沉著，她有一隻眼睛還可以睜開，所以她就轉過來看著我，看到我臉上驚恐的表情。

「沒關係的，寶貝。」她輕聲說，因為喉嚨裡有血，她幾乎沒辦法講話。

「這哪叫沒有關係？」

「不，不，我沒事，我沒事。安德魯在哪裡？你弟弟在哪裡？」

「他在外面。」

「你去陪安德魯。」

「但老媽──」

「**噓**。沒關係的，寶貝，我沒事。」

「你怎麼會沒事？你──」

「**噓噓噓**。我沒事，我沒事，我沒事。去陪你弟弟，你弟弟需要你。」

醫生們繼續在忙，我使不上任何力來幫她。我走回外面去找安德魯，我們一起坐著，他把事情的經過告訴我。

他們正從教堂要回家，很大一群人，我媽和安德魯跟以撒、她的新任老公還有他的小孩，還有一大票他的家人、阿姨叔叔、姪子姪女。他們才剛開上車道，亞柏就開過來，從車上下來。他拿著他的槍，直視著我媽。

「妳偷走了我的人生，」他說：「妳拿走了我所有的東西，現在我要來把你們全殺了。」

「別這樣，老爸，拜託。你喝醉了，把槍收起來。」

亞柏低頭看著他的兒子。

「不，」他說：「我要把每個人都殺了，如果你不走開的話，我會先開槍射你。」

安德魯退到一旁去。

「他的眼睛不會說謊，」他告訴我：「他有一雙惡魔的眼睛。在那個當下，我看得出來我父親已經不存在了。」

雖然我那天遭逢了巨大痛苦，但現在回想，那天安德魯的痛苦一定比我大上好幾倍。我媽被一個我所鄙視的男人開槍射擊，如果真要說的話，我像是受到平反，我對於亞柏的判斷現在證明是正確的，我可以毫無愧疚或罪惡感的把我的憤怒與恨意都指向他。但是安德魯的母親是被他的父親所槍擊，一個他深愛的父親。他要如何調和他的愛與事實？他要如何繼續深愛這兩方？這屬於他自己的兩半？

以撒當時只有四歲，他並不完全理解發生了什麼事，當安德魯退到一旁去的時候，以撒開始哭了起來。

「爸爸，你在做什麼？爸爸，你在做什麼？」

「以撒，去你哥哥那裡。」亞柏說。

以撒跑去安德魯那，安德魯抱住他，接著亞柏舉起他的槍就開始射擊。我媽跳到手槍前保護大家，她就是在這時候被射到第一顆子彈，不在她腿上，是在她屁股上。她癱倒在地，她一跌到地上就開始大喊。

「快跑！」

亞柏繼續開槍，每個人都倉皇逃命，四處竄逃。我媽試圖爬起來的時候，亞柏走上前高高俯瞰著她。他把槍直接抵住她的頭，像處決犯人一樣，然後他就開槍。結果居然什麼都沒有，槍居然突然發射不出子彈。**喀！**他又再一次扣板機，還是一樣。接著一次又一次，**喀！喀！喀！喀！**他連續扣板機扣了四次，四次都射不出子彈。子彈直接從拋殼窗裡彈出來，從手槍裡掉出來，掉到我媽身上，再咔噠咔噠滾到地上。

亞柏停下來看手槍到底怎麼回事，我媽驚慌的跳起來，把他推開，往車子跑去，跳上駕駛座。

安德魯也跟著跑，跳進我媽旁邊的乘客座，正當她發動引擎的時候，安德魯聽到最後一聲槍響，擋風玻璃瞬間成為一片血海。亞柏從車後開槍，子彈從我媽的後腦勺射進去，從她臉的正面穿出，血噴得到處都是。她的身體攤在方向盤上，安德魯不經思考馬上把我媽從駕駛座上拉到乘客座那一邊，把她扶起來，自己跳進駕駛座，猛踩油門，疾駛到林克菲的醫院。

我問安德魯，亞柏在哪？他不知道。我心中充滿了憤怒，但是我什麼都不能做，我感到極端的無能，但我還是覺得我應該做點什麼。所以我拿出電話，打電話給亞柏——我打給這個剛剛才拿槍射我媽的男人，而且他居然還接了。

「崔佛。」

「你殺了我媽。」

「沒錯。」

「你殺了我媽！」

「對。而且如果我找得到你的話，我會把你也殺了。」

然後他就掛斷了。那是個最讓我不寒而慄的時刻，讓人恐懼到了極點。我打電話給他那份不知從哪裡冒出來的勇氣頓時消失了，直到今日我還是想不透當時我在想什麼。我不知道我期盼那通電話能改變什麼，我只是怒火中燒。

我不斷問安德魯各種問題，設法知道更多細節。接著，正當我們在講話時，有個護士跑到外面來找我。

「你是她的家人嗎？」她問。

「是的。」

「先生，現在有個問題。你的母親一開始說很多話，現在她不說話了，但是從我們得到的資訊，她似乎沒有健康保險。」

「什麼？不，不，那不可能是真的，我知道我媽有健康保險。」

她沒有。事實是，就在幾個月前，她決定「健康保險根本是個騙局，我從來都不生病，我要把它取消」。所以現在她真的沒有健康保險。

「我們沒辦法在這裡治療你母親，」護士說：「如果她沒有健康保險，我們必須送她去公立醫院。」

「公立醫院?!妳說什麼——不行!妳不能這麼做。我媽頭部有槍傷，你們要把她放回輪床上?把她推去坐救護車?這樣她會沒命的，你們必須現在馬上給她治療。」

「先生，我們辦不到。我們需要某種付費保證。」

「我就是你們的付費保證，我會付錢。」

「對，大家都會這麼說，但是這並不是保證——」

我拿出我的信用卡。

「這裡，」我說：「拿去，我會付錢，我什麼都付。」

「先生，我覺得你並不了解狀況，醫療費有可能會相當昂貴。」

「這位小姐，我有錢。我什麼都付，求求妳幫助我們。」

「先生，你不了解，我們必須做非常多測試，隨便一個測試都可能花上兩、三千塊蘭特。」

「三千——什麼鬼?小姐，我們說的是我媽的性命，我會付錢。」

「先生，你不了解，你的母親被槍擊，在頭部。她會被送去加護病房，加護病房一晚會要你一萬五、兩萬蘭特。」

「小姐，妳沒有在聽我說話嗎？這是我媽的性命，這是她的一條命。把錢拿去，全都拿去，我一點都不在乎。」

「先生！你搞清楚，這樣的情況我看太多了。你母親可能要在加護病房待好幾個禮拜，那會花上你五、六十萬蘭特，甚至上百萬，你會從此會負債一輩子。」

我不想騙你——我猶豫了，我認真的猶豫了。在那個當下，我只聽到護士說：「你的錢都會全部賠進去。」然後我開始想，嗯……她現在幾歲？五十歲？活到這把年紀已經不錯了，是嗎？她這輩子過得還不錯吧。

我真的不知道該怎麼做，我瞪視著那個護士，慢慢整理她剛說的話所帶來的震撼，我心裡飛快轉過好幾種可能。如果我付了一大筆醫療費之後她還是死了呢？我可以要求退款嗎？我能想像我那節儉如命的老媽從昏迷中醒來後大罵：「你花了那麼多錢？你這白痴。你應該把那些錢存起來幫忙你弟弟們。」我弟弟們要怎麼辦？他們會變成我的責任。我必須要供養他們，如果我負債百萬的話，我怎麼養他們？而且我媽總是嚴正發誓我永遠不會需要負擔我弟弟們的費用。即使我的事業開始起飛之後，她也總是拒絕我提出的任何幫助。

「我不要你像我一樣要幫我媽付生活費，」她會這麼說：「我不要你像亞柏一樣必須扶養你的弟弟們。」

我媽最大的恐懼，就是我最後也會落得開始支付黑稅的下場，她怕我也會陷入好幾個世代以來貧窮與暴力的循環。她總是跟我保證，我會是那個打破這個循環的人，我會是那個往前進而不往後退的人。當我看著急診室外那個護士，我怕死了在我把信用卡交給她的那個當下，那個循環就會繼續運轉，把我也吸入其中。

人們總是一天到晚說，他們會為所愛的人做任何事，但是他們真的會嗎？你會做任何事嗎？你會付出一切嗎？我不認為一個孩子了解這種無私的愛。但一個母親，她會。一個母親會緊抱她的孩子，義無反顧跳下疾駛中的車輛，只為了保護他們不受傷害，她想都不想就會這麼做。但是我不認為一個孩子知道要怎麼做，他不會出自本能的這麼做，這是他必需學習才會的事。

我還是把我的信用卡推到護士的手中。

「做任何你們需要做的治療，我只求你們救救我媽。」

我們那一天簡直生不如死，等待，毫無頭緒，在醫院裡面踱步，有些家人來拜訪。好幾個小時之後，醫生終於從急診室出來告訴我們結果。

「現在是什麼情況？」我問。

「你母親現在很穩定，」他說：「她已經開完刀了。」

「她會復原嗎？」

他想了一下該怎麼說接下來的話。

「我不喜歡這個詞，」他說：「因為我是個科學家，我不相信有這種東西。但是今天在你母親身上發生的是一個奇蹟。我從來不用這個詞，每次人們這麼說我都會很生氣，但是我沒有辦法用任何其他方法來解釋你母親的狀況。」

他說，打中我媽屁股的那顆子彈完全穿透，它打進去，穿出來，但沒有造成任何嚴重的傷害。另一顆子彈從她後腦勺射進去，在頭殼下方脖子上方進入人體。子彈差那麼一點就射中脊椎，也沒射中延髓，就在大腦的正下方穿越她整個頭顱，避過了任何主要血管、動脈及神經。根據子彈運行的路線，它是朝著她左眼眶前進，原本應該會轟開她的左眼，但是在最後一刻，子彈慢了下來，打中她的顴骨，粉碎了她的顴骨，反彈之後從她的左側鼻孔穿出。在急診室的輪床上，她流的血讓她的傷勢看起來比實際嚴重，但是其實子彈只有撕脫了她鼻孔側邊的一小片皮膚，而且子彈非常完整，所以沒有任何的子彈碎片遺留在體內。她甚至不需要手術，他們幫她止血，縫合她的後腦勺的傷口、臉上的傷口，就讓她的身體自行復原。

「我們沒能做什麼，因為我們根本沒什麼需要做的。」醫生說。

我媽四天後就出院，七天後就回去上班。

那晚，醫生給她鎮定劑讓她好好休息，也叫我們全部回家休息。「她狀況很穩定，」他們說：「你在這裡也沒事可做，回家睡覺吧。」所以我們就回家了。

我隔天一早，就回到我媽病房去陪她，等她醒來。當我進去的時候她還在睡，她的後腦整個用繃帶包紮了起來，臉上有縫線，紗布蓋住了她的鼻子和左眼。她看起來既脆弱又虛弱、疲憊，我這輩子很少看到她這個樣子。

我靠在她床邊坐著，握住她的手，等待，看著她呼吸，我心裡湧進各種想法。我還是很害怕失去她，我氣我自己事發時沒有在場，憤怒警察在這麼多次家暴事件中從沒有逮捕亞柏。我告訴我自己我早該在好幾年前就把他殺了——其實這個想法非常荒謬，因為我根本沒有能力殺任何人，但我還是那麼想。我對這個世界生氣，我對上帝生氣，我媽成天做的事就是禱告。如果耶穌有粉絲俱樂部的話，我媽絕對是前一百名，結果她卻落得如此下場？

等了一個小時左右以後，她睜開了她那隻沒有被包紮起來的眼睛，她一睜開眼，我就崩潰了，我開始嚎啕大哭。她想要喝水，所以我給了她一杯水，她往前傾一些用吸管喝了些水，我不斷哭了又哭，哭了又哭，我無法控制我自己。

「噓，」她說：「別哭了，寶貝，別哭了。」

「我怎麼能不哭，老媽？妳差點就沒命了。」

「不，我死不了的，我死不了的。沒關係，我死不了的。」

「但我還以為妳死了。」我聲淚俱下、泣不成聲：「我以為我失去妳了。」

「不會的，寶貝，別哭了。崔佛，崔佛，你聽著，你給我聽著，聽著。」

「什麼？」我說，淚流滿面。

「我的孩子，你必須往好處想。」

「什麼？妳在講什麼，『好處』？老媽，妳被槍射中臉，哪有什麼好處可想？」

「當然有。因為現在你正式成為我們家裡長得最好看的人了。」

她展開一抹燦爛的笑容，開始大笑。我流著眼淚，也開始笑了出來。我哭得眼睛紅腫，但同時也笑得歇斯底里。我們坐在那邊，她捏著我的手，我們就像往常一樣開彼此的玩笑。在一個明亮、陽光、美麗的早晨，在加護病房的恢復室裡，一個母親與她的兒子，我們一起在痛楚中縱聲大笑。

＊　＊　＊

我媽被槍擊的時候，所有的事都發生得很快。我們直到搜集了所有目擊人士的說法，才得以拼湊出整個故事。那天在醫院裡等待的時候，我們心裡有很多問題都沒有答案，像是：以撒怎麼了？以撒在哪裡？我們找到他之後，他才告訴我們他的經過。

安德魯帶我媽奔馳離去後，年僅四歲的以撒被獨自留在草坪上，亞柏走向他最小的兒子，抱起他，把他放進車中，駛離現場。他在開車時，以撒轉頭問他爸。

「爸爸，你為什麼要殺媽媽？」他問，跟我們一樣，他那時以為我媽已經死了。

「因為我很不快樂，」亞柏回答：「因為我很悲傷。」

「對，但是你不應該殺死媽媽。我們現在要去哪裡？」

「我要把你載去你叔叔家。」

「然後你要去哪裡？」

「我要殺了我自己。」

「不要自殺，爸爸。」

「不，我要殺了我自己。」

亞柏所說的叔叔其實不是真正的叔叔，只是他的一個朋友。他把以撒借放在他朋友家，然後就開車走了。接下來那一整天他就四處去拜訪人，他的親戚、朋友，跟他們說再見，他甚至跟每個人說他幹下的好事。

「這是我幹下的事，我殺了她，現在我要去了結我自己。再見。」他花一整天進行這個詭異的告別之旅，直到最後他一個表哥叫他出來。

「你必須當個男人，」表哥說：「自殺是懦夫的行為，你必須去自首。如果你夠男人可以幹出這種事，你就要夠男人面對後果。」

亞柏崩潰了，他把槍交給他表哥，表哥載他去警局，然後亞柏就自首了。

他在牢裡待了幾個禮拜，等待他的保釋聽證會。我們發出動議反對交保，因為他證明了他對我們造成威脅。由於安德魯跟以撒都還未成年，社工也開始介入這個案子。我們以為這案子的是非對錯再清楚也不過了，沒想到一個月後，我們接到電話，說他成功交保了，而且最諷刺的是，他得以交保的原因是他告訴法官如果他入監服刑，他就不能賺錢來扶養他的孩子，但是他根本就沒在養他的小孩——他的小孩都是我媽在養。

所以亞柏就這麼出獄了。這個案子在法律流程中慢慢進行，所有的發展都對我們不利。因為我媽奇蹟式的康復，他的罪名只是謀殺未遂；雖然我媽多次報警，但警方從沒有提出任何家暴控訴，所以亞柏沒有任何犯罪記錄。他雇了一個很好的律師，他的律師不斷在法庭上強調他家裡有小孩需要他扶養，這個案子於是從來沒有進入審判。亞柏承認謀殺未遂的罪名，他被判以三年假釋，連一天的牢都沒坐過，並且他還爭取到他兩個兒子的共同監護權。他至今仍在約翰尼斯堡遊走，完全是自由之身。我最後聽到消息是他仍住在海蘭諾附近，離我媽家不遠處。

故事的最後一塊拼圖來自我媽。她醒來後，才告訴我們她那邊發生的事。她記得亞柏開車過來，拿槍指著安德魯，她記得屁股被打中後就跌坐在地上，然後亞柏走過來，高站在她面前，拿槍抵著她的頭，她抬頭看著在槍管後方的他，接著她就開始禱告，就在這時候子彈發射不出來，接著又再一次射不出子彈，又再一次，又再一次。她跳起來，把他推開，朝車子快跑，安德魯隨後跳進車內，她轉開引擎，接著她的記憶就一片空白了。

直到今日，沒有人能解釋到底發生了什麼事，甚至連警察都無法理解。因為那隻手槍並沒有故障，它射出了好幾發，然後突然射不出來，接著又射出了最後那一發。任何對手槍有點了解的人都會告訴你，九釐米的手槍不可能像那把一樣射不出子彈來。警方在犯罪現場用粉筆畫出了所有子彈所在位置的小圈圈，它們滿布在車道上，全部都是亞柏多次開槍時，子彈射出所留下的彈殼，但是除此之外，還有四顆他站在我媽上方時試圖發射的子彈，是四顆完整、未爆的子彈——沒有人知道為什麼。

我媽的醫療費總共是五萬蘭特，出院那天我就全數付清了。我們在醫院裡待了四天，很多家人來拜訪，我們說話聊天，又笑又哭。我們幫她整理物品準備出院的時候，我跟她說著這整個禮拜有多瘋狂。

「妳還活著真的算妳好運，」我告訴她：「我還是無法相信妳居然沒有健康保險。」

「喔但是我還是有保險的。」她說。

「妳有？」

「對，耶穌。」

「耶穌？」

「耶穌。」

「耶穌是妳的健康保險？」

「如果上帝與我同在，誰能傷害我？」

「好吧，老媽。」

「崔佛，我當時有禱告，我告訴你我有禱告，我的禱告沒有白費。」

「妳知道嗎？」我說：「就這一次我沒辦法反駁妳。那把槍，那些子彈——我沒有辦法解釋，所以這次我就算妳贏。」但接著我實在沒辦法抗拒不跟她開個最後的玩笑：「但是要付醫院帳單的時候，妳的耶穌在哪裡啊，嗯？我清楚知道他沒有付那筆帳單。」

她微笑著說：「你說的沒錯，祂沒有付那筆帳單，但是祂恩賜了我一個會幫我付帳單的兒子。」

國家圖書館出版品預行編目 (CIP) 資料

被看衰的人生劇本，就要笑著改寫：從南非小鎮魯蛇到美國喜劇巨星的逆襲人生 / 崔佛．諾亞 (Trevor Noah) 著；胡培菱譯．-- 二版．-- 臺北市：遠流出版事業股份有限公司，2024.08
面；　公分
譯自：Born a crime : stories from a South African childhood
ISBN 978-626-361-806-0(平裝)
1.CST: 諾亞 (Noah, Trevor, 1984-) 2.CST: 演員 3.CST: 傳記

785.28　　　　113008709

被看衰的人生劇本，就要笑著改寫

從南非小鎮魯蛇到美國喜劇巨星的逆襲人生（《以母之名》新版）

BORN A CRIME

作者——崔佛・諾亞（Trevor Noah）
譯者——胡培菱
總編輯——盧春旭
執行編輯——黃婉華
行銷企劃——王晴予
美術設計——王瓊瑤

發行人——王榮文
出版發行——遠流出版事業股份有限公司
地址——104005 台北市中山北路一段 11 號 13 樓
客服電話——(02)2571-0297
傳真——(02)2571-0197
郵撥——0189456-1
著作權顧問——蕭雄淋律師
ISBN——978-626-361-806-0

2017 年 12 月 1 日　初版一刷
2024 年 9 月 1 日　二版一刷
定價——新台幣 420 元
（缺頁或破損的書，請寄回更換）

遠流博識網
http://www.ylib.com
E-mail: ylib@ylib.com